中华译学倡立传守与

以中华为根 译与学并重
弘扬优秀文化 促进中外交流
拓展精神疆域 驱动思想创新

丁酉年冬月许钧撰 罗新束书

中华译学馆·中华翻译研究文库

许 钧 ◎ 总主编

古代中文典籍
法译本书目及研究

孙 越 ◎ 编著

ZHEJIANG UNIVERSITY PRESS
浙江大学出版社

中国翻译协会"2019'傅雷'青年翻译人才发展计划"项目
"现存古代中文典籍法译本书目编纂和研究"最终成果

总　序

　　改革开放前后的一个时期，中国译界学人对翻译的思考大多基于对中国历史上出现的数次翻译高潮的考量与探讨。简言之，主要是对佛学译介、西学东渐与文学译介的主体、活动及结果的探索。

　　20 世纪 80 年代兴起的文化转向，让我们不断拓宽视野，对影响译介活动的诸要素及翻译之为有了更加深入的认识。考察一国以往翻译之活动，必与该国的文化语境、民族兴亡和社会发展等诸维度相联系。三十多年来，国内译学界对清末民初的西学东渐与"五四"前后的文学译介的研究已取得相当丰硕的成果。但进入 21 世纪以来，随着中国国力的增强，中国的影响力不断扩大，中西古今关系发生了变化，其态势从总体上看，可以说与"五四"前后的情形完全相反：中西古今关系之变化在一定意义上，可以说是根本性的变化。在民族复兴的语境中，新世纪的中西关系，出现了以"中国文化走向世界"诉求中的文化自觉与文化输出为特征的新态势；而古今之变，则在民族复兴的语境中对中华民族的五千年文化传统与精华有了新的认识，完全不同于"五四"前后与"旧世界"和文化传统的彻底决裂与革命。于是，就我们译学界而言，对翻译的思考语境发生了根本性的变化，我们对翻译思考的路径和维度也不可能不发生变化。

变化之一，涉及中西，便是由西学东渐转向中国文化"走出去"，呈东学西传之趋势。变化之二，涉及古今，便是从与"旧世界"的根本决裂转向对中国传统文化、中华民族价值观的重新认识与发扬。这两个根本性的转变给译学界提出了新的大问题：翻译在此转变中应承担怎样的责任？翻译在此转变中如何定位？翻译研究者应持有怎样的翻译观念？以研究"外译中"翻译历史与活动为基础的中国译学研究是否要与时俱进，把目光投向"中译外"的活动？中国文化"走出去"，中国要向世界展示的是什么样的"中国文化"？当中国一改"五四"前后的"革命"与"决裂"态势，将中国传统文化推向世界，在世界各地创建孔子学院、推广中国文化之时，"翻译什么"与"如何翻译"这双重之问也是我们译学界必须思考与回答的。

综观中华文化发展史，翻译发挥了不可忽视的作用，一如季羡林先生所言，"中华文化之所以能永葆青春"，"翻译之为用大矣哉"。翻译的社会价值、文化价值、语言价值、创造价值和历史价值在中国文化的形成与发展中表现尤为突出。从文化角度来考察翻译，我们可以看到，翻译活动在人类历史上一直存在，其形式与内涵在不断丰富，且与社会、经济、文化发展相联系，这种联系不是被动的联系，而是一种互动的关系、一种建构性的力量。因此，从这个意义上来说，翻译是推动世界文化发展的一种重大力量，我们应站在跨文化交流的高度对翻译活动进行思考，以维护文化多样性为目标来考察翻译活动的丰富性、复杂性与创造性。

基于这样的认识，也基于对翻译的重新定位和思考，浙江大学于2018年正式设立了"浙江大学中华译学馆"，旨在"传承文化之脉，发挥翻译之用，促进中外交流，拓展思想疆域，驱动思想创新"。中华译学馆的任务主要体现在三个层面：在译的层面，推出包括文学、历史、哲学、社会科学的系列译丛，"译入"与"译出"互动，积极参与国家战略性的出版工程；在学的层面，就翻译活动所涉及的重大问题展开思考与探索，出版系列翻译研究丛书，举办翻译学术会议；在中外文化交流层面，举办具有社会影响力的翻译家论坛，思想家、作家与翻译家对话等，以翻译与文学为核心开展系列活动。正是在这样的发展思路下，我们与浙江大学出版社合作，集合全国译学界的力量，推出具有学术性与开拓性的"中华翻译研究文库"。

积累与创新是学问之道，也将是本文库坚持的发展路径。本文库为开放性文库，不拘形式，以思想性与学术性为其衡量标准。我们对专著和论文（集）的遴选原则主要有四：一是研究的独创性，要有新意和价值，对整体翻译研究或翻译研究的某个领域有深入的思考，有自己的学术洞见；二是研究的系统性，围绕某一研究话题或领域，有强烈的问题意识、合理的研究方法、有说服力的研究结论以及较大的后续研究空间；三是研究的社会性，鼓励密切关注社会现实的选题与研究，如中国文学与文化"走出去"研究、语言服务行业与译者的职业发展研究、中国典籍对外译介与影响研究、翻译教育改革研究等；

四是研究的（跨）学科性，鼓励深入系统地探索翻译学领域的任一分支领域，如元翻译理论研究、翻译史研究、翻译批评研究、翻译教学研究、翻译技术研究等，同时鼓励从跨学科视角探索翻译的规律与奥秘。

青年学者是学科发展的希望，我们特别欢迎青年翻译学者向本文库积极投稿，我们将及时遴选有价值的著作予以出版，集中展现青年学者的学术面貌。在青年学者和资深学者的共同支持下，我们有信心把"中华翻译研究文库"打造成翻译研究领域的精品丛书。

许 钧

2018 年春

前　言

　　长久以来，法国是海外汉学研究的中心，法国学界对中国古代典籍及其所负载的历史、哲学、文学、文化、艺术、技术和生活方式一直保持着浓厚的兴趣。法国及周边法语区学者和出版主体对中国古代典籍的翻译和出版已有两三百年的历史，至今方兴未艾。随着中国综合国力的持续增强，中国人的文化自信和文化自觉逐渐复苏，中国学界也着手进行古代典籍外译工作，并对古代典籍在海外的译介、出版进行系统和深入的研究。以古代典籍的法译本为例，学界通常的研究对象可能是某一译者的具体译作，如沙畹（Édouard CHAVANNES）译《史记》，或某一典籍的不同译本，如顾赛芬（Séraphin COUVREUR）译《诗经》和葛兰言（Marcel GRANET）译《诗经》，或某一学者的不同译作，如雷慕沙（Jean-Pierre ABEL-RÉMUSAT）译《平山冷燕》和《玉娇梨》，或某一类典籍的不同译本，如程抱一（François CHENG）译诗词和许渊冲（XU Yuanchong）译诗词，或某一译者、某一译本中的某些具体现象，如李治华（LI Tche-houa）、雅歌（Jacqueline ALÉZAÏS）译《红楼梦》中的颜色词……凡此种种，都属于采用微观的视角来审视法译中国古代典籍的一个局部。毋庸置疑，这些研究对于翻译学的理论与实践，以及法语世界对于相关典籍、译者、译本、文化现象和文化负载词的理解都不无裨益。但就源远流长、包罗万象、底蕴丰厚的中国古代典籍的法译而言，仅从微观层面针对某些要素进行具体研究或比较研究是不够的，更需要在宏观层面展开全局性、历史性的研究，以掌握"作为对象之法译汉籍"的系统性特点和"作为进程之汉籍法译"的趋势性规律。

如何在宏观层面对"法译汉籍"或"汉籍法译"——此为同一问题的两个侧面——展开全局性、历史性的研究，首先需要一份全面而翔实的"古代中文典籍法译本书目"。众所周知，法国汉学家考狄（Henri CORDIER）于 1881—1924 年间编纂并出版了五卷《中国学书目》（*Bibliotheca sinica*），收录了汉学从发轫时期至 1924 年的全部研究论文和著作目录，为汉学研究者提供了一个极为方便的论著检索向导；1958年，袁同礼（YUAN Tung-li）出版了《西文汉学书目》（*China in Western Literature*），包含 1957 年之前有关中国研究的英、法、德文图书与中国图书的英、法、德文译本。此后，中外学界再无与中国研究或中文译本相关的法文书目问世。鉴于此，若要编纂一份全新的"法译汉籍"书目，填补 60 多年来目录学界的空白，首先须弄清自发轫至今古代中文典籍全部法译本的一系列基本信息，含典籍题名、译本题名、各方责任者姓名、出版方名称、书系／刊物名称、装帧样式、出版年份等；再将上述信息进行整理编纂，并按一定编目原则逐条列出，便形成了基础性的《古代中文典籍法译本书目及研究》（以下简称《书目》）。

本《书目》最直接的用途是查询各种典籍法译本的基本信息，如典籍题名、译者姓名、出版方名称、出版年份等，为相关翻译学研究提供翔实的基础资料。同时，在获得了系统性的信息（如翻译同一典籍的所有译者姓名，出版过同一译者译作的所有出版社名，同一年出版的所有译本题名，等等）之后，翻译研究者会打开崭新的研究思路，有助于开展比较研究或历时性研究，如译本对比研究、译者研究、翻译史研究等。同样，由于大多数古代中文典籍的译者均为法国汉学家，故本《书目》也将成为研究法国汉学必备的基础性工具书。凭借《书目》中的相关信息，法国汉学研究者可观察法国汉学界对某部具体典籍的译介、某位汉学家译者对不同典籍的选译倾向、某家出版社出版各种译本数量的年度变化趋势等，在此基础上填补法国汉学史与古代中文典籍法译有关研究的空白，或重新审视既有的相关结论。此外，本《书目》亦会对有出版古代中文典籍法译本需求的中外各出版机构提供决策参考。各出版机构可在典籍选择、译者合作、译本再版、版权交易等环节上参阅《书目》中的相关信息，找到需要的典籍、译者、译本或合作出版社，进行合理决策。总之，本《书目》不仅具有目录学价值，也会对翻译学、法国汉学的研究和出版实务提供帮助。

编纂这样一份《书目》，首先需要做的是确定其架构。我们没有采用按朝代对典籍进行排序的原则：一是因为许多古籍的成书年代不可考，或历经多个朝代方成，或历代均有增删修改，有确切出版年份的典籍寥寥；二是因为以朝代或年代排序不利于海外读者了解中国古代典籍的系统。在中国古代，最为全面、系统、权威的官修书目莫过于《四库全书》，于是我们先采纳其"经史子集"的分部原则。对于"部"以下的第二级目录"类"，我们进行了删减、合并，如将"经"部原来的 12 个类，合并为"五经""四书""其他" 3 类等；因被译典籍数量有限，对于过于细碎的第三级目录"属"予以全部删除，直接将典籍按其题材 / 体裁特征置于相关的"类"之下。在"籍"之下，分别录入其对应的每条译本题名，于是形成"部—类—籍—本"四级架构。在为每种典籍找到对应译本之后，尽量搜集其准确的出版信息，包括正副题名、责任者姓名、出版方名称、书系 / 刊物名称、装帧类型、出版年份、页数 ①等。接下来是对于各个译本进行排序，基本原则为：对于有较多译本的典籍，首先，

---

① 关于"典籍索引"包含的文献信息，笔者认为题名、责任者、出版方、出版年为一级要素，这四个要素对于文献的查阅举足轻重；在个别文献中责任者、出版方或出版年不可考时，笔者会逐一注明；在随后的"译者索引"和"出版索引"中，笔者也会对缺失责任者、出版方或出版年三个要素的文献单独分类处理；在最后的"书目研究"部分，笔者也将围绕着以上四个一级要素展开研究。而书系 / 刊物名称、装帧类型、页数和出版地等为二级要素，它们的出现会提高文献信息的质量，但其缺失不会影响对文献的查阅和对书目的研究；因资料来源千头万绪，信息著录格式不一，故"典籍索引"中部分文献未标注书系 / 刊物名称、装帧类型或页数，囿于篇幅也未加以注明，望谅解；而"典籍索引"中大多数文献的出版地均为巴黎，故略去不表。丛书名在索引中用 [ ] 标示，在研究部分中用 « »（法文）或 " "（中文）标示。在"出版研究"中，提及的书名副标题不收录。

按译者排序，译本数较多的译者的各译本排在前面，译者不详的译本排在最后；其次，按出版年份排序，同一译者的译本、译者均不相同的译本或译者不详的译本分别按出版年份排序；再次，没有明确出版年份的译本按题名首字母顺序列于上述译本之后；最后，连环画、漫画等非主流译本排在普通译本之后，节译、选译、编译本等排在全译本之后，排序原则依次为译者译本数、出版年份、题名首字母。某些特殊译本或不依上述原则处理，酌情排在适当位置，兹不赘。在完成全部译本题名的整理和排序后，对每一个译本题名按"部—类—籍—本"四级架构进行编号，置于每个题名前供检索，例如：1967 年伽利玛出版社（Gallimard）出版的艾田蒲（René ÉTIEMBLE）译《道德经》（*Tao tö king*）在"子部"（编号 3）、"道家类"（编号 2）、《老子》（编号 01）下列为第 44 条译本，则其书目编号为<3.2.01.44>。

　　本书在"前言"和"典籍索引"部分之后，还设计了"译者索引"和"出版索引"两个部分。"译者索引"按译者姓、名字母顺序排列 ①，译者内部按译本题名字母顺序 ②排列；"出版索引"按出版方名称字母顺序排列 ③，出版方内部按书系或刊物题名 ④字母顺序排列，否则按译本出

---

① 在"典籍索引"中，西方责任者姓名格式为"名（首字母大写）+姓（全部大写）"，如 Stanislas JULIEN；在"译者索引"中，西方责任者姓名格式为"姓（全部大写），名（首字母大写）"，如 JULIEN, Stanislas；在"出版索引"中，西方责任者姓名格式为"姓（全部大写），名的首字母"，如 JULIEN, S.；在"书目研究"中，首次出现的西方责任者使用中文名或音译名，在号里加注"名（首字母大写）+姓（全部大写）"，如"儒莲（Stanislas JULIEN）"；中国或华人责任者姓名全书统一用拼音，格式为"姓（全部大写）+名（首字母大写）"，有中文名的先标注中文，如"许渊冲（XU Yuanchong）"。

② 因某些文献题名前含有定冠词 le、la、les，为便于读者按文献名的第一个实词查阅，免受冠词干扰，故将上述冠词排除，以"[ ]"标注于文献名之后。

③ 在"典籍索引"中，约定俗成带 Éditions 的出版方名称都加上 Éditions，在"译者索引"和"出版索引"中，出于简洁考虑，所有 Éditions 等支撑性词语都删除，只保留 Édition non précisée（针对专著）。在"译者索引"中，期刊出版方多元，统一起见均未录入出版方。

④ 书系名、刊物题名及"不详译者"前后加 [ ] 标示。

版年份排列，年份相同或无明确年份的按译本题名字母顺序排列。当然，由于篇幅有限，"译者索引"和"出版索引"内译本条目的编写采用简略形式，每条之后加上书目编号，方便读者回溯至主"典籍索引"中查看完整信息。这两个索引方便读者以译者和出版方（及书系/刊物）为主要线索查询相关文献，也让读者更全面地掌握每位译者和每家出版方（及书系/刊物）翻译、出版典籍译本的情况。在索引之后，我们还将对整个书目进行初步的考察，分别从被译典籍、译者、出版三个角度加以分析，最后得出若干点初步结论，算作对宏观视角下古代中文典籍法译研究的抛砖引玉。

具体来看，查阅"典籍索引"及"译者索引"的途径有：已知译本名称及任何一其他要素（如译者姓名、出版方名称、书系/刊物名称、出版年份等），需要正确判断其对应典籍名及其部类归属，从而在"典籍索引"中的典籍名下找到匹配的译本，获取完整的译本信息；如该部典籍仅有唯一译本，则可直接在"典籍索引"中根据典籍名找到该译本的完整信息；也可仅凭典籍题名，在"典籍索引"中查出其所有对应译本及其完整信息；或仅凭译者姓名，在"译者索引"中查出其翻译的全部译本，并可根据每个译本后的书目编号在"典籍索引"中找到该译本的完整信息；或仅凭出版方名称，在"出版索引"中查出其出版的全部译本，并可根据每个译本后的书目编号在"典籍索引"中找到该译本的完整信息……抑或还有其他查阅途径，希冀读者自行探索。

笔者虽然在汉法典籍与文化翻译以及法国汉学领域研习多年，在上述领域积累了一些基础资料，也熟悉相关信息的查询途径。但由于古代中文典籍纷繁庞杂，其法译本亦千头万绪，笔者试图收录古代中文典籍全部法译本的完整信息，但一人在较短时间内完成信息搜集工作难免有所疏漏，无法穷尽。此外，对于本《书目》中的每一处信息点，笔者虽尽力仔细查阅核对，避免讹误，但恐仍有偏差，望专家和读者在使用本书进行重要的教学、研究活动时多加留意；如发现错误，烦请通过各种渠道反馈给本人，以利再版时修订。此外，在本书"书目研究"部分会对一些关键译者、出版方加以简要介绍及总结性评论，目的是给中国读者提供一些背景知识参考；笔者尽量采取客观中立的态度，虽属言者无心，却难免引起不悦，望各方海涵。

本书是"2019'傅雷'青年翻译人才发展计划"项目"现存古代中文典籍法译本书目编纂和研究"的最终成果。在此特别感谢中国翻译协会有关领导、专家和工作人员在项目申报和进展过程中的关心和协助，感谢上海市浦东新区文化体育和旅游局的大力支持。另感谢巴黎新索邦大学博士候选人范盼小姐的资料帮助，感谢浙江大学许钧教授和北京大学董强教授对书稿提出的宝贵意见，感谢浙江大学出版社的领导和编辑老师们在本书出版过程中的指导和帮助。最后，感谢法语界、翻译学界和海外汉学界的全体师友同仁——你们的关注和鼓励是我在学术道路上不断探索的动力！

目　录

典籍索引

1. 经部

1.1 五经类

1.1.01 《易经》(《周易》)

1.1.01.01 —*Yi King: Le Plus Ancien Traité divinatoire.* Traduction du chinois en anglais par Sam REIFLER, traduction de l'anglais en français par Zéno BIANU. Éditions Albin Michel, 1982, 285 pages, poche (collection: Spiritualités vivantes).

1.1.01.02 —*Yi King.* Traduction du chinois en anglais par Thomas CLEARY, traduction de l'anglais en français par Zéno BIANU, commentaires de LIEOU Yi-Ming. Éditions du Rocher, 1994, 530 pages, broché (collection: Les Grands Textes spirituels).

1.1.01.03 —*Yi King: Le Plus Ancien Traité divinatoire.* Traduction du chinois en anglais par Sam REIFLER, traduction de l'anglais en français par Zéno BIANU. Éditions Le grand livre du mois, 1996, broché.

1.1.01.04 —*Yi King.* Traduction du chinois en anglais par Thomas CLEARY, traduction de l'anglais en français par Zéno BIANU, commentaires de LIEOU Yi-Ming. Éditions Points, 2001, 544 pages, poche (collection: Points Sagesses).

1.1.01.05 —*Yi King-texte intégral.* Traduction du chinois en anglais par Thomas CLEARY, traduction de l'anglais en français par Zéno BIANU, commentaires de LIEOU Yi-Ming. Éditions du Rocher, 2001, relié.

1.1.01.06 —*Yi King.* Traduction par Paul-Louis-Félix PHILASTRE. Éditions Zulma, 1966, 890 pages.

1.1.01.07 —*Yi King.* Traduction par Paul-Louis-Félix PHILASTRE, présentation par

François JULLIEN. Éditions Zulma, 1992, 882 pages (première édition, Ernest Leroux, 1885).

1.1.01.08 —*Le Yi King*. Traduction par Paul-Louis-Félix PHILASTRE. Éditions Zulma, 1998, 877 pages, relié (collection: Le Livre des changements).

1.1.01.09 —*Yi King*. Traduction par Paul-Louis-Félix PHILASTRE. Éditions Yuelu Publishing House, 2009, 434 pages, relié (bilingue; collection: Bibliothèque des classiques chinois 大中华文库).

1.1.01.10 —*Yi king: Le livre des transformations*. Version allemande par Richard WILHELM, préface et traduction française par Étienne PERROT. Éditions Médicis, 1973.

1.1.01.11 —*Yi king: Le livre des transformations (2 parties: Le Texte – Les Matériaux)*. Version allemande par Richard WILHELM, préface et traduction française par Étienne PERROT. Éditions Médicis Entrelacs, 1992, 413 pages, broché.

1.1.01.12 —*Yi king: Le livre des transformations (texte complet)*. Version allemande de Richard WILHELM, préface et traduction française par Étienne PERROT. Éditions Médicis, 1994, 804 pages, relié (collection: Sagesse Orientale).

1.1.01.13 —*Le Yi King: Extrait du Livre des mutations*. Traduction par Charles de HARLEZ. Éditions Denoël, 1959.

1.1.01.14 —*Le Yi-King*. Traduction par Charles de HARLEZ. Éditions Omnia Veritas Ltd., 2015, 250 pages, broché.

1.1.01.15 —*Le grand livre du Yi-King*. Traduction par Vincent WEBER. Éditions Trajectoire, 1998 (première édition 1970), 222 pages, relié.

1.1.01.16 —*Le Yi-King*. Traduction par Anton KIELCE: Éditions M.A., 1984, 157 pages, broché.

1.1.01.17 —*Le Yi King mot à mot*. Traducteur non précisé. Éditions Albin Michel, 1994, 405 pages, broché (collection: Spiritualité).

1.1.01.18 —*Le yi jing en dessins*. Bandes dessinée bilingue de TAN Xiaochun et de LI Dianzhong, traduction par WANG Dongliang et Cyrille JAVARY. Éditions You Feng, 1994, 257 pages, broché.

1.1.01.19 —*Yi-king: Le Livre des changements*. Traduction du chinois en anglais par Thomas CLEARY, traduction de l'anglais en français par Laurence E. FRITSCH, préface de Gérard EDDE. Éditions de la Table Ronde, 1995, 176 pages, broché (collection: Les petits livres de la sagesse).

1.1.01.20 —*Yi King*. Traduction par Elena Judica CORDIGLIA. Éditions Mortagne, 1996, 462 pages, relié (collection: Mortagne Grand).

1.1.01.21 —*Yi Jing: La Marche du destin (français/chinois/pinyin)*. Traduction par Michel VINOGRADOFF. Éditions Dervy, 1996, 627 pages, broché (collection: Mystiques et religions).

1.1.01.22 —*Yi king*. Traduction par Stephen KARCHER. Éditions Rivages, 1998, 286 pages, poche (collection: Rivages poche).

1.1.01.23 —*Les signes et les mutations: Une approche nouvelle du Yi King, histoire, pratique et texte*. Présentation par WANG Dongliang, adaptation par LIU Dajun, traduction par WANG Dongliang et Raymond TARTAIX. Éditions L'Asiathèque, 1998, 336 pages, broché (collection: Divination chinoise).

1.1.01.24 —*Yi Jing. Le sens originel du « Livre des mutations »*. Traduction du chinois en anglais par Kerson HUANG et Rosemary HUANG, traduction de l'anglais en français par Cyrille JAVARY et Kirk McELHEARN. Éditions Dangles, 1999, 220 pages, broché (collection: Grand angle).

1.1.01.25 —*Le Yi-king ou le paysage de l'âme*. Traduction par Frits BLOK. Éditions Könemann, 2000, 154 pages, relié (collection: Sagesse et Spiritualité).

1.1.01.26 —*Le petit livre du yi king*. Traduction par J.-D. CAUHÉPÉ et A.-Z. KUANG. Éditions Guy Trédaniel, 2001, 99 pages, poche.

1.1.01.27 —*Yi king*. Traduction par Daniel GIRAUD. Éditions Christian de Bartillat, 2003, 323 pages, broché.

1.1.01.28 —*Yi King*. Traduction par Gary MELYAN et Wen-kuang CHU. Éditions Gründ, 2005, 272 pages, relié (collection: Clin d'œil).

1.1.01.29 —*Yi King: Texte et interprétation*. Traduction par Daniel GIRAUD. Éditions Pocket, 2008, 324 pages, poche (collection: Évolution).

1.1.01.30 —*Yi King: Le livre des transformations*. Traduction par David PHILD. Éditions DP Marketing, 2008, broché.

1.1.01.31 —*Yi King*. Traduction par Loïc COHEN, commentaire et illustration par Chao-Hsiu CHEN. Éditions Le Courrier du Livre, 2012, 141 pages, relié.

1.1.01.32 —*Yi Jing*. Traduction par Cyrille JAVARY et Pierre FAURE. Éditions Albin Michel, 2012, 1068 pages, broché (collection: A.M. GD FORMAT).

1.1.01.33 —*Le Yi-King*. Traduction par Christine LEFRANC. Éditions Guy Trédaniel, 2012, 95 pages, relié.

1.1.01.34 —*Zhou yi, le Yi Jing intégral*. Traduction par ZHOU Jinghong et Carmen FOLGUERA. Éditions You Feng, 2012, 370 pages, broché (bilingue français-chinois).

1.1.01.35 —*Yi Jing, Le Livre des Transformations (œuvres complètes, tome premier)*. Traducteur non précisé. Éditions Adame, independently published, 2018, 567 pages, broché.

1.1.01.36 —*Yi Jing, Le Livre des Transformations (œuvres complètes, tome second)*. Traducteur non précisé. Éditions Adame, independently published, 2018, 690 pages, broché.

1.1.01.37 —*Le Yi-King*. Traducteur non précisé. Éditions Aedis, 2019, 8 pages, broché (collection: Petit guide).

1.1.02　　《尚书》(《书经》)

1.1.02.01 —*Chou King: Les Annales de la Chine*. Traduction par Séraphin COUVREUR. Première édition de l'Imprimerie de la Mission Catholique, 1897; édition en format texte par Pierre PALPANT (source: www.chineancienne.fr), 2013, 317 pages.

1.1.02.02 —*Chou King*. Traduction par Séraphin COUVREUR. Fac-similé de l'édition Ho-kien Fou, Imprimerie de la Mission Catholique, 1897; éditions You Feng, 1999, 464 pages.

1.1.02.03 —*Chou King: Texte Chinois (1897)*. Traduction par Séraphin COUVREUR. Première édition de l'Imprimerie de la Mission Catholique, 1897; réédition Kessinger Publishing, 2010, 474 pages, relié.

1.1.02.04 —*Chou king: texte chinois (Éd.1897)*. Traduction par Séraphin COUVREUR. Première édition de l'Imprimerie de la Mission Catholique, 1897; réédition Hachette, 2012, broché (collection: Hachette BnF, Langues).

1.1.02.05 —*Les Annales de la Chine*. Traduction par Séraphin COUVREUR. Éditions Les Belles Lettres, 1950, 464 pages, broché (collection: Cathasia, Les Humanités d'Extrême-Orient).

1.1.02.06 —*Le Chou-king (Shu jing)*. Ouvrage recueilli par Confucius, traduit et enrichi de notes par Antoine GAUBIL, revu et corrigé sur le texte chinois, accompagné de nouvelles notes par M. DE GUIGNES. Éditions Libraire Tilliard, 1770, 476 pages.

1.1.02.07 —*Le Chou-King: Un des livres sacrés des Chinois, qui renferme les fondements de leur ancienne histoire, les principes de leur gouvernement et de leur morale.* Traduction et annotations par Antoine GAUBIL, avec notes de M. DE GUIGNES. Éditions Wentworth Press, 2016, 636 pages, relié.

1.1.02.08 —*Le Chou-King: Un des livres sacrés des Chinois, qui renferme les fondements de leur ancienne histoire, les principes de leur gouvernement et de leur morale.* Traduction et annotations par Antoine GAUBIL, avec notes de M. DE GUIGNES. Éditions Forgotten Books (Classic Reprint), 2018, 638 pages, relié.

1.1.02.09 —*Les livres sacrés de l'orient* (*Le Chou-King* ou *Le Livre par excellence. Les Sse-Chou* ou *Les Quatre livres moraux* de Confucius et de ses disciples. *Les Lois de Manou*, premier législateur de l'Inde. *Le Koran* de Mahomet). Création et traduction par Guillaume PAUTHIER. Première édition du Panthéon Littéraire, 1852; réédition Kessinger Publishing, 2010, 794 pages, relié.

1.1.02.10 —*Les livres sacrés de l'orient* (*Le Chou-King* ou *Le Livre par excellence. Les Sse-Chou* ou *Les Quatre livres moraux* de Confucius et de ses disciples. *Les Lois de Manou*, premier législateur de l'Inde. *Le Koran* de Mahomet). Création et traduction par Guillaume PAUTHIER. Première édition du Panthéon Littéraire, 1852; réédition Nabu Press, 2011, 806 pages, broché.

1.1.02.11 —*Les livres sacrés de l'orient* (*Le Chou-King* ou *Le Livre par excellence. Les Sse-Chou* ou *Les Quatre livres moraux* de Confucius et de ses disciples. *Les Lois de Manou*, premier législateur de l'Inde. *Le Koran* de Mahomet). Création et traduction par Guillaume PAUTHIER. Première édition du Panthéon Littéraire, 1852; réédition Forgotten Books, 2018, 796 pages, broché.

1.1.02.12 —*La Grande Règle* (*Hung-fan; Houng Fan; Hong fan*). Traduction par Pierre GRISON. Édition non précisée, 1981, 22 pages.

1.1.03 《诗经》

1.1.03.01 —*Fêtes et chansons anciennes de la Chine.* Traduction, annotations et présentation par Marcel GRANET. Éditions Ernest Leroux, 1929, 301 pages, cartonné.

1.1.03.02 —*Fêtes et chansons anciennes de la Chine.* Traduction, annotations et présentation par Marcel GRANET. Éditions Albin Michel, 1982, 304 pages, relié.

1.1.03.03 —*Fêtes et chansons anciennes de la Chine.* Traduction, annotations et présentation par Marcel GRANET. Éditions Albin Michel, 2016, 310 pages, broché (collection: A.M. Histoire).

1.1.03.04 — « Chansons des Royaumes du Livre des Vers ». Traduction par Louis

LALOY. *La Nouvelle Revue Française*, 1909, n° 7, pp. 1-16.

1.1.03.05 — « Chansons des Royaumes du Livre des Vers ». Traduction par Louis LALOY. *La Nouvelle Revue Française*, 1909, n° 8, pp. 130-136.

1.1.03.06 — « Chansons des Royaumes du Livre des Vers ». Traduction par Louis LALOY. *La Nouvelle Revue Française*, 1909, n° 9, pp. 195-204.

1.1.03.07 —*300 poèmes chinois classiques*. Traduction par XU Yuanchong. Éditions de l'Université de Pékin, 2000, pp. 2-61, broché (bilingue français-chinois).

1.1.03.08 —*Les plus grands classiques de la poésie chinoise: Coffret prestige (Shi Jing, Tang, Song)*. Traduction par XU Yuanchong. Éditions Pages Ouvertes, 2015, 180 pages, belle reliure.

1.1.03.09 —*Chi-king, ou Livre des vers*. Traduction par G. PAUTHIER. Éditions Maisonneuve, 1872 (collection: Bibliothèque orientale, Vol 2).

1.1.03.10 —*Cheu King*. Traduction par Séraphin COUVREUR. Fac-similé de l'édition Ho-kien Fou, Imprimerie de la Mission Catholique, 1896; éditions Kuangchi Press, 1966, 556 pages.

1.1.03.11 —*Le livre des poèmes*. Traduction et présentation par Dominique HOIZEY. Éditions de La Différence, 1994, poche (collection: Orphée).

1.1.03.12 —*Le Classique des Poèmes/Shijing: Poésie chinoise de l'Antiquité*. Traduction par Rémi MATHIEU. Éditions Gallimard, 2019, 160 pages, poche (collection: Folio bilingue).

1.1.03.13 —*Shijing le Grand Recueil*. Traduction par Pierre VINCLAIR, préface d'Ivan RUDIVITCHI. Éditions Corridor Bleu, 2019, 432 pages, broché.

1.1.04 《周礼》

1.1.04.01 —*Le Tcheou-li, ou Rites des Tcheou: Tome Premier*. Traduction et annotations par Édouard BIOT. Éditions de l'Imprimerie Nationale, 1851, 500 pages; réimpression par Ch'eng Wen Publishing Co., 1975.

1.1.04.02 —*Le Tcheou-li, ou Rites des Tcheou: Tome Deuxième*. Traduction et annotations par Édouard BIOT. Éditions de l'Imprimerie Nationale, 1851, 620 pages; réimpression par Ch'eng Wen Publishing Co., 1975.

1.1.05 《仪礼》

1.1.05.01 —*Cérémonial*. Traduction par Séraphin COUVREUR. Éditions Les Belles

Lettres, 1951, 667 pages (collection: Cathasia, Les Humanités d'Extrême-Orient, série culturelle des Hautes Études de Tien-Tsin).

1.1.06　《礼记》

1.1.06.01　—*Li ki ou Mémoires sur les bienséances et les cérémonies, Tome I*. Traduction par Séraphin COUVREUR. Éditions de l'Imprimerie de la Mission catholique, 1913, 788 pages (texte chinois avec une double traduction en français et en latin).

1.1.06.02　—*Li ki ou Mémoires sur les bienséances et les cérémonies, Tome II*. Traduction par Séraphin COUVREUR. Éditions de l'Imprimerie de la Mission catholique, 1913, 850 pages (texte chinois avec une double traduction en français et en latin).

1.1.06.03　—*Li Ki, Mémoires sur les bienséances et les cérémonies, Tome I*. Traduction par Séraphin COUVREUR. Éditions Les Belles Lettres, 1950, 788 pages (en deux volumes 410 et 378 pages; collection: Cathasia, Les Humanités d'Extrême-Orient, série culturelle des Hautes Études de Tien-Tsin).

1.1.06.04　—*Li Ki, Mémoires sur les bienséances et les cérémonies, Tome II*. Traduction par Séraphin COUVREUR. Éditions Les Belles Lettres, 1950, 848 pages (en deux volumes 352 et 496 pages; collection: Cathasia, Les Humanités d'Extrême-Orient, série culturelle des Hautes Études de Tien-Tsin).

1.1.06.05　—*Li-ki, ou Mémorial des rites (Liji)*. Traduction par Joseph-Marie CALLERY. Éditions de l'Imprimerie Royale, 1853, XXXII+200 pages.

1.1.07　《春秋左传》

1.1.07.01　—*Tch'ouen ts'iou et tso tchouan, La chronique de la principauté de Lou, Tome I*. Traduction par Séraphin COUVREUR. Éditions Les Belles Lettres, 1951, 672 pages (collection: Cathasia, Les Humanités d'Extrême-Orient, série culturelle des Hautes Études de Tien-Tsin).

1.1.07.02　—*Tch'ouen ts'iou et tso tchouan, La chronique de la principauté de Lou, Tome II*. Traduction par Séraphin COUVREUR. Éditions Les Belles Lettres, 1951, 585 pages (collection: Cathasia, Les Humanités d'Extrême-Orient, série culturelle des Hautes Études de Tien-Tsin).

1.1.07.03　—*Tch'ouen ts'iou et tso tchouan, La chronique de la principauté de Lou, Tome III*. Traduction par Séraphin COUVREUR. Éditions Les Belles Lettres, 1951, 828 pages (collection: Cathasia, Les Humanités d'Extrême-Orient, série culturelle des

Hautes Études de Tien-Tsin).

1.1.07.04 —*La Chronique de la principauté de Lou.* Traduction par Séraphin COUVREUR. Éditions You Feng, 2015, relié.

1.2 四书类

1.2.01 《大学》

1.2.01.01 —*Le Ta-Hio, ou La grande Étude.* Traduction par G. PAUTHIER. Édition non précisée, 1832.

1.2.01.02 —*Doctrine de Confucius ou Les quatre livres de philosophie morale et politique de la Chine.* Traduction par G. PAUTHIER, préface du commentaire sur le *Ta hio* par TCHOU Hi, avertissement de TCHING Tseu. Éditions de la Librairie Garnier Frères, 1921.

1.2.01.03 —*Le Ta Hio, ou La Grande Étude.* Traduction par G. PAUTHIER (avec une version latine et le texte chinois en regard). Éditions des Rouyat-Éditeurs, 1979, broché.

1.2.01.04 —*Le Tá hio ou La grande étude.* Traduction par G. PAUTHIER. Éditions Hachette, 2013, 26 pages (à partir de l'édition 1932; catalogue: Hachette BnF).

1.2.01.05 —*Les quatre livres, I: Ta Hio, La Grande Étude.* Traduction par Séraphin COUVREUR. Éditions Club des Libraires de France, 1956 (publié à partir de l'édition Les Belles Lettres, collection: Cathasia, Les Humanités d'Extrême-Orient, série culturelle des Hautes Études de Tien-Tsin).

1.2.01.06 —*Les quatre livres: La grande étude, L'Invariable milieu, Les Entretiens de Confucius, Les Œuvres de Meng Tzeu.* Traduction par Séraphin COUVREUR. Éditions CreateSpace Independent Publishing Platform, 2017, 394 pages, broché.

1.2.01.07 —*La Grande Étude.* Traduction par Martine HASSE. Éditions Cerf, 1984.

1.2.01.08 —*Sagesse du Confucianisme: La Grande Étude (Ta-hio), l'Invariabilité dans le milieu (Tchoung-young), Les Entretiens philosophiques (Lun-yu), Meng-tseu.* Traducteur non précisé. Éditions France Loisirs, 1995, 455 pages, relié et cartonné jaquette (collection: Bibliothèque de Sagesse).

1.2.01.09 —*Philosophes confucianistes.* Traduction par Rémi MATHIEU et Charles LE BLANC. Éditions Gallimard, 2009, 1536 pages, cuir/luxe (collection: Bibliothèque de la Pléiade).

1.2.01.10 —*Confucius et Lao Tseu (Œuvres complètes en français)*. Traducteur non précisé. Éditions Adame (independently published), 2018, 458 pages, broché.

1.2.01.11 —*La grande étude – L'Invariable milieu de confucius*. Traduction par Rébecca PEYRELON, dessins de TSAI Chih-Chung. Éditions You Feng, 2010, 136 pages, broché (bilingue; collection: Culture traditionnelle chinoise).

1.2.02 《中庸》

1.2.02.01 —*Les quatre livres, II: Tchoung young, L'invariable milieu*. Traduction par Séraphin COUVREUR. Éditions Club des Libraires de France, 1956 (publié à partir de l'édition des Belles Lettres, collection: Cathasia, Les Humanités d'Extrême-Orient, série culturelle des Hautes Études de Tien-Tsin).

1.2.02.02 —*Les quatre livres: La grande étude, L'Invariable milieu, Les Entretiens de Confucius, Les Œuvres de Meng Tzeu*. Traduction par Séraphin COUVREUR. Éditions CreateSpace Independent Publishing Platform, 2017, 394 pages, broché.

1.2.02.03 —*L'Invariable Milieu, ouvrage moral de Tèsu-ssê, en Chinois et en Mandchou, avec une Version littérale Latine*. Traduction en français et des notes, précédés d'une notice sur les quatre livres moraux communément attribués à Confucius, par Jean-Pierre ABEL-RÉMUSAT. Éditions de l'Imprimerie Royale, 1817, 160 pages.

1.2.02.04 —*Zhong Yong ou La Régulation à usage ordinaire*. Traduction par François JULLIEN. Éditions de l'Imprimerie Nationale, 1995, 194 pages, broché (collection: La Salamandre).

1.2.02.05 —*Sagesse du Confucianisme: La Grande Étude (Ta-hio), l'Invariabilité dans le milieu (Tchoung-young), Les Entretiens philosophiques (Lun-yu), Meng-tseu*. Traducteur non précisé. Éditions France Loisirs, 1995, 455 pages, relié et cartonné jaquette (collection: Bibliothèque de Sagesse).

1.2.02.06 —*Confucius et Lao Tseu (Œuvres complètes en français)*. Traducteur non précisé. Éditions Adame (independently published), 2018, 458 pages, broché.

1.2.02.07 —*La grande étude – L'Invariable milieu de confucius*. Traduction par Rébecca PEYRELON, dessins de TSAI Chih-Chung. Éditions You Feng, 2010, 136 pages, broché (bilingue; collection: Culture traditionnelle chinoise).

1.2.03 《论语》

1.2.03.01 —« Entretiens de Confucius et de ses disciples », dans *Les Quatre Livres*.

Traduction par Séraphin COUVREUR. Éditions Les Belles Lettres, 1949, pp. 69-296 (trilingue chinois, latin, français; collection: Cathasia).

1.2.03.02 —*Les quatre livres, III: Louen yu, Entretiens de Confucius et de ses disciples*. Traduction par Séraphin COUVREUR. Éditions Club des Libraires de France, 1956 (publié à partir de l'édition des Belles Lettres, collection: Cathasia, Les Humanités d'Extrême-Orient, série culturelle des Hautes Études de Tien-Tsin).

1.2.03.03 —*Les Entretiens de Confucius*. Traduction par Séraphin COUVREUR. Éditions CreateSpace Independent Publishing Platform, 2015, 88 pages, broché.

1.2.03.04 —*Les entretiens de Confucius et de ses disciples*. Traduction par Séraphin COUVREUR. Éditions CreateSpace Independent Publishing Platform, 2016, 180 pages, broché.

1.2.03.05 —*Les quatre livres: La grande étude, L'Invariable milieu, Les Entretiens de Confucius, Les Œuvres de Meng Tzeu*. Traduction par Séraphin COUVREUR. Éditions CreateSpace Independent Publishing Platform, 2017, 394 pages, broché.

1.2.03.06 —*Les Entretiens de Confucius*. Traduction par Séraphin COUVREUR. Éditions Independently published, 2017, 80 pages, broché.

1.2.03.07 —*Les Entretiens de Confucius*. Traduction par Séraphin COUVREUR. Éditions Independently published, 2018, 147 pages, broché.

1.2.03.08 —*Entretiens de Confucius*. Traduction, introduction et annotations par Anne CHENG. Éditions du Seuil, avec le texte chinois, 1981, poche (collection: Points Sagesses).

1.2.03.09 —*Entretiens de Confucius*. Traduction, introduction et annotations par Anne CHENG. Éditions du Seuil, 2004, 192 pages, broché (collection: Points Sagesses).

1.2.03.10 —*Entretiens de Confucius*. Traduction, introduction et annotations par Anne CHENG. Éditions Points, 2014, 192 pages, poche (collection: Points Sagesses).

1.2.03.11 —*Les Entretiens*. Traduction par Pierre RYCKMANS, préface de René ÉTIEMBLE. Éditions Gallimard, 1989, 182 pages, poche (collection: Connaissance de l'Orient).

1.2.03.12 —*Les Entretiens*. Traduction par Pierre RYCKMANS. Éditions Gallimard, 2016, 144 pages, broché (collection: Folio Sagesses).

1.2.03.13 —*Les Entretiens de Confucius et ses disciples*. Traduction par Jean LEVI. Éditions Albin Michel, 2016, 288 pages, poche.

1.2.03.14 —*Les Deux arbres de la Voie: Le Livre de Lao-Tseu / Les Entretiens de Confucius*.

Traduction par Jean LEVI. Éditions Les Belles Lettres, 2018, 974 pages, broché (bilingue chinois-français; collection: Bibliothèque chinoise).

1.2.03.15 —*Préceptes de vie de Confucius*. Traduction par Alexis LAVIS. Éditions Presses du Châtelet, 2008, 210 pages, broché.

1.2.03.16 —*Préceptes de vie de Confucius*. Traduction par Alexis LAVIS. Éditions Points, 2009, 224 pages, broché (collection: Points Sagesses).

1.2.03.17 —*Les Entretiens de Confucius et ses disciples*. Traduction et présentation par André LÉVY. Éditions Flammarion, 1993, pages 247, poche (collection: Garnier Flammarion / Philosophie).

1.2.03.18 —*Philosophes confucianistes*. Traduction par Rémi MATHIEU et Charles LE BLANC. Éditions Gallimard, 2009, 1536 pages, cuir/luxe (collection: Bibliothèque de la Pléiade).

1.2.03.19 —*Confucius: Les Analectes*. Traduction par Françoise FORTOUL. Éditions Guy Trédaniel, 2016, 96 pages, relié.

1.2.03.20 —*Les Entretiens de Confucius*. Traduction par Marie-Hélène FERRARI. Éditions Livres & Ebooks, date de publication non précisée (Source numérique: http://archive.wikiwix.com/cache/?url=http%3A%2F%2Fwww.ferrarilycee.com%2F medias%2Ffiles%2Fles-entretiens-de-confucius.pdf (2019-11-24, 20:35)).

1.2.03.21 —*Entretiens*. Traducteur non précisé. Éditions Foreign Language Teaching and Researching Press, 2010, 325 pages, relié (bilingue; collection: Bibliothèque des classiques chinois 大中华文库).

1.2.03.22 —*Sagesse du Confucianisme: La Grande Étude (Ta-hio), l'Invariabilité dans le milieu (Tchoung-young), Les Entretiens philosophiques (Lun-yu), Meng-tseu*. Traducteur non précisé. Éditions France Loisirs, 1995, 455 pages, relié et cartonné jaquette (collection: Bibliothèque de Sagesse).

1.2.03.23 —*Sagesses chinoises: Les Entretiens de Confucius; Tao-tö king de Lao-tseu; Sur le destin et autres textes de Lie-tseu*. Traducteur non précisé. Éditions Gallimard, 2009, poche (coffret 3 volumes; collection: Folio).

1.2.03.24 —*Confucius et Lao Tseu (Œuvres complètes en français)*. Traducteur non précisé. Éditions Adame (independently published), 2018, 458 pages, broché.

1.2.03.25 —*Confucius: Le message du Bienveillant*. Traducteur non précisé, dessins de TSAI Chih-Chung. Éditions Carthame, 1996, 150 pages, broché (collection: Philo-bédé).

1.2.03.26 —*Le message de Confucius: Un philosophe exceptionnel*. Traducteur non précisé, dessins de TSAI Chih-Chung. Éditions Jouvence, 2006, 154 pages, broché (collection: Les clés de la spiritualité).

1.2.03.27 —*Confucius et son enseignement: Paroles du Bienveillant*. Traduction par Anne Ta-Thu BOUAROUK, dessins de TSAI Chih-Chung. Éditions You Feng, 2009, 138 pages, broché (bilingue; collection: Culture traditionnelle chinoise).

1.2.03.28 —*Les Entretiens de Confucius*. Traduction par Rébecca PEYRELON, dessins de TSAI Chih-Chung. Éditions You Feng, 2011, 77 pages, broché (bilingue; collection: Culture traditionnelle chinoise).

1.2.04 《孟子》

1.2.04.01 —*Les quatre livres, IV: Œuvres de Meng Tzeu*. Traduction par Séraphin COUVREUR. Éditions Club des Libraires de France, 1956 (publié à partir de l'édition des Belles Lettres, collection: Cathasia, Les Humanités d'Extrême-Orient, série culturelle des Hautes Études de Tien-Tsin).

1.2.04.02 —*Meng Tzeu*. Traduction par Séraphin COUVREUR. Éditions CreateSpace Independent Publishing Platform, 2015, 144 pages, broché.

1.2.04.03 —*Les quatre livres: La grande étude, L'Invariable milieu, Les Entretiens de Confucius, Les Œuvres de Meng Tzeu*. Traduction par Séraphin COUVREUR. Éditions CreateSpace Independent Publishing Platform, 2017, 394 pages, broché.

1.2.04.04 —*Les quatre livres de philosophie morale et politique de la Chine / Confucius et Mencius*. Traduction par Guillaume PAUTHIER. Éditions Charpentier, 1858.

1.2.04.05 —*Mencius*. Traduction par YANG Bojun. Éditions Yuelu Publishing House, 2009, 449 pages, relié (bilingue; collection: Bibliothèque des classiques chinois 大中华文库).

1.2.04.06 —*Mencius*. Traduction par André LÉVY. Éditions You Feng, 2013, 212 pages, broché.

1.2.04.07 —*Aller au bout de son cœur/Philosophe Gao zi*. Traduction par Charles LE BLANC. Éditions Gallimard, 2015, 128 pages, broché (collection: Folio Sagesses).

1.2.04.08 —*Sagesse du Confucianisme: La Grande Étude (Ta-hio), l'Invariabilité dans le milieu (Tchoung-young), Les Entretiens philosophiques (Lun-yu), Meng-tseu*. Traducteur non précisé. Éditions France Loisirs, 1995, 455 pages, relié et cartonné jaquette (collection: Bibliothèque de Sagesse).

1.2.04.09 —*Confucius et Lao Tseu (Œuvres complètes en français)*. Traducteur non précisé. Éditions Adame (independently published), 2018, 458 pages, broché.

1.2.04.10 —*Mencius. Les paroles d'un Sage dans une Époque trouble*. Traduction par Dominique PRÉDALI, dessins de TSAI Chih-Chung. Éditions Carthame, 1996, 122 pages, broché (collection: Philo-bédé).

1.2.04.11 —*Mencius et son enseignement: Un remède au chaos*. Traduction par Rébecca PEYRELON, dessins de TSAI Chih-Chung. Éditions You Feng, 2010, 110 pages, broché (bilingue; collection: Culture traditionnelle chinoise).

1.3 其他类

1.3.01   《孝经》

1.3.01.01 —*Hiao King, ou Livre canonique sur la Piété Filiale*. Traduction par Pierre-Martial CIBOT. Éditions BNF, 1779.

1.3.01.02 —*Le livre de la Piété filiale*. Traduction par Roger PINTO, avec celle de Pierre-Martial CIBOT incluse à la fin. Éditions du Seuil, 1998, 120 pages, poche (collection: Points Sagesses).

1.3.01.03 —*Le livre de la Piété filiale*. Traduction par Roger PINTO. Éditions du Seuil, 2009, 76 pages, broché (collection: Classiques en images).

1.3.01.04 —*La morale de Confucius: le livre sacré de la piété filiale*. Introduction et traduction par Léon de ROSNY. Éditions Maisonneuve, 1893, 208 pages.

1.3.01.05 —*Philosophes confucianistes*. Traduction par Rémi MATHIEU et Charles LE BLANC. Éditions Gallimard, 2009, 1536 pages, cuir/luxe (collection: Bibliothèque de la Pléiade).

2.   史部

2.1   正史类

2.1.01   《史记》

2.1.01.01 —*Les Mémoires Historiques, Tome premier: chapitres I à IV*. Traduction et annotations par Édouard CHAVANNES. Première édition: Ernest Leroux, 1895; réédition de la Librairie d'Amérique et d'Orient Adrien-Maisonneuve, 1967, 324 pages.

2.1.01.02　—*Les Mémoires Historiques, Tome deuxième: chapitres V à XII, appendices.* Traduction et annotations par Édouard CHAVANNES. Première édition: Ernest Leroux, 1897; réédition de la Librairie d'Amérique et d'Orient Adrien-Maisonneuve, 1967, 570 pages.

2.1.01.03　—*Les Mémoires Historiques, Tome troisième: chapitres XIII à XXX, appendices.* Traduction et annotations par Édouard CHAVANNES. Première édition: Ernest Leroux, 1898; réédition de la Librairie d'Amérique et d'Orient Adrien-Maisonneuve, 1967, 672 pages.

2.1.01.04　—*Les Mémoires Historiques, Tome quatrième: chapitres XXXI à XLII.* Traduction et annotations par Édouard CHAVANNES. Première édition: Ernest Leroux, 1901; réédition de la Librairie d'Amérique et d'Orient Adrien-Maisonneuve, 1967, 496 pages.

2.1.01.05　—*Les Mémoires Historiques, Tome cinquième: chapitres XLIII à XLVII.* Traduction et annotations par Édouard CHAVANNES. Première édition: Ernest Leroux, 1905; réédition de la Librairie d'Amérique et d'Orient Adrien-Maisonneuve, 1967, 494 pages.

2.1.01.06　—*Les Mémoires Historiques, Tome sixième: chapitres XLVIII à L.* Traduction et annotations par Édouard CHAVANNES. Éditions de la Librairie d'Amérique et d'Orient Adrien-Maisonneuve, 1967, 68 pages.

2.1.01.07　—*Les Mémoires historiques de Se-Ma Ts'ien.* Traduction et annotations par Édouard CHAVANNES. Éditions Biblio Life, 2008, 208 pages, relié/broché.

2.1.01.08　—*Les Mémoires historiques de Se-Ma Ts'ien.* Traduits et annotés par Édouard CHAVANNES, Jacques PIMPANEAU, Yves HERVOUET, Max KALTENMARK, Timoteus POKORA. Éditions You Feng, 2015, 4268 pages (coffret 9 volumes).

2.1.01.09　—*Mémoires historiques (œuvres choisies).* Traduction par GONG Jieshi, AN Pingqiu et al. Éditions en Langues étrangères, 2015, 1021 pages, relié (Tome I-III; bilingue; collection: Bibliothèque des classiques chinois 大中华文库).

2.1.01.10　—*Vies de chinois illustres.* Traduction par Jacques PIMPANEAU. Éditions You Feng, 2009, 549 pages, broché.

2.1.01.11　—*Mémoires historiques: Vies de Chinois illustres.* Traducteur non précisé. Éditions Philippe Picquier, 2002, 160 pages, poche.

2.1.01.12　—*Les mémoires historiques: La Grande Muraille de l'histoire.* Traduction par Rébecca PEYRELON-WANG, dessins de TSAI Chih-Chung. Éditions You Feng, 2009, 123 pages, broché (bilingue; collection: Culture traditionnelle chinoise).

2.1.02　《汉书》

2.1.01.13　—« L'Histoire des Han antérieurs: Biographie de Li Ling et Biographie de Su Wu ». Traduction par Jacques PIMPANEAU. Dans *l'Anthologie de la littérature chinoise classique.* Éditions Philippe Picquier, 2004, pp. 201-217.

2.1.03　《后汉书》

2.1.01.14　—« Heou Han chou, Chapitre LXXVII: Trois généraux chinois de la dynastie des Han orientaux ». Traduction d'Édouard CHAVANNES. *T'oung pao*, 1906, Volume 2: 7, pp. 210-269.

2.1.01.15　—« Les pays d'Occident, d'après le *Heou Han chou* Chapitre CXVIII ». Traduction d'Édouard CHAVANNES. *T'oung pao*, 1907, Volume 2: 8, pp. 149-234.

2.1.04　《三国志》

2.1.01.16　—*Chroniques des Trois Royaumes, Tome I: Tsao Tsao, le rebelle.* Traduction par WANG Yishi et Christophe ABA. Éditions Bleu de Chine, 1999, 63 pages, album.

2.2　地理类

2.2.01　《山海经》

2.2.01.01　—*Le Chan-Haï-King, Livre des montagnes et des mers: Livre II, Montagnes de l'Ouest.* Traduction par Émile BURNOUF. Éditions de l'Imprimerie de Madame veuve Bouchard-Huzard, 1875, 17 pages.

2.2.01.02　—*Chan-hai-king: Antique géographie chinoise: Tome premier.* Traduction par Léon de ROSNY. Éditions J. Maisonneuve, 1891, 321 pages.

2.2.01.03　—*Étude sur la mythologie et l'ethnologie de la Chine ancienne.* Traduction annotée (du *Shanhai jing*) par Rémi MATHIEU. Mémoire de l'Institut des hautes études chinoises, Collège de France, 1983, 1217 pages.

2.2.02　《水经注》

2.2.02.01　—« Les Pays d'occident d'après le *Wei lio* ». Traduction par Édouard

CHAVANNES. *T'oung pao*, 1905, Volume 2: 6, pp. 519-571.

2.2.03   《佛国记》

2.2.03.01　—*Foĕ Kouĕ Ki, ou Relation des royaumes bouddhiques: voyage dans la Tartarie, dans l'Afghanistan et dans l'Inde, exécuté, à la fin du IVᵉ siècle.* Traduction et commentaires par Jean-Pierre ABEL-RÉMUSAT; revue, complétée et augmentée d'éclaircissements nouveaux par Julius KLAPROTH et Ernest Clerc de LANDRESS. Éditions de l'Imprimerie Royale, 1836.

2.2.03.02　—*Mémoire sur les pays bouddhiques.* Traduction par Jean-Pierre DRÈGE, sous la direction d'Anne CHENG et de Marc KALINOWSKI. Éditions Les Belles Lettres, 2013, 398 pages, broché (bilingue; collection: Bibliothèque chinoise).

2.2.04   《大唐西域记》

2.2.04.01　—*Mémoires sur Les Contrées occidentales.* Traduction par Stanislas JULIEN. Éditions de l'Imprimerie Impériale, 1857—1858.

2.2.05   《大慈恩寺三藏法师传》

2.2.05.01　—*Histoire de la vie de Hiouen-Thsang et de ses voyages dans l'Inde, depuis l'an 629 jusqu'en 645.* Traduction par Stanislas JULIEN. Éditions de l'Imprimerie Impériale, 1853.

2.2.06   《大唐西域求法高僧传》

2.2.06.01　—*Mémoire composé à l'époque de la Grande dynastie T'ang sur les Religieux éminents qui allèrent chercher la Loi dans les pays d'occident.* Traduction par Édouard CHAVANNES. Éditions Ernest Leroux, 1894.

2.2.07   《继业西域行程》

2.2.07.01　—« L'itinéraire du pèlerin Ki-ye dans l'Inde ». Traduction par Édouard HUBER. *Bulletin de l'École française d'Extrême-Orient*, 1902, Volume 2, pp. 256-259.

2.2.08   《宋云行记》

2.2.08.01　—« Voyage de Song-yun dans l'Udyāna et le Gandhāra (518--522 p. C.) ». Traduction par Édouard CHAVANNES. *Bulletin de l'École française d'Extrême-Orient*, 1903, Volume 3, pp. 379-441.

2.2.09　《悟空行记》

2.2.09.01　—« Voyages des pèlerins bouddhistes. L'Itinéraire d'Ou-k'ong (751—790) ».
Traduction et annotations par Édouard CHAVANNES et Sylvain LÉVI. *Journal asiatique*, 1895, tome VI, pp. 341-384.

2.2.10　《徐霞客游记》

2.2.10.01　—*Randonnées aux sites sublimes*. Traduction par Jacques DARS. Éditions Gallimard, 1993, 432 pages, broché (collection: Connaissance de l'Orient).

2.3　别史类

2.3.01　《竹书纪年》

2.3.01.01　—*Tchou-Tchou-Ki-Nien. Tablettes chronologiques du Livre écrit sur bambou*. Traduction et annotations par Édouard BIOT. Extrait des cahiers de 1841 et de 1842 du *Journal asiatique*; éditions de l'Imprimerie Royale, date de parution non précisée, 96 pages.

2.3.01.02　—*Tchou-Tchou-Ki-Nien. Annales de bambou. Tablettes chronologiques du Livre écrit sur bambou*. Traduction et annotations par Édouard BIOT. Article paru dans le *Journal asiatique*: Introduction et livre premier, 1841, Sér. 3, T. 12, pp. 537-578, et 1842, Sér. 3, T. 13, pp. 203-206; livre second, 1842, Sér. 3, T. 13, pp. 381-431. Reproduction en fac-similé sur le site Gallica de la Bibliothèque Nationale de France; document produit en version numérique par Pierre Palpant, 2014, 83 pages, en format de PDF (collection: Les classiques des sciences sociales).

2.3.02　《国语》

2.3.02.01　—« Koue-Yü, Discours des royaumes: Première partie ». Traduction et annotations par Charles de HARLEZ. *Journal asiatique*: 1893, Sér. 9, T. 2, pp. 373-419.

2.3.02.02　—« Koue-Yü, Discours des royaumes: Première partie (suite) ». Traduction et annotations par Charles de HARLEZ. *Journal asiatique*, 1894, Sér. 9, T. 3, pp. 5-91.

2.3.02.03　—*Koue-Yü, Discours des royaumes: Première partie*. Traduction et annotations par Charles de HARLEZ. *Journal asiatique*: 1893, Sér. 9, T. 2, pp. 373-419, et 1894, T. 3, pp. 5-91. Reproduction en fac-similé sur le site Gallica de la Bibliothèque Nationale de France; document produit en version numérique par Pierre Palpant, 2005,

102 pages, en format de PDF (collection: Les classiques des sciences sociales).

2.3.02.04 —*Koue-Yü, Discours des royaumes, Annales oratoires des états chinois du Xe au Ve siècle A.C.: Partie II*. Traduction par Charles de HARLEZ. Éditions J.-B. Istas, 1895, IV+268 pages.

2.3.03   《西京杂记》

2.3.03.01 —*Notes diverses sur la capitale de l'Ouest*. Traduction par Jacques PIMPANEAU, sous la direction d'Anne CHENG et de Marc KALINOWSKI. Éditions Les Belles Lettres, 2016, 207 pages, broché (bilingue; collection: Bibliothèque chinoise).

2.3.04   《史通 · 内篇》

2.3.04.01 —*Traité de l'historien parfait: Chapitres intérieurs*. Traduction par Damien CHAUSSENDE, sous la direction d'Anne CHENG et de Marc KALINOWSKI. Éditions Les Belles Lettres, 2014, 832 pages, broché (bilingue; collection: Bibliothèque chinoise).

2.3.05   《洛阳伽蓝记》

2.3.05.01 —*Mémoire sur les monastères bouddhiques de Luoyang*. Traduction par Jean-Marie LOURME, sous la direction d'Anne CHENG et de Marc KALINOWSKI. Éditions Les Belles Lettres, 2014, 493 pages, broché (bilingue; collection: Bibliothèque chinoise).

2.3.06   《列女传》

2.3.06.01 —*Femmes à l'époque des empereurs de Chine: Biographies de femmes exemplaires*. Traduction par Agnès AUGER, avec la calligraphie de ZAO Wou-ki, initiée par Gilles Gudin de VALLERIN et Gladys BOUCHARD. Éditions Actes Sud, 2004, 124 pages, broché.

2.3.07   《南诏野史》

2.3.07.01 —*Nan-Tchao Ye-Che. Histoire particulière du Nan-Tchao*. Traduction par Camille SAINSON. Éditions Ernest Leroux, 1904, III+294 pages.

3. 子部

3.1 诸子类

3.1.01　《荀子》

3.1.01.01　—*Xun Zi (Siun Tseu)*. Introduction et traduction par Ivan P. KAMENAROVIČ. Éditions Cerf, 1987, 364 pages, broché (collection: Patrimoines).

3.1.01.02　—*Écrits de Maître Xun*. Traduction par Ivan P. KAMENAROVIČ, sous la direction d'Anne CHENG et de Marc KALINOWSKI. Éditions Les Belles Lettres, 2018, 961 pages, broché (bilingue; collection: Bibliothèque chinoise).

3.1.01.03　—*Traité sur le Ciel et autres textes*. Traduction par Rémi MATHIEU. Éditions Gallimard, 2013, 96 pages, poche (collection: Folio 2).

3.1.02　《墨子》

3.1.02.01　—*Mozi*. Traduction par Anna GHIGLIONE. Éditions Hermann, 2018, 624 pages, broché.

3.1.02.02　—*Mozi*. Texte intégral traduit, annoté et commenté par Anna GHIGLIONE, sous la direction de Shenwen LI. Éditions des Presses de l'Université Laval, 2018 (collection: Histoire et culture chinoises).

3.1.02.03　—*Mi-tze, le philosophe de l'amour universel*. Traduction des 9 premières sections par Charles de HARLEZ. Éditeur et date de parution non précisés.

3.1.02.04　—*Mozi: Œuvres choisies*. Traduction par Patrick de LAUBIER, préface de Léon WIEGER. Éditions Desclée de Brouwer, 2008, 294 pages, broché (collection: Sagesses orientales).

3.1.03　《韩非子》

3.1.03.01　—*Han Fei-tse: Petits traités chinois peu connus*. Traduction par Bruno BELPAIRE. Éditions de l'Occident, 1963, broché.

3.1.03.02　—*Han-Fei-tse, ou Le tao du prince*. Présentation et traduction par Jean LEVI. Éditions du Seuil, 1999, 616 pages, poche (collection: Points Sagesses).

3.1.03.03　—*L'art de gouverner*. Traducteur non précisé. Éditions des Presses du Châtelet, 2010, 146 pages, broché (collection: Sagesse de l'Orient).

3.1.03.04 *—Han Feizi et son enseignement: La force du légisme*. Traduction par Rébecca PEYRELON, dessins de TSAI Chih-Chung. Éditions You Feng, 2010, 107 pages, broché (bilingue; collection: Culture traditionnelle chinoise).

3.1.04 《管子》

3.1.04.01 *—Écrits de Maître Guan: Les Quatre Traités de l'Art de l'esprit*. Traduction par Romain GRAZIANI, sous la direction d'Anne CHENG et de Marc KALINOWSKI. Éditions Les Belles Lettres, 2011, 346 pages, broché (bilingue; collection: Bibliothèque chinoise).

3.1.05 《商君书》

3.1.05.01 *—Le livre du Prince Shang*. Présentation et traduction par Jean LEVI. Éditions Flammarion, 1992, 212 pages, broché (collection: Aspects de l'Asie).

3.1.05.02 *—Le livre du Prince Shang*. Présentation et traduction par Jean LEVI. Éditions Flammarion, 2005, 215 pages, broché (collection: Divers Sciences).

3.1.06 《吕氏春秋》

3.1.06.01 *—Printemps et automnes de Lü Buwei*. Traduction par Ivan P. KAMENAROVIČ. Éditions Cerf, 1998, 560 pages, broché (collection: Patrimoines Confucianisme).

3.1.07 《法言》

3.1.07.01 *—Maîtres mots*. Traduction par Béatrice L'HARIDON, sous la direction d'Anne CHENG et de Marc KALINOWSKI. Éditions Les Belles Lettres, 2010, 451 pages, broché (bilingue; collection: Bibliothèque chinoise).

3.1.08 《论衡》

3.1.08.01 *—Balance des discours: Destin, providence et divination*. Traduction par Marc KALINOWSKI, sous la direction d'Anne CHENG et de Marc KALINOWSKI. Éditions Les Belles Lettres, 2011, 1060 pages, broché (bilingue; collection: Bibliothèque chinoise).

3.1.08.02 *—Lun-Heng: Volume 1*. Traducteur non précisé. Éditions Hardpress Publishing, 2013, 602 pages, broché.

3.1.08.03 *—Lun-Heng: Volume 2*. Traducteur non précisé. Éditions Hardpress Publishing, 2013, 554 pages, broché.

3.1.09   《理惑论》

3.1.09.01 —« Meou-tseu ou les doutes levés ». Traduction et annotations par Paul PELLIOT. *T'oung pao*, 1920, volume XIX, n° 5, pp. 255-433.

3.1.09.02 —*Dialogues pour dissiper la confusion.* Traduction par Béatrice L'HARIDON, sous la direction d'Anne CHENG et de Marc KALINOWSKI. Éditions Les Belles Lettres, 2017, 224 pages, broché (bilingue; collection: Bibliothèque chinoise).

3.1.10   《朱陆太极之辩》

3.1.10.01 —*Une Controverse lettrée: Correspondance philosophique sur le Taiji.* Traduction par Roger DARROBERS et Guillaume DUTOURNIER, sous la direction d'Anne CHENG et de Marc KALINOWSKI. Éditions Les Belles Lettres, 2012, 523 pages, broché (bilingue; collection: Bibliothèque chinoise).

3.1.11   《天主实义》

3.1.11.01 —*Le Sens réel de « Seigneur du Ciel ».* Traduction par Thierry MEYNARD, sous la direction d'Anne CHENG et de Marc KALINOWSKI. Éditions Les Belles Lettres, 2013, 729 pages, broché (bilingue; collection: Bibliothèque chinoise).

3.2 道家类

3.2.01   《老子》(《道德经》)

3.2.01.01 —*Le Livre de la voie et de la vertu.* Traduction par Stanislas JULIEN. Éditions de l'Imprimerie Royale, 1842, XLVI+296 pages.

3.2.01.02 —*Tao Te King. Le livre de la voie et de la vertu.* Traduction par Stanislas JULIEN et postface de Catherine DESPEUX. Éditions Mille et une nuits, 2000, 110 pages, poche (collection: La petite collection).

3.2.01.03 —*Tao-te-King: Le livre de la voie et de la vertu.* Traduction par Stanislas JULIEN et préface de Jean ÉRACLE. Éditions J'AI LU, 2005, 77 pages, poche (collection: Librio Document).

3.2.01.04 —*Le Tao Te King: Le Livre de la Voie et de la Vertu.* Traduction par Stanislas JULIEN. Éditions Kessinger Publishing, 2010 (à partir de l'édition 1842), 358 pages, relié.

3.2.01.05 —*Tao-te-King: Le livre de la voie et de la vertu.* Traduction par Stanislas

JULIEN et préface de Jean ÉRACLE. Éditions J'AI LU, 2012, 75 pages, poche (collection: Librio Document).

3.2.01.06 —*Tao Te King: Livre de la voie et de la vertu.* Traduction par Stanislas JULIEN. Éditions CreateSpace Independent Publishing Platform, 2015, 38 pages, broché.

3.2.01.07 —*Tao-te-King: Le livre de la voie et de la vertu.* Traduction par Stanislas JULIEN et préface de Jean ÉRACLE. Éditions J'AI LU, 2018, 75 pages, poche (collection: Librio Spiritualité).

3.2.01.08 —*Tao Te King: Le Livre de la voie et de la vertu.* Traduction et commentaire (avec le texte chinois) par Stanislas JULIEN. Éditions CdBF (independently published), 2018, 282 pages, broché.

3.2.01.09 —*Les pères du système taoïste: Lao-Tzeu, Lie-Tzeu, Tchoang-Tzeu.* Traduction par Léon WIEGER S.J. Éditions des Belles Lettres, 1950 (collection: Cathasia, Les Humanités d'Extrême-Orient, série culturelle des Hautes Études de Tien-Tsin).

3.2.01.10 —*Tao-Tê-King.* Traduction par Léon WIEGER. Editions du Rocher, 1990, 187 pages, broché (collection: Textes sacrés).

3.2.01.11 —*Les pères du système taoïste.* Traduction par Léon WIEGER. Éditions Independently published, 2018, 236 pages, broché.

3.2.01.12 —*Tao Tei King: Texte bilingue Chinois-Français.* Traduction par Léon WIEGER. Éditions CdBF (independently published), 2019, 123 pages, broché.

3.2.01.13 —*Les pères du système taoïste: Tao-Tei-King; Tch'oung-Hu-Tchenn King; Nan-Hoa-Tchenn-King.* Traduction par Léon WIEGER. Éditions CdBF (independently published), 2019, 467 pages, broché.

3.2.01.14 —*Tao tö king.* Traduction par LIOU Kia-hway, préface de René ÉTIEMBLE. Éditions Gallimard, 1969, 192 pages (collection: idées nrf).

3.2.01.15 —*Tao tö king.* Traduction par LIOU Kia-hway et préface de René ÉTIEMBLE. Éditions Gallimard, 1990, 140 pages, poche (collection: Connaissance de l'Orient).

3.2.01.16 —*Tao tö king.* Traduction par LIOU Kia-hway. Éditions Gallimard, 2002, 108 pages, poche (collection: Folio).

3.2.01.17 —*Tao tö king.* Traduction par LIOU Kia-hway. Éditions Gallimard, 2002, livre audio (collection: GAL ECO LIRE CD).

3.2.01.18 —*Tao tö king.* Traduction par LIOU Kia-hway. Éditions Gallimard, 2015, 128 pages, poche (collection: Folio Sagesses).

3.2.01.19 —*Tao Te King: Le Livre de la Voie et de la Vertu.* Traduction par Claude LARRE. Éditions Desclée de Brouwer, 1994, 108 pages, relié (collection: Carnets DDB).

3.2.01.20 —*Le Livre de la Voie et de la Vertu.* Traduction par Claude LARRE et préface de François CHENG. Éditions Desclée de Brouwer, 2002, 233 pages, broché (collection: Hors Collection 2).

3.2.01.21 —*Le Livre de la Voie et de la Vertu.* Traduction par Claude LARRE. Éditions Desclée de Brouwer, 2010, 112 pages, broché (collection: Carnets DDB).

3.2.01.22 —*Livre de la voie et de la vertu: Tao Te King.* Traduction par Claude LARRE et préface de François CHENG. Éditions Desclée de Brouwer, 2015, 120 pages, poche.

3.2.01.23 —*Lao-Tzeu. La Voie et sa vertu.* Texte chinois présenté et traduit par HOUANG Kia-Tcheng (HOUANG) et Pierre LEYRIS. Éditions du Seuil, 1949.

3.2.01.24 —*La Voie et sa vertu: Tao-tê-king.* Traduction par François HOUANG et Pierre LEYRIS. Éditions du Seuil, 2004, 192 pages, poche (collection: Points Sagesses).

3.2.01.25 —*La Voie et sa vertu.* Traduction par François HOUANG et Pierre LEYRIS. Éditions du Seuil, 2009, 160 pages, broché (collection: Beaux livres).

3.2.01.26 —*Le Lao-tseu: Suivi des Quatre Canons de l'empereur Jaune.* Traduction par Jean LEVI. Éditions Albin Michel, 2009, 231 pages, broché (collection: Spiritualité).

3.2.01.27 —*Le Lao-tseu: Suivi des Quatre Canons de l'empereur Jaune.* Traduction par Jean LEVI. Éditions Albin Michel, 2017, 240 pages, poche.

3.2.01.28 —*Les Deux arbres de la Voie: Le Livre de Lao-Tseu / Les Entretiens de Confucius.* Traduction par Jean LEVI. Éditions Les Belles Lettres, 2018, 974 pages, broché (bilingue chinois-français; collection: Bibliothèque chinoise).

3.2.01.29 —*Tao Te King: Un voyage illustré.* Traduction par Stephen MITCHELL. Synchronique Éditions, 2008, 96 pages, relié (collection: Esprit contemporain).

3.2.01.30 —*Tao Te King.* Traduction par Stephen MITCHELL. Synchronique Éditions, 2012, 128 pages, relié (collection: Poche).

3.2.01.31 —*Tao Te King: Un voyage illustré.* Traduction par Stephen MITCHELL et Benoît LABAYLE, avec illustrations par Stephen LITTLE. Synchronique Éditions, 2019, 96 pages, broché.

3.2.01.32 —*Tao Tö King. Le livre de la voie et de la vertu.* Texte chinois établi et traduit avec des notes critiques et une introduction par Jan Julius Lodewijk DUYVENDAK.

Éditions de la Librairie d'Amérique et d'Orient Adrien-Maisonneuve, 1981, broché.

3.2.01.33 —*Tao Tö King. Le livre de la voie et de la vertu*. Traduction et annotations par Jan Julius Lodewijk DUYVENDAK. Éditions de la Librairie d'Amérique et d'Orient Adrien- Maisonneuve, 1987, 190 pages.

3.2.01.34 —*Lao Tzeu, Mes mots sont faciles à comprendre*. Commentaire de CHENG Man Ch'ing, traduit du chinois en anglais par Tam C. GIBBS et de l'anglais en français par Serge MAIRET. Éditions Le Courrier du Livre, 1998, 241 pages, broché (collection: Trésor des arts martiaux).

3.2.01.35 —*Lao Tzeu, Mes mots sont faciles à comprendre*. Commentaire de CHENG Man Ch'ing, traduit du chinois en anglais par Tam C. GIBBS et de l'anglais en français par Serge MAIRET. Éditions Le Courrier du Livre, 2012, 241 pages, broché.

3.2.01.36 —*Dao De Jing de Lao Zi: Énergie originelle*. Traduction par ZHOU Jinghong. Éditions You Feng, 2009, broché (bilingue).

3.2.01.37 —*Dao De Jing de Lao Zi: Énergie originelle*. Traduction par ZHOU Jinghong. Éditions You Feng, 2013, broché (bilingue).

3.2.01.38 —*Mémoire sur la vie et les opinions de Lao-Tseu, philosophe chinois du VIe siècle avant notre ère*. Rédaction et traduction d'extraits du texte par Jean-Pierre ABEL-RÉMUSAT. Éditions de l'Imprimerie Royale, 1823.

3.2.01.39 —*Le Tao-Te-King, ou le livre révéré de la raison suprême et de la vertu*. Traduit en français et publié pour la première fois en Europe avec une version latine et le texte-chinois en regard par G. PAUTHIER. Éditions F. Didots libraires, Benjamin Duprat, Ve Dondey Dupré, Victor Masson, 1838, 80 pages.

3.2.01.40 —*Le Tao de Lao Tseu*. Traduction par Matgioi Albert de POUVOURVILLE. Éditions de la Librairie de l'art indépendant, 1894, 46 pages.

3.2.01.41 —*Le Te de Lao Tseu*. Traduction par Matgioi Albert de POUVOURVILLE. Éditions de la Librairie de l'art indépendant, 1894, 58 pages.

3.2.01.42 —*Le Tao Te King*. Traduction par Jules BESSE. Éditions Ernest Leroux, 1909, 164 pages.

3.2.01.43 —*Tao te king. Traité sur le principe et l'art de la vie des vieux maîtres de la Chine*. Introduction, traduction, glose, commentaires et notes par Jacques LIONNET. Éditions Adrien Maisonneuve, 1962, 206 pages, broché.

3.2.01.44 —*Tao tö king*. Traduction par René ÉTIEMBLE. Éditions Gallimard, 1967, broché.

3.2.01.45 —*Lao Tseu et le Taoïsme suivi du Tao-Tö-King*. Traduction par Max KALTENMARK. Éditions Robert Laffont, 1974, 277 pages, cartonné.

3.2.01.46 —*Tao Te King*. Traduction par MA Kou. Éditions Albin Michel, 1984, 162 pages, poche (collection: Spiritualités vivantes).

3.2.01.47 —*Le Tao-Tö-King*. Traduction par Conradin von LAUER, compositions de YIN-GHO. Éditions Jean de Bonnot, 2001, cuir/luxe.

3.2.01.48 —*Le Véritable Tao Te King*. Traduction par Eulalie STEENS. Éditions du Rocher, 2002, 133 pages, broché (collection: Sciences Humaines).

3.2.01.49 —*Tao Te King*. Version allemande de Richard WILHELM, traduction en français par Étienne PERROT. Éditions Médicis, 2003, 177 pages, broché.

3.2.01.50 —*Livre de la voie et de la vertu*. Traduction par Henning STROM. Éditions You Feng, 2004, 186 pages, broché.

3.2.01.51 —*Le Daodejing: « Classique de la voie et de son efficience »*. Traduction par Rémi MATHIEU. Éditions Entrelacs, 2008, 280 pages, broché.

3.2.01.52 —*Tao Tö King: De l'efficience de la Voie*. Traduction par Gilbert Georges COUDRET et Philippe DENIS. Éditions de la Revue Conférence, 2009, 112 pages, broché.

3.2.01.53 —*Laozi*. Traduction par LÜ Hua. Éditions: Foreign Language Teaching and Researching Press, 2009, 266 pages, relié (bilingue; collection: Bibliothèque des classiques chinois 大中华文库).

3.2.01.54 —*Lao-tseu: Le guide de l'insondable*. Présentation et traduction par Catherine DESPEUX. Éditions Entrelacs, 2010, 297 pages, broché (collection: Sagesses éternelles).

3.2.01.55 —*Le Tao et son pouvoir d'amour: Une nouvelle interprétation du Tao Te King*. Traduction par Alain CASTETS. Éditions Le Souffle d'Or, 2012, 136 pages, poche.

3.2.01.56 —*Tao Te King*. Traduction par Claire Sachsé FONTAINE avec la photographie de Michel BACCHETTA. Éditeur non précisé, 2013.

3.2.01.57 —*Tao Te King*. Traduction par Antoine de VIAL. Éditions Orizons, 2013, 106 pages, broché.

3.2.01.58 —*Daodejing: Canon de la Voie et de la Vertu*. Traduction par Laure CHEN et préface de Léon VANDERMEERSCH. Éditions Desclée de Brouwer, 2014, 212 pages, broché (collection: Sagesses orientales).

3.2.01.59 —*Tao Te King*. Traduction par Marcel CONCHE. Éditions des Presses universitaires de France, 2016, 216 pages, broché (collection: Quadrige).

3.2.01.60 —*Dao Dé Jing (Tao Te King), Traités des pouvoirs de la voix véritable.* Traduction par Arthur RIVAS et Guy MASSAT. Éditions L'Harmattan, 2016, 210 pages, broché (collection: Poètes des cinq continents).

3.2.01.61 —*Tao Te King, Dao De Jing: La voie de la bonté et du pouvoir.* Traduction par James TRAPP. Éditions Guy Trédaniel, 2016, 96 pages, relié.

3.2.01.62 —*Tao te ching.* Traduction par John BALDOCK. Éditions Guy Trédaniel, 2017, 160 pages, relié.

3.2.01.63 —*Lao-Tseu: Vie et œuvre du précurseur en Chine.* Traducteur non précisé. Éditions du Graal, 1989, 300 pages (collection: Éveil des temps passés).

3.2.01.64 —*Lao-Tseu: Vie et œuvre du précurseur en Chine.* Traducteur non précisé. Éditions du Graal, 2005, 300 pages, broché (collection: Les précurseurs).

3.2.01.65 —*Tao te king.* Traducteur non précisé. Éditions Dervy, 1996, broché (collection: Mystiques et religions).

3.2.01.66 —*Tao te king.* Traducteur non précisé. Éditions Dervy, 2010, 248 pages, broché (collection: L'être et l'esprit).

3.2.01.67 —*Tao-te-king.* Traducteur non précisé. Éditions Marabout, 2016, 224 pages, poche (collection: Psychologie).

3.2.01.68 —*Tao-te-king.* Traducteur non précisé. Éditions Marabout, 2019, 224 pages, poche (collection: Bien-être–Psy).

3.2.01.69 —*Sagesses chinoises: Les Entretiens de Confucius; Tao-tö king de Lao-tseu; Sur le destin et autres textes de Lie-tseu.* Traducteur non précisé. Éditions Gallimard, 2009, poche (coffret 3 volumes; collection: Folio).

3.2.01.70 —*Tao Te King.* Traducteur non précisé. FB éditions, CreateSpace Independent Publishing Platform, 2015, 174 pages, broché.

3.2.01.71 —*Lao Tseu Tome 1: Le silence du sage.* Traducteur non précisé, dessins de TSAI Chih-Chung. Éditions Carthame, 1996, 105 pages, broché (collection: Philo-bédé).

3.2.01.72 —*Lao Tseu Tome 2: Le retour du sage.* Traducteur non précisé, dessins de TSAI Chih-Chung. Éditions Carthame, 1996, 95 pages, broché (collection: Philo-bédé).

3.2.01.73 —*Le message de Lao Tseu: La voie du Tao.* Traducteur non précisé, dessins de TSAI Chih-Chung. Éditions Jouvence, 2006, 109 pages, broché (collection: Les clés de la spiritualité).

3.2.01.74 —*Laozi et son enseignement I*. Traduction par Rébecca PEYRELON, dessins de TSAI Chih-Chung. Éditions You Feng, 2009, 121 pages, broché (collection: Culture traditionnelle chinoise).

3.2.01.75 —*Laozi et son enseignement II*. Traduction par Rébecca PEYRELON, dessins de TSAI Chih-Chung. Éditions You Feng, 2009, 87 pages, broché (collection: Culture traditionnelle chinoise).

3.2.02　　《庄子》(《南华真经》)

3.2.02.01 —*Tchouang-tseu, L'Œuvre complète*. Traduction par LIOU Kia-Hway. Éditions Gallimard, 1969, 391 pages, broché (collection: UNESCO d'œuvres représentatives, série chinoise).

3.2.02.02 —*Tchouang-tseu, Œuvre complète*. Traduction par LIOU Kia-Hway. Éditions Gallimard, 1985, 392 pages, poche (collection: Connaissance de l'Orient).

3.2.02.03 —*Zhuangzi*. Traducteur non précisé. Éditions Zhonghua Book Company, 2009, 507 pages, relié (bilingue; collection: Bibliothèque des classiques chinois 大中华文库).

3.2.02.04 —*Œuvre complète de Tchouang-tseu*. Traduction par LIOU Kia-Hway. Éditions Gallimard, 2011, 592 pages, broché (collection: Folio Essais).

3.2.02.05 —*Joie suprême et autres textes*. Traduction par LIOU Kia-Hway. Éditions Gallimard, 2013, 112 pages, broché (collection: Folio 2).

3.2.02.06 —*Joie suprême et autres textes*. Traduction par LIOU Kia-Hway. Éditions Gallimard, 2018, 112 pages, poche (collection: Folio Sagesses).

3.2.02.07 —*Les pères du système taoïste: Lao-Tzeu, Lie-Tzeu, Tchoang-Tzeu*. Traduction par Léon WIEGER S.J.. Éditions Les Belles Lettres, 1950 (collection: Cathasia, Les Humanités d'Extrême-Orient, série culturelle des Hautes Études de Tien-Tsin).

3.2.02.08 —*Les pères du système taoïste*. Traduction par Léon WIEGER. Éditions Independently published, 2018, 236 pages, broché.

3.2.02.09 —*Nan-Hoa-Tchenn-King*. Traduction par Léon WIEGER. Éditions CdBF (independently published), 2018, 398 pages, broché (bilingue chinois-français).

3.2.02.10 —*Les pères du système taoïste: Tao-Tei-King; Tch'oung-Hu-Tchenn King; Nan-Hoa-Tchenn-King*. Traduction par Léon WIEGER. Éditions CdBF (independently published), 2019, 467 pages, broché.

3.2.02.11 —*Le 2ème Livre du Tao—Le Rire de Tchouang-tseu*. Textes choisis et commentés par Stephen MITCHELL, traduction par Benoît LABAYLE et Célin VURALER.

Synchronique Éditions, 2014, 208 pages.

3.2.02.12 —*L'Éternelle sagesse du Tao – Le Rire de Tchouang-tseu*. Textes choisis et commentés par Stephen MITCHELL, traduction par Benoît LABAYLE et Célin VURALER. Synchronique Éditions, 2015, 176 pages.

3.2.02.13 —*L'Éternelle sagesse du Tao – Le Rire de Tchouang-tseu*. Textes choisis et commentés par Stephen MITCHELL, traduction par Benoît LABAYLE et Célin VURALER. Synchronique Éditions, 2018, 128 pages (collection: Grands Classiques).

3.2.02.14 —*Le Traité des influences errantes de Quangdzu*. Traduction par Matgioi Albert de POUVOURVILLE. Éditions de la Bibliothèque de la Haute Science, 1896, 51 pages.

3.2.02.15 —*Le Traité des Influences Errantes de Quangdzu*. Traduction par Matgioi Albert de POUVOURVILLE. Éditions Independently published, 2019, 55 pages, broché.

3.2.02.16 —*Les Œuvres de Maître Tchouang*. Traduction par Jean LEVI. Éditions de l'Encyclopédie des Nuisances, 2006, 336 pages, broché.

3.2.02.17 —*Les Œuvres de Maître Tchouang*. Traduction par Jean LEVI. Éditions de l'Encyclopédie des Nuisances, 2010, 376 pages, broché.

3.2.02.18 —*Les Chapitres intérieurs*. Traduction par Jean-Claude PASTOR, introduction par Isabelle ROBINET. Éditions Cerf, 1990, 112 pages, broché (collection: Patrimoines—Orient).

3.2.02.19 —*De vide en vide: La Conduite de la Vie*. Présentation et traduction par Claude LARRE et Élisabeth Rochat de la VALLÉE. Éditions Desclée de Brouwer et Institut Ricci, 1994, 134 pages, broché.

3.2.02.20 —*Aphorismes et paraboles*. Texte constitué et interprété par Marc de SMEDT. Éditions Albin Michel, 2005, 160 pages, broché (collection: Spiritualités vivantes).

3.2.02.21 —*Fictions philosophiques du Tchouang-tseu*. Traduction, commentaire et interprétation par Romain GRAZIANI. Éditions Gallimard, 2006, 352 pages, broché (collection: L'infini).

3.2.02.22 —*Le rêve du papillon*. Traduction par Jean-Jacques LAFITTE. Éditions Albin Michel, 2008, 340 pages, broché (collection: Spiritualités vivantes).

3.2.02.23 —*Sagesses chinoises: Les Entretiens de Confucius; Tao-tö king de Lao-tseu; Sur le destin et autres textes de Lie-tseu*. Traducteur non précisé. Éditions Gallimard, 2009, poche (coffret 3 volumes; collection: Folio).

3.2.02.24 —*Tchouang Tseu: Le chant de l'univers*. Traducteur non précisé, dessins de

TSAI Chih-Chung. Éditions Carthame, 1996, 135 pages, broché (collection: Philo-bédé).

3.2.02.25 —*Tchouang Tseu 2: La Musique de la vie*. Traducteur non précisé, dessins de TSAI Chih-Chung. Éditions Carthame, 1996, 119 pages, broché (collection: Philo-bédé).

3.2.02.26 —*Le Message de Tchouang Tseu*. Traduction par Nelly IRNIGER, dessins de TSAI Chih-Chung. Éditions BD Lys, 2003, 139 pages, broché.

3.2.02.27 —*Zhuangzi et son enseignement: Tome 1, La mélodie de la nature*. Traduction par Rébecca PEYRELON, dessins de TSAI Chih-Chung. Éditions You Feng, 2011, 126 pages, broché (bilingue; collection: Culture traditionnelle chinoise).

3.2.02.28 —*Zhuangzi et son enseignement: Tome 2, La mélodie de la nature*. Traduction par Rébecca PEYRELON, dessins de TSAI Chih-Chung. Éditions You Feng, 2014, 95 pages, broché (bilingue; collection: Culture traditionnelle chinoise).

3.2.03   《列子》(《冲虚真经》)

3.2.03.01 —*Le vrai classique du vide parfait*. Traduction, préface et annotations par Benedykt GRYNPAS. Éditions Gallimard, 1961, 228 pages, broché (collection: Connaissance de l'Orient).

3.2.03.02 —*Le vrai classique du vide parfait*. Traduction, préface et annotations par Benedykt GRYNPAS. Éditions Gallimard, 1976, 288 pages, broché (collection: Idées).

3.2.03.03 —*Le vrai classique du vide parfait*. Traduction, préface et annotations par Benedykt GRYNPAS. Éditions Gallimard, 1989, 226 pages, poche.

3.2.03.04 —*Le vrai classique du vide parfait*. Traduction, préface et annotations par Benedykt GRYNPAS. Éditions Gallimard, 1996, 226 pages, poche (collection: Connaissance de l'Orient).

3.2.03.05 —*Le vrai classique du vide parfait*. Traduction, préface et annotations par Benedykt GRYNPAS. Éditions Gallimard, 2011, 272 pages, broché (collection: Folio Essais).

3.2.03.06 —*Sur le destin et autres textes*. Traduction par Benedykt GRYNPAS. Éditions Gallimard, 2016, 112 pages, broché (collection: Folio Essais).

3.2.03.07 —*Les pères du système taoïste: Lao-Tzeu, Lie-Tzeu, Tchoang-Tzeu*. Traduction par Léon WIEGER S.J.. Éditions Les Belles Lettres, 1950 (collection: Cathasia, Les

Humanités d'Extrême-Orient, série culturelle des Hautes Études de Tien-Tsin).

3.2.03.08 —*Les pères du système taoïste*. Traduction par Léon WIEGER. Éditions Independently published, 2018, 236 pages, broché.

3.2.03.09 —*Les pères du système taoïste: Tao-Tei-King; Tch'oung-Hu-Tchenn King; Nan-Hoa-Tchenn-King*. Traduction par Léon WIEGER. Éditions CdBF (independently published), 2019, 467 pages, broché.

3.2.03.10 —*Tch'oung-Hu-Tchenn King: Texte bilingue Chinois-Français*. Traduction par Léon WIEGER. Éditions CdBF (independently published), 2019, 172 pages, broché.

3.2.03.11 —*Traité du vide parfait: Lie Tseu (Liezi)*. Traduction par Jean-Jacques LAFITTE. Éditions Albin Michel, 1997, 227 pages, poche (collection: Spiritualités vivantes).

3.2.03.12 —*Le vrai classique de la vertu parfaite du vide harmonieux*. Traduction et annotations par FANG Sheng. Éditions You Feng, 2010, broché (bilingue).

3.2.03.13 —*Lie Tseu: L'authentique classique de la parfaite vacuité*. Présentation, traduction et annotations par Rémi MATHIEU. Éditions Entrelac, 2012, 445 pages, broché.

3.2.03.14 —*Les Fables de Maître Lie*. Traduction par Jean LEVI. Éditions de l'Encyclopédie des Nuisances, 2014, 192 pages, broché.

3.2.03.15 —*Lie Tseu: Les ailes de la joie*. Traducteur non précisé, dessins de TSAI Chih-Chung. Éditions Carthame, 1996, 149 pages, broché (collection: Philo-bédé).

3.2.04 《文子》

3.2.04.01 —*Écrits de Maître Wen: Livre de la pénétration du mystère*. Traduction par Jean LEVI, sous la direction d'Anne CHENG et de Marc KALINOWSKI. Éditions Les Belles Lettres, 2012, 727 pages, broché (bilingue; collection: Bibliothèque chinoise).

3.2.05 《淮南子》

3.2.05.01 —*Le traité VII du Houai nan tseu. Les esprits légers et subtils animateurs de l'essence*. Traduction par Claude LARRE. Éditions de l'Institut Ricci, 1982, 300 pages (collection: Variétés sinologiques, 67, nouvelle série).

3.2.05.02 —*Les grands traités du Huainan Zi*. Traduction par Claude LARRE, Isabelle ROBINET et Élisabeth Rochat de la VALLÉE (cinq chapitres). Les éditions du Cerf et Institut Ricci, 1993, 264 pages (collection: Variétés sinologiques).

3.2.05.03 —*Philosophes taoïstes, tome 2: Huainan zi.* Traduction par BAI Gang, Anne CHENG, Charles LE BLANC, Jean LEVI, Jean MARCHAND, Rémi MATHIEU, Nathalie PHAM-MICLOT et Chantal ZHENG, sous la direction de Charles LE BLANC et de Rémi MATHIEU. Éditions Gallimard, 2003, 1181 pages (collection: Bibliothèque de la Pléiade).

3.2.06 《抱朴子》

3.2.06.01 —*La Voie des divins immortels: Les chapitres discutifs du Baopuzi neipian.* Traduction par Philippe CHE. Éditions Gallimard, 1999, 240 pages, broché (collection: Connaissance de l'Orient).

3.2.07 《太上感应篇》

3.2.07.01 —*Le Livre des Récompenses et des Peines, méritées par les actions humaines suivant la sublime doctrine.* Traduction par Jean-Pierre ABEL-RÉMUSAT. Éditions de la Librairie Renouard, 1816, 80 pages.

3.2.07.02 —*Le Livre des Récompenses et des Peines.* Traduction par Stanislas JULIEN. Éditions de l'Imprimerie du Crapelet (pour The Oriental Translation Fund), 1835, XVI+532 pages.

3.2.08 《清净经》

3.2.08.01 —*Qing Jing Jing – Le livre de la Pureté du Calme.* Traduction et adaptation par WEN Ke et Sophie FAURE, sous la direction de Catherine DESPEUX et de LI Guangfu. Éditions Le Courrier du Livre, 2017, 144 pages, relié.

3.2.09 《黄帝四经》(《黄帝书》)

3.2.09.01 —*Les 4 livres de l'empereur jaune – Le canon taoïque retrouvé.* Traduction par Jacques DECAUX avec illustrations. Éditions European languages publications, 1989, 249 pages, broché.

3.2.09.02 —*Le Lao-tseu: Suivi des Quatre Canons de l'empereur Jaune.* Traduction par Jean LEVI. Éditions Albin Michel, 2009, 231 pages, broché (collection: Spiritualité).

3.2.09.03 —*Le Lao-tseu: Suivi des Quatre Canons de l'empereur Jaune.* Traduction par Jean LEVI. Éditions Albin Michel, 2017, 240 pages, poche.

3.3 释家类

3.3.01　《心经》(《摩诃般若波罗蜜多心经》)

3.3.01.01　—*Soûtra du Diamant et autres soûtras de la Voie médiane*. Traduit du tibétain par Philippe CORNU, du chinois et du sanskrit par Patrick CARRÉ. Éditions Fayard, 2001, 180 pages (collection: Trésors du bouddhisme).

3.3.01.02　—*Le sûtra du cœur*. Présentation par NAN Huai-Chin, traduction par Catherine DESPEUX. Éditions Les Deux Océans, 2015, 160 pages, broché.

3.3.01.03　—*Le soutra du cœur: Enseignements spirituels*. Traducteur non précisé, dessins de TSAI Chih-Chung. Éditions BD Lys, 2001, 127 pages, broché (collection: Philo-bédé).

3.3.01.04　—*Le sutra du cœur*. Traduction par Rébecca PEYRELON, dessins de TSAI Chih-Chung. Éditions You Feng, 2013, 114 pages, album (collection: Culture traditionnelle chinoise).

3.3.02　《金刚经》(《金刚般若波罗蜜经》)

3.3.02.01　—*Vajracchedikā (Prajñāpāramitā)*. Traduction du sanscrit avec comparaison des versions chinoise et mandchoue de Charles-Joseph de HARLEZ. Éditions de l'Imprimerie Nationale, 1892, 70 pages.

3.3.02.02　—*Vajracchedikā (Prajñāpāramitā)*. Traduction du sanscrit avec comparaison des versions chinoise et mandchoue de Charles-Joseph de HARLEZ. Éditions BiblioBazaar, 2009, 76 pages, broché.

3.3.02.03　—*Vajracchedikā (Prajñāpāramitā)*. Traduction du sanscrit avec comparaison des versions chinoise et mandchoue de Charles-Joseph de HARLEZ. Éditions Fb&c Limited, 2017, 80 pages.

3.3.02.04　—*Vajracchedika (Prajnàpàramità)*. Traduction du sanscrit avec comparaison des versions chinoise et mandchoue de Charles-Joseph de HARLEZ. Éditions Forgotten Books, 2018, 82 pages, broché.

3.3.02.05　—*Soûtra du Diamant et autres soûtras de la Voie médiane*. Traduit du tibétain par Philippe CORNU, du chinois et du sanskrit par Patrick CARRÉ. Éditions Fayard, 2001, 180 pages (collection: Trésors du bouddhisme).

3.3.02.06　—*Le Sûtra du diamant*. Traduction et annotations par JIN Siyan. Éditions You Feng, 2013, 101 pages.

3.3.02.07 —*Le sutra du diamant. Vajracchedika Prajñaparamita. La perfection de sagesse qui coupe l'illusion dans le silence foudroyant.* Commentaire de Thich Nhat Hanh, traducteur non précisé. Éditions Albin Michel, 1997.

3.3.02.08 —*Le Silence foudroyant: Le Soutra de la Maîtrise du Serpent, suivi du Soutra du Diamant.* Commentaire de Thich Nhat Hanh, traduction par Zéno BIANU. Éditions Albin Michel, 2016, 272 pages, poche.

3.3.02.09 —*Le Sutra du Diamant.* Commentaire de Xingyun, traducteur non précisé. Éditions Buddha's Light Publishing, 2011, 627 pages relié.

3.3.03   《华严经》(《大方广佛华严经》)

3.3.03.01 —*Soutra de l'Entrée dans la dimension absolue – Gandavyuhasutra.* Commentaire de LI Tongxuan, traduction par Patrick CARRÉ. Éditions Padmakara, 2019, 1459 pages, coffret de deux volumes reliés (collection: Tsadra).

3.3.03.02 —*Les vœux et les pratiques du bodhisattva Samantabhadra d'entrer dans l'état de la délivrance inconcevable.* Traduction par JIN Siyan et Robert LECHEMIN. Éditions You Feng, 2016, 212 pages, broché.

3.3.04   《法华经》(《妙法莲华经》)

3.3.04.01 —*Le Sûtra du lotus.* Traduction par Jean-Noël ROBERT. Éditions Fayard, 1997, 400 pages, broché (collection: L'Espace intérieur).

3.3.04.02 —*Le Sûtra du lotus blanc de la loi merveilleuse.* Traduction par André CHEDEL. Éditions Dervy, 1998, 120 pages, broché (collection: L'être et l'esprit).

3.3.04.03 —*Le Sûtra du lotus.* Traduction du chinois en anglais par Burton WATSON, traduction de l'anglais en français par Sylvie SERVAN-SCHEIBER avec la calligraphie de WANG Lou. Éditions Les Indes savantes, 2008, 321 pages, broché (collection: Asie).

3.3.04.04 —*Le Sûtra du lotus.* Traduction par Andre Serge GENDRON. Éditions Aparis, 2013, broché (collection: Classique).

3.3.05   《阿弥陀经》(《佛说阿弥陀经》)

3.3.05.01 —*Le Sûtra d'Amida prêché par le Buddha.* Traduction par Jérôme DUCOR. Éditions Peter Lang Gmbh (Internationaler Verlag Der Wissenschaften), 1999, 216 pages, broché (collection: Études asiatiques suisses – Monographies).

3.3.05.02　—*La Doctrine bouddhique de la terre pure: Introduction à trois sûtras de la terre pure.* Auteur: Jean ÉRACLE, extraits traduits en appendice (traducteur non précisé). Éditions Dervy, 1973, 116 pages.

3.3.05.03　—*Aux Sources du Bouddhisme Mahâyânâ: Trois Soûtras et Un Traité sur la Terre Pure* (réunit: *Soutra des paroles du Bouddha sur la vie infinie, Soutra des paroles du Bouddha sur la contemplation de la vie infinie, Soutra des paroles du Bouddha sur Amida* et *Traité sur le Soutra de la vie infinie*). Traducteur non précisé, éditeur scientifique: Jean ÉRACLE. Éditions Aquarius, 1984, 224 pages, broché.

3.3.05.04　—*Trois Soûtras et un Traité de la Terre pure. Aux Sources du Bouddhisme Mahâyânâ* (réunit: *Soutra des paroles du Bouddha sur la vie infinie, Soutra des paroles du Bouddha sur la contemplation de la vie infinie, Soutra des paroles du Bouddha sur Amida* et *Traité sur le Soutra de la vie infinie*). Traducteur non précisé, éditeur scientifique: Jean ÉRACLE. Éditions Points, 2008, 240 pages, broché (collection: Points Sagesses).

3.3.06　　《无量寿经》(《佛说无量寿经》)

3.3.06.01　—*La Doctrine bouddhique de la terre pure: Introduction à trois sûtras de la terre pure.* Auteur: Jean ÉRACLE, extraits traduits en appendice (traducteur non précisé). Éditions Dervy, 1973, 116 pages.

3.3.06.02　—*Aux Sources du Bouddhisme Mahâyânâ: Trois Soûtras et Un Traité sur la Terre Pure* (réunit: *Soutra des paroles du Bouddha sur la vie infinie, Soutra des paroles du Bouddha sur la contemplation de la vie infinie, Soutra des paroles du Bouddha sur Amida* et *Traité sur le Soutra de la vie infinie*). Traducteur non précisé, éditeur scientifique: Jean ÉRACLE. Éditions Aquarius, 1984, 224 pages, broché.

3.3.06.03　—*Trois Soûtras et un Traité de la Terre pure. Aux Sources du Bouddhisme Mahâyânâ* (réunit: *Soutra des paroles du Bouddha sur la vie infinie, Soutra des paroles du Bouddha sur la contemplation de la vie infinie, Soutra des paroles du Bouddha sur Amida* et *Traité sur le Soutra de la vie infinie*). Traducteur non précisé, éditeur scientifique: Jean ÉRACLE. Éditions Points, 2008, 240 pages, broché (collection: Points Sagesses).

3.3.07　　《观无量寿经》(《佛说观无量寿经》)

3.3.07.01　—*Le sūtra des contemplations du Buddha Vie-Infinie: Essai d'interprétation textuelle et iconographique.* Traduction et présentation par Jérôme DUCOR et Helen

LOVEDAY. Éditions Brepols, 2011, 466 pages, broché (collection: Bibliothèque de l'École des hautes études en sciences religieuses).

3.3.07.02　—*La Doctrine bouddhique de la terre pure: Introduction à trois sûtras de la terre pure*. Auteur: Jean ÉRACLE, extraits traduits en appendice (traducteur non précisé). Éditions Dervy, 1973, 116 pages.

3.3.07.03　—*Aux Sources du Bouddhisme Mahâyânâ: Trois Soûtras et Un Traité sur la Terre Pure* (réunit: *Soutra des paroles du Bouddha sur la vie infinie*, *Soutra des paroles du Bouddha sur la contemplation de la vie infinie*, *Soutra des paroles du Bouddha sur Amida* et *Traité sur le Soutra de la vie infinie*). Traducteur non précisé, éditeur scientifique: Jean ÉRACLE. Éditions Aquarius, 1984, 224 pages, broché.

3.3.07.04　—*Trois Soûtras et un Traité de la Terre pure. Aux Sources du Bouddhisme Mahâyânâ* (réunit: *Soutra des paroles du Bouddha sur la vie infinie*, *Soutra des paroles du Bouddha sur la contemplation de la vie infinie*, *Soutra des paroles du Bouddha sur Amida* et *Traité sur le Soutra de la vie infinie*). Traducteur non précisé, éditeur scientifique: Jean ÉRACLE. Éditions Points, 2008, 240 pages, broché (collection: Points Sagesses).

3.3.08　　《维摩诘经》(《维摩诘所说经》/《不可思议解脱经》/《净名经》)

3.3.08.01　—*L'Enseignement de Vimalakîrti*. Traduction par Étienne LAMOTTE. Éditions: Publications universitaires, 1962, XV+488 pages.

3.3.08.02　—*L'Enseignement de Vimalakîrti*. Traduction et annotations par Étienne LAMOTTE. Éditions de l'Université catholique de Louvain, Institut Orientaliste, 1987, XVI+488 pages.

3.3.08.03　—*Soûtra de la Liberté inconcevable*. Traduction par Patrick CARRÉ. Éditions Fayard, 2000, 210 pages, poche (collection: Trésors du bouddhisme).

3.3.09　　《六祖坛经》(《坛经》)

3.3.09.01　—*Le Soûtra de l'Estrade du Sixième Patriarche Houei-neng par Fa-hai*. Traduction et commentaires par Patrick CARRÉ. Éditions du Seuil, 1995, 287 pages, poche (collection: Points Sagesses).

3.3.09.02　—*Manifeste de l'Éveil. Le Soûtra de l'Estrade de Houei-neng*. Traduction et commentaires par Patrick CARRÉ. Éditions Points, 2011, 288 pages, broché (collection: Points Sagesses).

3.3.09.03 —*Discours et sermons de Houei-neng, sixième patriarche Zen.* Traduction et introduction par Lucien HOULNÉ. Éditions Albin Michel, 1963, 185 pages, poche (collection: Spiritualités vivantes).

3.3.09.04 —*Sûtra de la Plate-forme.* Traduction par Catherine TOULSALY. Éditions You Feng, 2000, 224 pages, broché.

3.3.09.05 —*Le soutra de l'estrade du don de la loi – Enseignement du grand Maître Hui Heng.* Traduction et commentaires par Françoise MOREL. Éditions La Table Ronde, 2001, 431 pages, broché (collection: Chemin de Sages).

3.3.09.06 —*Le sutra de l'estrade.* Traduction par Rébecca PEYRELON, dessins de TSAI Chih-Chung. Éditions You Feng, 2013, 105 pages, album (bilingue; collection: Culture traditionnelle chinoise).

3.3.10 《四十二章经》(《佛说四十二章经》)

3.3.10.01 —« Les quarante-deux leçons de bouddha ou le king des XLII sections (Sze-shi-erh-tchang-king) ». Traduction par Charles Joseph de HARLEZ. *Mémoires couronnés et autres mémoires*, 1900, volume 59, numéro 5, publiés par l'Académie royale des sciences, des lettres et des beaux-arts de Belgique.

3.3.11 《十地经》

3.3.11.01 —*Soûtra des Dix Terres: Dashabhûmika.* Traduction par Patrick CARRÉ. Éditions Fayard, 2004, 224 pages, broché (collection: Trésors du bouddhisme).

3.3.12 《圆觉经》(《大方广圆觉修多罗了义经》/《大方广圆觉经》/《圆觉修多罗了义经》/《圆觉了义经》)

3.3.12.01 —*Soûtra de l'Éveil parfait et Traité de la Naissance de la foi dans le Grand Véhicule.* Traduction par Catherine DESPEUX. Éditions Fayard, 2005, 189 pages, broché (collection: Trésors du bouddhisme).

3.3.13 《法句经》

3.3.13.01 —*Le Dhammapada.* Traduction, introduction et notes par Fernand HÙ. Éditions Ernest Leroux, Librairie de la Société asiatique de Paris, de l'École des langues orientales vivantes, 1878, LXV+100 pages.

3.3.13.02 —*Le sutra du dharma: L'Enseignement de Bouddha illustré.* Traducteur non précisé, dessins de TSAI Chih-Chung. Éditions BD Lys, 2002, 143 pages, broché (collection: Philo-bédé).

3.3.13.03 —*Le Dharma soutra*. Traducteur non précisé, dessins de TSAI Chih-Chung. Éditions Jouvence, 2006, 143 pages, broché (collection: Sagesse orientale illustrée).

3.3.13.04 —*Le sutra du dharma*. Traduction par Rébecca PEYRELON-WANG, dessins de TSAI Chih-Chung. Éditions You Feng, 2013, 130 pages, broché (bilingue; collection: Grands classiques en bande dessinée).

3.3.14 《楞伽经》(《楞伽阿跋多罗宝经》/《入楞伽经》/《大乘入楞伽经》)

3.3.14.01 —*Soûtra de l'Entrée à Lankâ*. Traduction par Patrick CARRÉ. Éditions Fayard, 2006, 379 pages, broché (collection: Trésors du bouddhisme).

3.3.15 《大本经》

3.3.15.01 —*Grand soutra sur l'essence des choses* 大本經. Traduction par JIN Siyan. Éditions You Feng, 2011, 329 pages, relié (bilingue français-chinois).

3.3.16 《游行经》

3.3.16.01 —*Soutra de l'ultime voyage ou le dernier discours du Bouddha: Mahā-Parinibbāna-Sutta*. Traduction et annotations par JIN Siyan. Éditions You Feng, 2013, 838 pages, relié (bilingue français-chinois).

3.3.17 《药师经》(《药师琉璃光如来本愿功德经》)

3.3.17.01 —*Sutra sur les mérites des vœux originels des sept bouddhas dont le maître de médecine lumière de l'aigue-marine*. Traduction et annotations par JIN Siyan et Robert LECHEMIN. Éditions You Feng, 2017, 322 pages, relié (bilingue français-chinois).

3.3.18 《大藏经》

3.3.18.01 —*Cinq cents contes et apologues extraits du Tripitaka chinois, Tome premier*. Traduction et annotations par Édouard CHAVANNES. Première édition: Ernest Leroux, 1910—1911, et 1934; réédition: Librairie Maisonneuve, 1962, 430 pages (contes 1-155).

3.3.18.02 —*Cinq cents contes et apologues extraits du Tripitaka chinois, Tome second*. Traduction et annotations par Édouard CHAVANNES. Première édition: Ernest

Leroux, 1910—1911, et 1934; réédition: Librairie Maisonneuve, 1962, 450 pages (contes 156-399).

3.3.18.03 —*Cinq cents contes et apologues extraits du Tripitaka chinois, Tome troisième.* Traduction et annotations par Édouard CHAVANNES. Première édition: Ernest Leroux, 1910—1911, et 1934; réédition: Librairie Maisonneuve, 1962, 398 pages (contes 400-500).

3.4 兵家类

3.4.01 《孙子兵法》(《十三篇》)

3.4.01.01 —« Les treize articles sur l'art militaire ». Traduction par Joseph-Marie AMIOT, révision et publication par M. DEGUIGNE. Dans l'*Art militaire des Chinois*, imprimé chez Didot l'aîné, 1772, pp. 45-159.

3.4.01.02 —*Sun Tse et les anciens Chinois Ou Tse et Se-ma Fa.* Traduction par P. AMIOT, présentation et annotations par Lucien NACHIN. Éditions Berger-Levrault, 1948, XIX+184 pages (collection: Les Classiques de l'art militaire).

3.4.01.03 —*Les treize articles.* Traduction par P. AMIOT, refondue et augmentée d'après les manuscrits chinois de 812 et 983 de notre ère, publiés en 1859, 1910, 1935 et 1957. Éditions de la Librairie L'Impensé radical, 1971, 168 pages; l'édition numérique réalisée par Claude Ovtcharenko, bénévole, journaliste à la retraite, France, 2014, 103 pages.

3.4.01.04 —*L'art de la guerre de Sun Zi.* Traduction par XU Xiaojun et JIA Xiaoning. Éditions Military Science Publishing House, 2009, 173 pages, relié (bilingue; collection: Bibliothèque des classiques chinois 大中华文库).

3.4.01.05 —*L'art de la guerre: De Sun Tzu à de Gaulle, vade-mecum des situations conflictuelles.* Traduction par Père AMIOT. Éditions J'AI LU, 2012, 96 pages, poche (collection: Librio Philosophie).

3.4.01.06 —*L'art de la guerre.* Traduction par Père AMIOT, présentation par Frédéric ENCEL. Éditions J'AI LU, 2019, 112 pages, broché (collection: Librio Philosophie).

3.4.01.07 —*L'Art de la guerre.* Traduction par Jean-Joseph Marie AMIOT. Éditions CreateSpace Independent Publishing Platform, 2013, 188 pages, broché.

3.4.01.08 —*L'Art de la guerre.* Traduction par Jean-Joseph Marie AMIOT. Éditions Independently published, 2017, 149 pages, broché.

3.4.01.09　—*L'Art de la guerre: Les Treize Articles*. Traduction par Père AMIOT. Éditions Independently published, 2018, 70 pages, broché.

3.4.01.10　—*L'Art de la guerre: Les Treize Articles*. Traduction par Jean-Joseph Marie AMIOT. Éditions Independently published, 2019, 68 pages, broché.

3.4.01.11　—*L'art de la guerre*. Traduit de la version anglaise par Francis WANG. Éditions Flammarion, 1972, 256 pages (collection: Champs).

3.4.01.12　—*L'art de la guerre*. Traduit de la version anglaise par Francis WANG, préface et introduction par Samuel B. GRIFFITH, avant-propos de B. H. LIDDELL HART. Éditions Flammarion, 2005, broché (collection: Champs).

3.4.01.13　—*L'art de la guerre*. Traduit de la version anglaise par Francis WANG, préface et introduction par Samuel B. GRIFFITH. Éditions Flammarion, 2017, 320 pages, broché (collection: Champs classiques).

3.4.01.14　—*L'art de la guerre*. Traduit de la version anglaise par Francis WANG, préface et introduction par Samuel B. GRIFFITH, avant-propos de B. H. LIDDELL HART. Éditions Flammarion, 2019, 320 pages, poche (collection: Champs).

3.4.01.15　—*L'art de la guerre, Sunzi. L'art de la guerre, Sun Bin*. Préface de Michel JAN, traduction par TANG Jialong. Éditions Rivages, 2004, 180 pages, poche (collection: Rivages Poche – Petite Bibliothèque).

3.4.01.16　—*L'Art de la guerre*. Traduction par TANG Jialong. Éditions en Langues étrangères, 2010, 160 pages, broché (bilingue français-chinois; collection: Classiques chinois 中国经典).

3.4.01.17　—*L'art de la guerre: Suivi de « L'art de la guerre » de Sun Bin*. Préface de Michel JAN, traduction par TANG Jialong. Éditions Rivages, 2019, 192 pages, poche (collection: Rivages Poche – Petite Bibliothèque).

3.4.01.18　—*L'Art de la guerre*. Traduction et commentaires par Jean LEVI. Éditions Fayard, 2015, 352 pages, broché (collection: Pluriel).

3.4.01.19　—*L'Art de la guerre*. Traduction par Philip J. IVANHOE et Aurélien CLAUSE, illustrations par Giuseppe CASTIGLIONE. Éditions Synchronique, 2015, 168 pages, relié.

3.4.01.20　—*L'Art de la guerre*. Préface de Nigel CAWTHORNE, traduction par Françoise FORTOUL. Éditions Guy Trédaniel, 2017, 160 pages, relié.

3.4.01.21　—*L'art de la guerre – Les Treize articles*. Traducteur non précisé. Éditions CreateSpace Independent Publishing Platform, 2017, 94 pages, broché.

3.4.01.22　—*L'Art de la guerre. Tome 1: De l'évaluation: Première partie.* Dessins de LI Weimin et LI Zhiqing, traduction par Thomas DUPONT. Éditions du Temps, 2006, 199 pages, tankobon (collection: Toki).

3.4.01.23　—*L'Art de la guerre. Tome 2: De l'évaluation: Deuxième partie.* Dessins de LI Weimin et LI Zhiqing, traduction par Thomas DUPONT. Éditions du Temps, 2007, 207 pages, tankobon (collection: Toki).

3.4.01.24　—*L'Art de la guerre. Tome 3: De l'engagement de la guerre: Première partie.* Dessins de LI Weimin et LI Zhiqing, traduction par Thomas DUPONT. Éditions du Temps, 2007, 189 pages, tankobon (collection: Toki).

3.4.01.25　—*L'Art de la guerre. Tome 4: De l'engagement de la guerre: Deuxième partie.* Dessins de LI Weimin et LI Zhiqing, traduction par Thomas DUPONT. Éditions du Temps, 2007, 189 pages, tankobon (collection: Toki).

3.4.01.26　—*L'Art de la guerre. Tome 5.* Dessins de LI Weimin et LI Zhiqing, traduction par Thomas DUPONT. Éditions du Temps, 2007, 160 pages, tankobon (collection: Toki).

3.4.01.27　—*L'Art de la guerre. Tome 6: La stratégie offensive: Première partie.* Dessins de LI Weimin et LI Zhiqing, traduction par Thomas DUPONT. Éditions du Temps, 2007, 162 pages, tankobon (collection: Toki).

3.4.01.28　—*L'Art de la guerre. Tome 7: La stratégie offensive: Deuxième partie.* Dessins de LI Weimin et LI Zhiqing, traduction par Thomas DUPONT. Éditions du Temps, 2008, 250 pages, tankobon (collection: Toki).

3.4.01.29　—*L'Art de la guerre. Tome 8.* Dessins de LI Weimin et LI Zhiqing, traduction par Thomas DUPONT. Éditions du Temps, 2008, 140 pages, tankobon (collection: Toki).

3.4.01.30　—*L'Art de la guerre. Tome 9.* Dessins de LI Weimin et LI Zhiqing, traduction par Thomas DUPONT. Éditions du Temps, 2008, 160 pages, tankobon (collection: Toki).

3.4.01.31　—*L'Art de la guerre. Tome 10: Dénouement.* Dessins de LI Weimin et LI Zhiqing, traduction par Thomas DUPONT. Éditions du Temps, 2008, 150 pages, tankobon (collection: Toki).

3.4.01.32　—*Stratégies de succès. L'art de la guerre.* Dessins de TSAI Chih-Chung, traducteur non précisé. Éditions Carthame, 1996, 135 pages, album (collection: Philo-bédé).

3.4.02　《三十六计》

3.4.02.01　—*Les 36 Stratagèmes: Manuel secret de l'art de la guerre*. Traduction par François KIRCHER. Éditions du Rocher, 2003, 270 pages, broché (collection: L'art de la guerre).

3.4.02.02　—*Les 36 Stratagèmes: Manuel secret de l'art de la guerre*. Traduction par Jean LEVI. Éditions Rivage, 2007, 281 pages, poche (collection: Rivages poche).

3.4.02.03　—*L'art de la guerre: Les 36 stratagèmes*. Traducteur non précisé. Éditions Books on Demand, 2017, 122 pages, broché.

3.4.03　《孙膑兵法》

3.4.03.01　—*Le traité militaire de Sun Bin*. Traduction par Valérie NIQUET. Éditions Economica, 1996, 124 pages, broché.

3.4.03.02　—*L'art de la guerre selon Sun Bin*. Traduction par LUO Shenyi. Éditions You Feng, 2011, 152 pages, broché (bilingue).

3.4.03.03　—*Sun Tse et les anciens Chinois Ou Tse et Se-ma Fa*. Traduction par P. AMIOT, présentation et annotations par Lucien NACHIN. Éditions Berger-Levrault, 1948, XIX+184 pages (collection: Les Classiques de l'art militaire).

3.4.03.04　—*L'art de la guerre, Sunzi. L'art de la guerre, Sun Bin*. Préface de Michel JAN, traduction par TANG Jialong. Éditions Rivages, 2004, 180 pages, poche (collection: Rivages Poche- Petite Bibliothèque).

3.4.03.05　—*L'art de la guerre: Suivi de « L'art de la guerre » de Sun Bin*. Préface de Michel JAN, traduction par TANG Jialong. Éditions Rivages, 2019, 192 pages, poche (collection: Rivages Poche – Petite Bibliothèque).

3.4.04　《吴起兵法》

3.4.04.01　—« Ou-tse: Les six articles sur l'art militaire ». Traduction par Joseph-Marie AMIOT, révision et publication par M. DEGUIGNE. Dans l'*Art militaire des Chinois*, imprimé chez Didot l'aîné, 1772, pp. 161-224.

3.4.04.02　—*Sun Tse et les anciens Chinois Ou Tse et Se-ma Fa*. Traduction par P. AMIOT, présentation et annotations par Lucien NACHIN. Éditions Berger-Levrault, 1948, XIX+184 pages (collection: Les Classiques de l'art militaire).

3.4.05　《司马法》

3.4.05.01　—« Se-ma: Principes sur l'art militaire ». Traduction par Joseph-Marie AMIOT, révision et publication par M. DEGUIGNE. Dans l'*Art militaire des Chinois*, imprimé chez Didot l'aîné, 1772, pp. 225-302.

3.4.05.02 —*Sun Tse et les anciens Chinois Ou Tse et Se-ma Fa*. Traduction par P. AMIOT, présentation et annotations par Lucien NACHIN. Éditions Berger-Levrault, 1948, XIX+184 pages (collection: Les Classiques de l'art militaire).

3.4.06 《鬼谷子》

3.4.06.01 —*L'art de la persuasion*. Traduction par Michel MOLLARD et CHEN Lichuan. Éditions Rivages, 2019, 180 pages, poche (collection: Rivages Poche – Petite Bibliothèque).

3.5 医药类

3.5.01 《黄帝内经·素问》

3.5.01.01 —*Su Wen: Première Partie*. Traduction et commentaires par André DURON, avec contributions de Charles LAVILLE-MÉRY, de Jean BARSARELLO et de Robert HAWAWINI. Éditions Guy Trédaniel, 1991, 390 pages, broché (collection: Acupuncture).

3.5.01.02 —*Su Wen: Seconde Partie*. Traduction et commentaires par André DURON. Éditions Guy Trédaniel, 1998, 365 pages, broché (collection: Acupuncture).

3.5.01.03 —*Su Wen: Troisième Partie*. Traduction et commentaires par André DURON. Éditions Guy Trédaniel, 1998, 342 pages, broché (collection: Acupuncture).

3.5.01.04 —*Huang di nei jing su wen*. Traduction par Albert HUSSON. Éditions de l'Association Scientifique des Médecins Acuponcteurs, 1973, 382 pages, relié.

3.5.01.05 —*Nei Tching Sou Wen*. Traduction par Jacques-André LAVIER. Éditions Pardès, 1999, 449 pages, broché (collection: Bibliothèque tradition chinoise).

3.5.01.06 —*Traité de Médecine naturelle chinoise et d'Acupuncture ou Classique de l'Empereur Jaune Huang-Di Nei-Jing*. Traduction, adaptation et commentaires par You-wa CHEN. Éditions You Feng, 2013, 653 pages, relié.

3.5.01.07 —*Su Wen: Les 11 premiers traités*. Présentation et traduction par Claude LARRE et Élisabeth Rochat de la VALLÉE. Éditions Maisonneuve, 1993, 400 pages, broché.

3.5.01.08 —*Huangdi Neijing; bible médicale de la Chine ancienne; le classique de la médecine interne de l'Empereur Jaune illustré.* Rédaction et illustration par HAN Yazhou et ZHOU Chuncai, traducteur non précisé. Éditions Les Livres du Dauphin, 1998, 209 pages, broché.

3.5.01.09 —*Huangdi Neijing; bible médicale de la Chine ancienne; le classique de la médecine interne de l'Empereur Jaune illustré.* Rédaction et illustrations par HAN Yazhou et ZHOU Chuncai, traducteur non précisé. Éditions Les Livres du Dauphin, 2005, 209 pages, broché.

3.5.02 《黄帝内经•灵枢》

3.5.02.01 —*Ling shu: Pivot merveilleux.* Traduction par Constantin MILSKY et Gilles ANDRÈS, préface de Jean-Marc KESPI. Éditions La Tisserande, 2009, coffret (2 volumes).

3.5.03 《黄帝八十一难经》

3.5.03.01 —*Nan Jing, classique des difficultés.* Traduction et commentaires par Tuan Anh TRAN. Éditions You Feng, 2012, 444 pages, broché.

3.5.04 《千金方》

3.5.04.01 —*Prescriptions d'acupuncture valant mille onces d'or: Traité d'acupuncture de Sun Simiao du VIIe siècle.* Traduction par Catherine DESPEUX. Éditions Guy Trédaniel, 1992, 492 pages, broché (collection: Acupuncture).

3.5.05 《神农本草经》

3.5.05.01 —*Classique de la Matière Médicale du Divin – Paysan avec commentaires et suppléments Shénnóng Běncǎo Jīng.* Traduction par Yannick BIZIEN et Abel GLÄSER. Éditions de l'Institut Liang Shen de Médecine Chinoise, 2018, 1048 pages, cousu collé.

3.5.06 《素女经》

3.5.06.01 —*Sou Nu King: La sexualité taoïste de la Chine ancienne.* Traduction par Maurice MUSSAT. Éditions Seghers, 1978, 221 pages, broché.

3.5.06.02 —*Sou Nü Jing: Le merveilleux traité de sexualité chinoise.* Traduction par Maurice MUSSAT. Éditions Médicis, 2003, 126 pages, broché.

3.5.07　《素女妙论》

3.5.07.01　—Le Sublime Discours de la fille candide: Manuel d'érotologie chinoise. Traduction et présentation par André LÉVY. Éditions Philippe Picquier, 2000, 108 pages, broché (collection: Le pavillon des corps curieux).

3.6　百科类

3.6.01　《夏小正》

3.6.01.01　—« Hia-Siao-Tching, ou Petit calendrier des Hia ». Traduction et annotations par Édouard BIOT. *Journal asiatique*, 1840, tome X, pp. 551-560.

3.6.02　《九章算术》

3.6.02.01　—*Les neuf chapitres: Le classique mathématique de la Chine ancienne et ses commentaires*. Traduction, présentation et annotations par Karine CHEMLA et GUO Shuchun, préface de Geoffrey LLOYD. Éditions Dunod, 2005, 1140 pages, broché (bilingue).

3.6.03　《梦溪笔谈》

3.6.03.01　—« Florilège des Notes du Ruisseau des rêves (Mengqi Bitan) ». Traduction et annotations par J.F. BILLETER et trente et un étudiants de l'Université de Genève, *Études Asiatiques*, 1993, 47/3, pp. 389-451.

3.6.04　《天工开物》

3.6.04.01　—*Guide des procédés de fabrication*. Traduction par Sabine DEBARBUAT. Éditions en Langues étrangères, 2016, 680 pages (tomes I et II), relié (bilingue; collection: Bibliothèque des classiques chinois 大中华文库).

3.6.04.02　—*Résumé des principaux traités chinois sur la culture des mûriers et l'éducation des vers à soie*. Traduction par Stanislas JULIEN. Éditeur non précisé, 1837.

3.6.05　《园冶》

3.6.05.01　—*Yuanye: Le Traité du jardin (1634)*. Traduction par Che Bing CHIU. Éditions de l'Imprimeur, 1997, 316 pages broché (collection: Jardins et Paysages).

3.6.06　《茶经》

3.6.06.01　—*Le Classique du Thé*. Traduction de la version anglaise par Sœur Jean Marie VIANNEY, illustrations par Demi HITZ. Éditions Morel, 1977, 189 pages.

3.6.06.02　—*Le Classique du Thé: La manière traditionnelle de faire le thé et de le boire*. Traduction de la version anglaise par Sœur Jean Marie VIANNEY, illustrations par Demi HITZ. Éditions Desclez, 1981.

3.6.06.03　—*Le Cha Jing ou Classique du thé*. Traduction par Véronique CHEVALEYRE, photographies par Vincent-Pierre ANGOUILLANT. Éditions Jean-Claude Gawsewitch, 2004, 126 pages, broché (collection: Pratique).

3.6.06.04　—*Le classique du thé*. Traduction par Catherine DESPEUX. Éditions Rivages, 2015, 189 pages, poche (collection: Rivages Poche – Petite Bibliothèque).

3.6.07　《芥子园画传》

3.6.07.01　—*Kiai-Tseu-Yuan Houa Tchouan, Les Enseignements de la Peinture du Jardin grand comme un Grain de Moutarde. Encyclopédie de la peinture chinoise. Livre I-Livre III*. Traduction et commentaires par Raphaël PETRUCCI. Éditions Henri Laurens, 1910; version numérique par Pierre Palpant, collaborateur bénévole, 2007, 177 pages.

3.6.07.02　—*Kiai-Tseu-Yuan Houa Tchouan, Les Enseignements de la Peinture du Jardin grand comme un Grain de Moutarde. Encyclopédie de la peinture chinoise. Livre IV-Livre VII*. Traduction et commentaires par Raphaël PETRUCCI. Éditions Henri Laurens, 1910; version numérique par Pierre Palpant, collaborateur bénévole, 2007, 102 pages.

3.6.07.03　—*Kiai-Tseu-Yuan Houa Tchouan, Les Enseignements de la Peinture du Jardin grand comme un Grain de Moutarde. Encyclopédie de la peinture chinoise. Livre VIII-Livre IX*. Traduction et commentaires par Raphaël PETRUCCI. Éditions Henri Laurens, 1910; version numérique par Pierre Palpant, collaborateur bénévole, 2007, 184 pages.

3.6.07.04　—*Kiai-Tseu-Yuan Houa Tchouan, Les Enseignements de la Peinture du Jardin grand comme un Grain de Moutarde. Encyclopédie de la peinture chinoise*. Traduction et commentaires par Raphaël PETRUCCI. Éditions Peinture Galerie 14, 1999, 519 pages, relié.

3.6.07.05　—*Kiai-Tseu-Yuan Houa Tchouan, Les Enseignements de la Peinture du Jardin grand comme un Grain de Moutarde. Encyclopédie de la peinture chinoise.* Traduction et commentaires par Raphaël PETRUCCI. Éditions You Feng, 2000, 519 pages, relié.

3.6.07.06 —*Kiai-Tseu-Yuan Houa Tchouan, Les Enseignements de la Peinture du Jardin grand comme un Grain de Moutarde. Encyclopédie de la peinture chinoise.* Traduction et commentaires par Raphaël PETRUCCI. Éditions You Feng, 2004, 519 pages, broché.

3.6.08   《苦瓜和尚画语录》

3.6.08.01 —*Les propos sur la peinture du moine Citrouille-amère.* Introduction et traduction par Pierre RYCKMANS, préface de Dominique PONNAU. Éditions Hermann, 1996, 262 pages, broché (collection: Savoir arts).

3.6.08.02 —*Les propos sur la peinture du moine Citrouille-amère.* Traduction par Pierre RYCKMANS. Éditions Plon, 2007, 250 pages, broché.

3.7 笔记类

3.7.01   《列仙传》

3.7.01.01 —*Le Lie-sien tchouan: Biographies légendaires des Immortels taoïstes de l'antiquité.* Traduction et annotations par Max KALTENMARK. Éditions de Boccard, 1953, 225 pages.

3.7.01.02 —*Le Lie-sien tchouan: Biographies légendaires des Immortels taoïstes de l'antiquité.* Traduction et annotations par Max KALTENMARK. Éditions: Collège de France – Institut des hautes études chinoises, 1987, 225 pages.

3.7.02   《世说新语》

3.7.02.01 —*Anthologie chinoise des 5e et 6e siècles: le Che-Chouo-sin-yu.* Traduction par Bruno BELPAIRE. Éditions Universitaires, 1974, 332 pages.

3.7.02.02 —*Propos et anecdotes de la vie selon le Tao.* Traduction par Jacques PIMPANEAU. Éditions Philippe Piquier, 2002, 192 pages, poche (collection: Picquier poche).

3.7.02.03 —*Propos et anecdotes de la vie selon le Tao.* Traduction par Jacques

PIMPANEAU. Éditions Philippe Piquier, 2016, 224 pages, poche (collection: Picquier poche).

3.7.02.04 —*Conversations pures des six dynasties*. Traduction par Rébecca PEYRELON-WANG, dessins de TSAI Chih-Chung. Éditions You Feng, 2010, 127 pages, album (bilingue; collection: Culture traditionnelle chinoise).

3.7.03   《东京梦华录》

3.7.03.01 —*La vie quotidienne en Chine: À la veille de l'invasion mongole (1250—1276)*. Rédaction et traduction d'extraits par Jacques GERNET. Éditions Hachette, 1990, 287 pages, broché (collection: La vie quotidienne).

3.7.03.02 —*La vie quotidienne en Chine: À la veille de l'invasion mongole (1250—1276)*. Rédaction et traduction d'extraits par Jacques GERNET. Éditions Philippe Piquier, 2008, 419 pages, poche (collection: Picquier poche).

3.7.04   《武林旧事》

3.7.04.01 —*La vie quotidienne en Chine: À la veille de l'invasion mongole (1250—1276)*. Rédaction et traduction d'extraits par Jacques GERNET. Éditions Hachette, 1990, 287 pages, broché (collection: La vie quotidienne).

3.7.04.02 —*La vie quotidienne en Chine: À la veille de l'invasion mongole (1250—1276)*. Rédaction et traduction d'extraits par Jacques GERNET. Éditions Philippe Piquier, 2008, 419 pages, poche (collection: Picquier poche).

3.7.05   《癸辛杂识》

3.7.05.01 —*La vie quotidienne en Chine: À la veille de l'invasion mongole (1250—1276)*. Rédaction et traduction d'extraits par Jacques GERNET. Éditions Hachette, 1990, 287 pages, broché (collection: La vie quotidienne).

3.7.05.02 —*La vie quotidienne en Chine: À la veille de l'invasion mongole (1250—1276)*. Rédaction et traduction d'extraits par Jacques GERNET. Éditions Philippe Piquier, 2008, 419 pages, poche (collection: Picquier poche).

3.7.06   《棠阴比事》

3.7.06.01 —*La vie quotidienne en Chine: À la veille de l'invasion mongole (1250—1276)*. Rédaction et traduction d'extraits par Jacques GERNET, à partir de la version anglaise de Robert VAN GULIK (*Parallel Cases from under the Pear-tree*, 1956). Éditions Hachette, 1990, 287 pages, broché (collection: La vie quotidienne).

3.7.06.02 —*La vie quotidienne en Chine: À la veille de l'invasion mongole (1250—1276).* Rédaction et traduction d'extraits par Jacques GERNET, à partir de la version anglaise de Robert VAN GULIK (*Parallel Cases from under the Pear-tree*, 1956). Éditions Philippe Piquier, 2008, 419 pages, poche (collection: Picquier poche).

3.7.07 《东坡志林》

3.7.07.01 —*Sur moi-même.* Traduction par Jacques PIMPANEAU. Éditions Philippe Piquier, 2017, 200 pages, poche (collection: Picquier poche).

3.7.08 《闲情偶寄》

3.7.08.01 —*Les carnets secrets de Li Yu: Au gré d'humeurs oisives.* Traduction par Jacques DARS. Éditions Philippe Piquier, 2014, 431 pages, poche (collection: Picquier poche).

3.7.09 《陶庵梦忆》

3.7.09.01 —*Souvenirs rêvés de Tao'an.* Traduction par Brigitte TEBOUL-WANG. Éditions Gallimard, 1995, 208 pages, broché (collection: Connaissance de l'Orient).

3.7.10 《扬州十日记》

3.7.10.01 —« Journal d'un bourgeois de Yang-Tcheou ». Traduction par P. AUCOURT. *Bulletin de l'École française d'Extrême-Orient*, 1907, Tome 7, pp. 297-312.

3.7.11 《思问录》

3.7.11.01 —*Éléments pour une lecture du Siwenlu Neipian de Wang Fuzhi (1619—1692).* Analyse et traduction par Jean-Claude PASTOR. Éditions You Feng, 2010, broché.

3.7.12 《南山集》

3.7.12.01 —*Recueil de la montagne du Sud.* Traduction par Pierre-Henri DURAND. Éditions Gallimard, 1998, 320 pages, broché (collection: Connaissance de l'Orient).

3.7.13 《浮生六记》

3.7.13.01 —*Six récits au fil inconstant des jours.* Traduction par Pierre RYCKMANS, préface d'Yves HERVOUET. Éditions F. Larcier, 1966, 210 pages.

3.7.13.02 —*Récits d'une vie fugitive: Mémoires d'un lettré pauvre*. Traduction par Jacques RECLUS, préface de Paul DEMIÉVILLE. Éditions Gallimard, 1986, 182 pages, poche (collection: Connaissance de l'Orient).

3.7.13.03 —*Six récits au fil inconstant des jours*. Traduction par Simon LEYS. Éditions Jean-Claude Lattès, 2009, 264 pages, broché.

3.7.14 《子不语》

3.7.14.01 —*Ce dont le Maître ne parlait pas: Le merveilleux onirique*. Introduction, traduction et annotations par CHANG Fu-jui, Jacqueline CHANG et Jean-Pierre DIÉNY. Éditions Gallimard, 2011, 384 pages, broché (collection: Connaissance de l'Orient).

3.8 蒙学类

3.8.01 《三字经》

3.8.01.01 —*San-Tseu-King, Le livre de phrases de trois mots*, en chinois et en français. Traduction par Stanislas JULIEN. Suivi de *Deux traduction du San Tseu King et de son commentaire*. Traduction par le Marquis Léon d'HERVEY DE SAINT-DENYS. Éditions H. Georg (Genève), Ernest Leroux (Paris), Trübner and C° (London), 1873, 168 pages.

3.8.01.02 —*Le livre classique des trois caractères*, en chinois et en français accompagné de la traduction complète du commentaire de Wang Peh-heou. Traduction par Guillaume PAUTHIER. Éditions Challamel aîné, 1873, 162 pages.

3.8.01.03 —*San Ze King. Les phrases de trois caractères en chinois avec les Versions Japonaise, Mandchoue et Mongole*. Traduction et explication par François TURRETTINI. Éditions H. Georg (Genève), Ernest Leroux (Paris), Trübner and C° (London), 1876.

3.8.01.04 —*Tam Tu Kinh ou Le livre des phrases de trois caractères*. Transcription annamite et chinoise, explication littérale et traduction complète par Abel des MICHELS. Éditions Ernest Leroux, 1882, 479 pages.

3.8.01.05 —*Le Classique des Trois Caractères, un compendium du rudiment.*

Présentation et traduction par Michel DEVERGE. Édition numérique: https://www.notesdumontroyal.com/document/305d.pdf (2019-12-09, 21:01), 2001, 14 pages.

3.8.02　《千字文》

3.8.02.01　—*Thsien-Tseu-Wen, Le livre des mille mots*. Traduction et notes par Stanislas JULIEN. Éditions Benjamin Duprat, 1864, 50 pages.

3.8.02.02　—*Mille caractères dans la calligraphie chinoise: Analyse historique et artistique du Qianziwen*. Analyse, traduction et annotations par Hsiu-Ling CHAN PINONDEL. Éditions You Feng, 2006, 222 pages, broché.

3.8.02.03　—*Les mille caractères et leurs anecdotes: Quatre par quatre, premiers pas en chinois*. Traduction et présentation par André DUBREUIL et ZHU Xiaoya. Éditions You Feng, 374 pages, 2013, broché.

3.8.03　《小学》

3.8.03.01　—*La Siao Hio ou Morale de la jeunesse. Annales du Musée Guimet, tome quinzième*. Traduction par Charles de HARLEZ. Éditions Enerst Leroux, 1889, 366 pages.

3.8.03.02　—*La Siao Hio ou Morale de la jeunesse: Avec Le Commentaire de Tchen-Siuen*. Traduction par Charles de HARLEZ. Éditions Nabu Press, 2012, 382 pages, broché.

3.8.03.03　—*La Siao Hio ou Morale de la jeunesse: Avec Le Commentaire de Tchen-Siuen*. Traduction par Charles de HARLEZ. Éditions Forgotten Books, 2018, 402 pages, broché.

3.8.03.04　—*La Siao Hio ou Morale de la jeunesse: Avec Le Commentaire de Tchen-Siuen*. Traduction par Charles de HARLEZ. Éditions Wentworth Press, 2018, 382 pages, relié/broché.

3.9　杂家类

3.9.01　《孔子家语》

3.9.01.01　—*Kong-tze Kia-yu. Les Entretiens familiers de Confucius*. Traduction par Charles de HARLEZ. Éditions Ernest Leroux, 1899, 196 pages.

3.9.02　《盐铁论》

3.9.02.01　—*Dispute sur le sel et le fer: Un prodigieux document sur l'art de gouverner. Yantie lun.* Traduction par Jean LEVI, Delphine BAUDRY-WEULERSSE et Pierre BAUDRY, présentation par Georges WALTER. Éditions Lanzmann & Seghers, 1978, 271 pages, broché (Chine, AN-81).

3.9.02.02　—*Dispute sur le sel et le fer.* Traduction par Jean LEVI, Delphine BAUDRY-WEULERSSE et Pierre BAUDRY, présentation par Georges WALTER. Éditions Lanzmann & Seghers, 1991, 271 pages, broché (Chine, AN-81)

3.9.02.03　—*Dispute sur le sel et le fer.* Présentation, traduction et annotations par Jean LEVI, sous la direction d'Anne CHENG et de Marc KALINOWSKI. Éditions Les Belles Lettres, 2010, 414 pages, broché (bilingue chinois-français; collection: Bibliothèque chinoise).

3.9.03　《新语》

3.9.03.01　—*Nouveaux Principes de politique.* Traduction par Jean LEVI. Éditions Zulma, 2003, 128 pages, broché.

3.9.03.02　—*Nouveaux discours.* Présentation, traduction et annotations par Stéphane FEUILLAS et Béatrice L'HARIDON, sous la direction d'Anne CHENG et de Marc KALINOWSKI. Éditions Les Belles Lettres, 2012, 390 pages, broché (bilingue chinois-français; collection: Bibliothèque chinoise).

3.9.04　《人物志》

3.9.04.01　—*Traité des caractères.* Traduction par Anli Anne-Marie LARA. Éditions Gallimard, 1997, 208 pages, broché (collection: Connaissance de l'Orient).

3.9.05　《群书治要》

3.9.05.01　—*Les principes de gouvernance de la Chine ancienne: 360 passages tirés du recueil original du Qunshu Zhiyao.* Traduction par Matthias MASSOULIER, préface de Chin Kung. Éditions You Feng, 2016, 446 pages, broché.

3.9.05.02　—*Les principes de gouvernance de la Chine ancienne: 360 passages tirés du recueil original du Qunshu Zhiyao Tome II.* Traduction par Matthias MASSOULIER, préface de Chin Kung. Éditions You Feng, 2017, broché.

3.9.06　《三礼图》

3.9.06.01　—*San-Li-T'u. Tableau des trois rituels: Traits de mœurs chinoises avant l'ère chrétienne.* Traduction et commentaire de Charles de HARLEZ. Éditions Ernest Leroux (extrait du *Journal asiatique*), 1890, 48 pages.

3.9.07　《家礼》

3.9.07.01　—*Kia-Li. Livre des rites domestiques chinois.* Traduction et commentaire par Charles de HARLEZ. Éditions Ernest Leroux, 1889, 168 pages (collection: Bibliothèque orientale elzévirienne).

3.9.08　《戊申封事》

3.9.08.01　—*Mémoire sur la situation de l'empire.* Traduction par Roger DARROBERS. Éditions You Feng, 2008, 192 pages, broché.

3.9.08.02　—*Mémoire scellé sur la situation de l'empire.* Traduction par Roger DARROBERS, sous la direction d'Anne CHENG et de Marc KALINOWSKI. Éditions Les Belles Lettres, 2013, 327 pages, broché (bilingue chinois-français; collection: Bibliothèque chinoise).

3.9.09　《菜根谭》

3.9.09.01　—*Propos sur la racine des légumes.* Traduction par Martine VALLETTE-HÉMERY. Éditions Phillipe Picquier, 2016, 172 pages, poche.

3.9.09.02　—*Trésor de la Connaissance: La lumière éternelle. Pensées et Dharma de Maître Hsing Yun.* Auteur: Maître Hsing Yun, traduction par Rébecca PEYRELON. Éditions You Feng, 2004, 100 pages, broché (édition bilingue français-chinois; collection: La sagesse éternelle).

3.9.09.03　—*Propos sur la racine des légumes.* Traduction par Rébecca PEYRELON, dessins de TSAI Chih-Chung. Éditions You Feng, 2010, 127 pages, broché (bilingue).

3.9.10　《圣谕广训》

3.9.10.01　—*Le Saint Édit: Étude de littérature chinoise.* Préparation par A. Théophile PIRY. Éditions du Bureau des Statistiques, Inspectorat général des douanes, Shanghai, 1879.

3.9.11 《公车上书》

3.9.11.01 —*Manifeste à l'empereur: Adressé par les candidats au doctorat.* Traduction par Roger DARROBERS, sous la direction d'Anne CHENG et de Marc KALINOWSKI. Éditions Les Belles Lettres, 2016, 210 pages, broché (bilingue chinois-français; collection: Bibliothèque chinoise).

4. 集部

4.1 总集类

4.1.01 《楚辞》（含《离骚》《九篇》《九歌》《天问》）

4.1.01.01 —*Élégies de Chu. Chu ci. Attribuées à Qu'Yuan et autres poètes chinois de l'Antiquité (IVᵉ siècle av. J.-C.–IIᵉ siècle apr. J.-C.).* Traduction par Rémi MATHIEU. Éditions Gallimard, 2004, 320 pages, broché (collection: Connaissance de l'Orient).

4.1.01.02 —*Li Sao, Jiu Ge et Tian Wen.* Traduction par Jean-François ROLLIN. Éditions de la Différence, 1990, 127 pages (collection: Orphée).

4.1.01.03 —*Le Li-sao.* Traduction et présentation par le Marquis Léon d'HERVEY DE SAINT-DENYS. Éditions Maisonneuve, 1870.

4.1.01.04 —« Li-sao ». Traduction par Sung-Nien HSU. Dans *l'Anthologie de la littérature chinoise des origines à nos jours.* Éditions Delagrave, 1932.

4.1.01.05 —« Kiu Pién, les neuf tableaux ». Traduction par Charles de HARLEZ. *Revue Le Muséon*, 1893, Tome XII, n° 3, pp. 197-212.

4.1.02 《文选》

4.1.02.01 —*Le « fou » dans le Wen-siuan: étude et textes.* Rédaction et traduction par Georges MARGOULIÈS. Éditions de la Libraire Orientaliste, 1926 (version numérisée de l'Université de Californie, 2010), 138 pages.

4.1.03 《乐府诗集》（含《孔雀东南飞》《木兰辞》）

4.1.03.01 —« Romance de Mou-lan, poème d'auteur inconnu de la dynastie des Liang ».

Traduction par Stanislas JULIEN. *La Revue de Paris*, 1832, Tome 37, pp. 193-195.

4.1.03.02 —*Romance de Mou-lan*. Traduction par Sung-Nien HSU. Dans *l'Anthologie de la littérature chinoise des origines à nos jours*. Éditions Delagrave, 1932, pp. 133-135.

4.1.03.03 —*Le Paon, poème d'auteur inconnu de la dynastie des Han*. Traduction par TCHANG Fong. Éditions Jouve et Cie, 1924, 47 pages.

4.1.04 《玉台新咏》(含《孔雀东南飞》)

4.1.04.01 —*Le Paon, poème d'auteur inconnu de la dynastie des Han*. Traduction par TCHANG Fong. Éditions Jouve et Cie, 1924, 47 pages.

4.1.05 《全唐诗》(并《唐诗三百首》)

4.1.05.01 —*Poésies de l'époque des Thang*. Traduction et présentation par le Marquis Léon d'HERVEY DE SAINT-DENYS. Éditions Amyot, 1862, CXII+301 pages, relié.

4.1.05.02 —*Le Livre de Jade*. Choix et traduction par Judith GAUTIER (sous le pseudonyme de Judith WALTER). Éditions Lemerre, 1876.

4.1.05.03 —« Poésie chinoise antique ». Traduction par Emmanuel TRONQUOIS. *Bulletin de la Société franco-japonaise de Paris*, 1921, n° 1, pp. 1-28.

4.1.05.04 —*Rêve d'une nuit d'hiver (Cent quatrains des Thang)*. Traduction par TSEN Tson-ming. Éditions Ernest Leroux, 1927, 114 pages.

4.1.05.05 —*Anciens poèmes chinois d'auteurs inconnus*. Traduction par TSEN Tson-ming. Éditions Ernest Leroux, 1927, 120 pages.

4.1.05.06 —*Le Livre de Jade*. Choix et traduction par Judith GAUTIER, revus et complétés. Éditions Plon, 1933, 266 pages+7 illustrations.

4.1.05.07 —*Choix de poésies chinoises*. Traduction par Louis LALOY. Éditions Fernand Sorlot, 1944, 64 pages.

4.1.05.08 —*Poésie chinoise*. Traduction par Patricia GUILLERMAZ. Éditions Seghers, 1957.

4.1.05.09 —« Poèmes des Tang ». Traduction par TCHANG Fou-jouei, TCH'EN Yen-hia, TCH'ENG Ki-hien (François CHENG), LEANG P'ei-tchen, Anne-Christine ROYÈRE et Robert RUHLMANN, revue par Yves HERVOUET et Jean-Pierre DIÉNY. Dans *l'Anthologie de la poésie chinoise classique*, sous la direction de Paul DEMIÉVILLE. Éditions Gallimard, 1962, pp. 225-344 (collection: Poésie).

4.1.05.10 —« Les classiques: Poèmes ». Traduction par Miranda. *Littérature chinoise*, 1965, série 3.

4.1.05.11 —*Poésies de l'époque des Thang*. Traduction et présentation par le Marquis Léon d'HERVEY DE SAINT-DENYS. Éditions Champs Libres, 1977, 359 pages.

4.1.05.12 —*L'Écriture poétique chinoise. Suivi d'une anthologie des poèmes des Tang*. Traduction par François CHENG. Éditions du Seuil, 1977, 262 pages, broché (collection: Art, Littérature).

4.1.05.13 —« Littérature classique: Poèmes des Tang ». Traducteur non précisé. *Littérature chinoise*, 1979, série 5.

4.1.05.14 —*Sagesse et poésie chinoise*. Traduction par HU Pin Ching, M.-T. LAMBERT et Pierre SEGHERS. Éditions Robert Laffont, 1981, 125 pages, relié (collection: Miroir du monde).

4.1.05.15 —*Vacances du pouvoir: Poèmes des Tang*. Traduction, présentation et annotations par Paul JACOB, sous la direction de René ÉTIEMBLE. Éditions Gallimard, 1983 (collection: Connaissance de l'Orient).

4.1.05.16 —*L'Anthologie de Trois Cents Poèmes de la dynastie des Tang*. Traduction par Georgette JAEGER. Société des éditions interculturelles, 1987, 247 pages, broché.

4.1.05.17 —*La montagne vide: Anthologie de la poésie chinoise (IIIe-XIe siècle)*. Traduction par Patrick CARRÉ et Zéno BIANU. Éditions Albin Michel, 1987, 157 pages, broché (collection: Spiritualités vivantes).

4.1.05.18 —*Poètes bouddhistes des Tang*. Traduction par Paul JACOB, sous la direction de René ÉTIEMBLE. Éditions Gallimard, 1988, 112 pages, broché (collection: Connaissance de l'Orient).

4.1.05.19 —*Le Voleur de poèmes, Chine*. Choix et traduction par Claude ROY. Éditions Mercure de France, 1992, 435 pages, broché (collection: Poésie).

4.1.05.20 —*L'Écriture poétique chinoise. Suivi d'une anthologie des poèmes des Tang*. Traduction par François CHENG. Éditions du Seuil, 1996, 288 pages, poche (collection: Points Essais).

4.1.05.21 —*Anthologie de la poésie chinoise classique*. Traduction par Maurice COYAUD. Éditions Les Belles Lettres, 1997, 345 pages, broché (collection: Architecture du verbe).

4.1.05.22 —« Littérature classique: Poèmes inspirés de paysages ». Traduction par YAN Hansheng. *Littérature chinoise*, 1999, série 3.

4.1.05.23 —*Poésie chinoise*. Choix et traduction par François CHENG, avec calligrapghie de Fabienne VERDIER. Éditions Albin Michel, 2000, 64 pages, broché (collection: Les carnets du calligraphe).

4.1.05.24 —*300 poèmes chinois classiques*. Préface et traduction par XU Yuanchong. Éditions de l'Université de Pékin, 2000, pp. 142-345, broché (bilingue français-chinois).

4.1.05.25 —*Les plus beaux poèmes lyriques de la dynastie des Tang*. Traduction par SHI Bo. Éditions Quimétao, 2001, 228 pages, broché (collection: Culture et Coutumes chinoises).

4.1.05.26 —« Poèmes de l'époque Tang ». Traduction par Patrick CARRÉ, Jacques PIMPANEAU, Daniel GIRAUD, Ferdinand STOČES, Yves HERVOUET. Dans l'*Anthologie de la littérature chinoise classique*. Éditions Philippe Picquier, 2004, pp. 411-465.

4.1.05.27 —*Trois cents poèmes des Tang*. Traduction par HU Pinqing. Éditions de l'Université de Pékin, 2006, 365 pages, broché.

4.1.05.28 —*Classiques de la poésie chinoise*. Traduction par Alexis LAVIS. Éditions des Presses du Châtelet, 2009, 118 pages, poche (collection: Sagesse de l'Orient).

4.1.05.29 —*Anthologie de la poésie chinoise classique*. Traduction par Maurice COYAUD. Éditions Les Belles Lettres, 2009, 352 pages, broché (bilingue chinois-français; collection: Architecture du verbe).

4.1.05.30 —*Choix de poèmes et de tableaux des Tang*. Traduction par XU Yuanchong, préface de TAO Wenpeng. Éditions China Intercontinental Press, 2008, 137 pages (bilingue français-chinois).

4.1.05.31 —*Poèmes Chinois de la Dynastie des Tang*. Traduction par XU Yuanchong, préface de TAO Wenpeng. Éditions Music and Entertainment Books, 2009, 137 pages (bilingue français-chinois).

4.1.05.32 —*Choix de poèmes et de tableaux des Tang*. Traduction par XU Yuanchong. Éditions China Intercontinental Press, 2018, 233 pages.

4.1.05.33 —*100 poèmes des Tang en anglais et en français*. Choix et traduction par XIE Baikui. Éditions China Translation & Publishing Corporation, 2011, 200 pages, broché.

4.1.05.34 —*Choix des poèmes des Tang*. Traducteur non précisé. Éditions China Intercontinental Press, 2014, 353 pages relié (bilingue; collection: Bibliothèque des classiques chinois 大中华文库).

4.1.05.35 —*Poèmes de la dynastie des Tang: Morceaux choisis (transcription phonétique du texte original chinois, traduction vietnamienne et traduction française).* Traduction par VÂN Hòa. Éditions L'Harmattan, 2015, 196 pages, broché (collection: Poètes des cinq continents).

4.1.05.36 —*Les plus grands classiques de la poésie chinoise: Coffret prestige (Shi Jing, Tang, Song).* Traduction par XU Yuanchong. Éditions Pages Ouvertes, 2015, 180 pages, belle reliure.

4.1.05.37 —*Le Livre de Jade.* Choix et traduction par Judith GAUTIER. Éditions Le Chat Rouge, 2017, 286 pages.

4.1.05.38 —*Poésie Tang: Nouvelle traduction rimée de quarante quatrains de l'époque Tang.* Traduction par X.A.L. Éditions Independently published, 2018, 70 pages, broché.

4.1.06 《全宋词》

4.1.06.01 —« Poèmes à chanter (ts'eu) des Song ». Traduction par A. TANG, LEANG P'ei-tchen et Odile KALTENMARK, revue par Max KALTENMARK et Jean-Pierre DIÉNY. Dans l'*Anthologie de la poésie chinoise classique*, sous la direction de Paul DEMIÉVILLE. Éditions Gallimard, 1962, pp. 395-432 (collection: Poésie).

4.1.06.02 —*Poèmes à chanter de l'époque Song.* Traduction par SHI Yun, Jacques CHATAIN et ZHAO Jiaxi. Éditions Actuels, 1984 (collection: Morari).

4.1.06.03 —*Cent poèmes lyriques des Tang et des Song.* Traduction par XU Yuanchong. Éditions You Feng, 1987, cartonné.

4.1.06.04 —*Poèmes à chanter des époques Tang et Song.* Traductions par YUN Shi, adaptation par Jacques Chatain, calligraphies par YUN Shi et ZHAO Jiaxi. Édition Comp'Act, 1988, 163 pages, broché.

4.1.06.05 —« Poèmes chantés de l'époque Song ». Traduction par Jacques PIMPANEAU. Dans l'*Anthologie de la littérature chinoise classique*. Éditions Philippe Picquier, 2004, pp. 465-477.

4.1.06.06 —*Choix de poèmes et de tableaux des Song.* Traduction par XU Yuanchong. Éditions China Intercontinental Press, 2008, 137 pages (bilingue français-chinois; collection: Classiques chinois).

4.1.06.07 —*Les plus grands classiques de la poésie chinoise: Coffret prestige (Shi Jing, Tang, Song).* Traduction par XU Yuanchong. Éditions Pages Ouvertes, 2015, 180 pages, belle reliure.

4.1.07　《全元曲》

4.1.07.01　—*Théâtre chinois. Pièces de théâtre.* Traduction par Antoine BAZIN. Éditions de l'Imprimerie Nationale, 1838, LXIV+412 pages.

4.1.07.02　—« Poèmes à chanter (k'iu) des Yuan ». Traduction par LI Tche-houa, revue par Yves HERVOUET. Dans l'*Anthologie de la poésie chinoise classique*, sous la direction de Paul DEMIÉVILLE. Éditions Gallimard, 1962, pp. 465-485 (collection: Poésie).

4.1.07.03　—« *Le Signe de patience* » *et autres pièces du théâtre des Yuan.* Traduction et notes par LI Tche-Houa. Éditions Gallimard, 1963, broché (collection: UNESCO).

4.1.07.04　—« *Le Signe de patience* » *et autres pièces du théâtre des Yuan.* Traduction et notes par LI Tche-Houa. Éditions Gallimard, 1992, 378 pages, poche (collection: Connaissance de l'Orient).

4.1.07.05　—*Théâtre chinois des Yuan.* Traduction par Maurice COYAUD. Éditions Pour l'Analyse du Folklore, 1998, 127 pages, broché.

4.1.07.06　—*Trois pièces du théâtre des Yuan.* Introduction et traduction par Isabella FALASCHI, sous la direction d'Anne CHENG et de Marc KALINOWSKI. Éditions Les Belles Lettres, 2015, 696 pages, broché (bilingue; collection: Bibliothèque chinoise).

4.1.08　《敦煌变文》

4.1.08.01　—« Les bianwen ». Traduction par Jacques PIMPANEAU. Dans l'*Anthologie de la littérature chinoise classique.* Éditions Philippe Picquier, 2004, pp. 519-531.

4.2　别集类

4.2.01　《古诗十九首》

4.2.01.01　—« Dix-neuf poèmes anciens ». Traducteur non précisé. *Bulletin du Centre franco-chinois d'études sinologiques*, 1941, 2e année, n°9, pp. 716-720.

4.2.01.02　—« Dix-neuf poèmes anciens ». Traducteur non précisé. *Bulletin du Centre franco-chinois d'études sinologiques*, 1941, 2e année, n°10, pp. 122-125.

4.2.01.03　—« Dix-neuf poèmes anciens ». Traduction originale dans les *Études françaises* (publication du Centre franco-chinois d'études sinologiques), 2e année, n^{os}

9 et 10, 3ᵉ année, n° 1 et 2, 1941; traducteur non précisé. Dans l'*Anthologie de la poésie chinoise classique*, sous la direction de Paul DEMIÉVILLE. Éditions Gallimard, 1962, pp. 90-102 (collection: Poésie).

4.2.01.04 —*Les Dix-neuf poèmes anciens*. Traduction et commentaires par Jean-Pierre DIÉNY. Éditions des Presses universitaires de France, 1963, 195 pages.

4.2.01.05 —*Les Dix-neuf Poèmes anciens*. Texte établi, traduit et annoté par Jean-Pierre DIÉNY, sous la direction d'Anne CHENG et de Marc KALINOWSKI. Éditions Les Belles Lettres, 2010, 172 pages, broché (collection: Bibliothèque chinoise).

4.2.02 《陶渊明集》

4.2.02.01 —*Les poèmes de T'ao Ts'ien*. Traduction par LIANG Tsong Tai, préface de Paul VALÉRY, avec trois eaux-fortes originales de Sanyu et un portrait du poète d'après Hwang Shen. Éditions Lemarget, 1930.

4.2.02.02 —*Tao Yuan-ming, Œuvres complètes*. Traduction par Paul JACOB, sous la direction de René ÉTIEMBLE. Éditions Gallimard, 1990, 456 pages, broché (collection: Connaissance de l'Orient).

4.2.02.03 —« Maître Cinq Saules » et « Maître Cinq Saules et le bonze ». Traduction par Jacques PIMPANEAU. Dans la *Biographie des regrets éternels*. Éditions Philippe Picquier, 1989, pp. 47-53, broché.

4.2.02.04 —*L'homme, la terre, le ciel*. Traduction par Wing Fun CHENG et Hervé COLLET. Éditions Moundarren, 2004, 150 pages, broché.

4.2.02.05 —*L'homme, la terre, le ciel*. Traduction par Wing Fun CHENG et Hervé COLLET. Éditions Moundarren, 2014, 168 pages, broché.

4.2.03 《骆宾王集》

4.2.03.01 —*Le poète chinois Lo Pin-wang*. Introduction et traduction par Bruno BELPAIRE. Éditions Occident, 1962, 155 pages.

4.2.04 《蓝田集》

4.2.04.01 —*Les saisons bleues: L'œuvre de Wang Wei poète et peintre*. Traduction par Patrick CARRÉ. Éditions Phébus, 1991, 376 pages, broché (collection: Littérature étrangère).

4.2.05.01 —*Les saisons bleues: L'œuvre de Wang Wei poète et peintre*. Traduction par

Patrick CARRÉ. Éditions Phébus, 2004, 384 pages, poche (collection: Libretto).

4.2.05　《李太白集》

4.2.05.02　—*Florilège de Li Bai*. Traduction, présentation et annotations par Paul JACOB, sous la direction de René ÉTIEMBLE. Éditions Gallimard, 1985, 272 pages, broché (collection: Connaissance de l'Orient).

4.2.05.03　—*Quarante poésies de Li Tai Pé*. Texte, traduction et commentaire de Bruno BELPAIRE. Éditions de l'Imprimerie Nationale, 1921, 63 pages.

4.2.05.04　—*Li Po, portrait d'un immortel banni sur terre*. Traduction par Wing Fun CHENG et Hervé COLLET. Éditions Moundarren, 1984, 120 pages, broché.

4.2.05.05　—*Li Bai, Parmi les nuages et les pins*. Traduction par Dominique HOIZEY. Éditions Arfuyen, 1984.

4.2.05.06　—*Li Po, l'immortel banni sur terre*. Traduction par Wing Fun CHENG et Hervé COLLET. Éditions Moundarren, 1985, 168 pages, broché.

4.2.05.07　—*Poèmes de Li Bai*. Traducteur non précisé. Éditions Albédo, 1985, 43 pages, cartonné.

4.2.05.08　—*Li Bai, Sur notre terre exilé*. Traduction et présentation par Dominique HOIZEY. Éditions La Différence, 1994, 127 pages, broché (collection: Orphée).

4.2.05.09　—*Le ciel pour couverture, la terre pour oreiller: La vie et l'œuvre de Li Po*. Traduction par Ferdinand STOČES. Éditions Phillipe Piciquier, 2003, 496 pages, broché.

4.2.05.10　—*Poèmes de Li Bai destinés aux calligraphes*. Traduction par Florence HU-STERK, illustrations par WU Hua. Éditions You Feng, 2003.

4.2.05.11　—*Li Po: L'Exile du Ciel*. Traduction par Daniel GIRAUD. Éditions Motifs, 2004.

4.2.05.12　—*Le ciel pour couverture, la terre pour oreiller: La vie et l'œuvre de Li Po*. Traduction par Ferdinand STOČES. Éditions Phillipe Piciquier, 2006, 541 pages, poche (collection: Picquier Poche).

4.2.05.13　—*Li Po, l'immortel banni sur terre, buvant seul sous la lune*. Traduction par Wing Fun CHENG et Hervé COLLET. Éditions Albin Michel, 2010.

4.2.05.14　—*Écoutez là-bas, sous les rayons de la lune...* Traduction par Léon d'HERVEY DE SAINT-DENYS, postface de Céline PILLON. Éditions Mille et une nuits, 2014, 80 pages, broché (collection: La petite collection).

4.2.05.15　—*Vacances du pouvoir: Poèmes des Tang*. Traduction, présentation et annotations par Paul JACOB, sous la direction de René ÉTIEMBLE. Éditions Gallimard, 1983 (collection: Connaissance de l'Orient).

4.2.06　《杜甫诗全集》

4.2.06.01　—*Poèmes de jeunesse: Œuvre poétique I.* Traduction par Nicolas CHAPUIS, sous la direction d'Anne CHENG et de Marc KALINOWSKI. Éditions Les Belles Lettres, 2015, LVIII+840 pages, broché (bilingue; collection: Bibliothèque chinoise).

4.2.06.02　—*La Guerre civile (755—759): Œuvre poétique II.* Traduction par Nicolas CHAPUIS, sous la direction d'Anne CHENG et de Marc KALINOWSKI. Éditions Les Belles Lettres, 2018, L+1020 pages, broché (bilingue; collection: Bibliothèque chinoise).

4.2.07　《李贺集》

4.2.07.01　—*Li He, Poèmes.* Préface de Guy DEGEN, traduction par Marie-Thérèse LAMBERT. Édition Gallimard, 2007, 224 pages, broché (collection: Connaissance de l'Orient).

4.2.08　《李商隐集》

4.2.08.01　—*Amour et politique dans la Chine ancienne: Cent poèmes de Li Shangyin (812-858).* Rédaction et traduction par Yves HERVOUET, préface de Claude ROY. Éditions de Boccard, 1995, 322 pages, broché.

4.2.09　《苏轼集》

4.2.09.01　—*Florilège comme dix mille sources jaillissantes.* Traduction, présentation et annotations par Chaoying DURAND-SUN. Éditions You Feng, 2008, 380 pages, broché.

4.2.10　《李清照集》

4.2.10.01　—*Li Qingzhao, Œuvres poétiques complètes.* Traduction par LIANG Peitchin, sous la direction de René ÉTIEMBLE. Éditions Gallimard, 1977, 184 pages, broché (collection: Connaissance de l'Orient).

4.2.11　《袁宏道集》

4.2.11.01　—*Nuages et pierres.* Traduction et présentation par Martine VALLETTE-

HÉMERY. Éditions Philippe Picquier, 1998, 208 pages, poche (collection: Picquier poche).

4.2.12　《随园诗话》

4.2.12.01　—*Divers plaisirs à la villa Sui*. Traduction par Herve COLLET. Éditions Moundarren, 2000, 153 pages, broché.

4.2.12.02　—*Divers plaisirs à la villa Sui*. Traduction par Herve COLLET. Éditions Moundarren, 2005, 162 pages, relié.

4.3　文论类

4.3.01　《文心雕龙》

4.3.01.01　—« En prenant les textes canoniques comme source (Liu Xie, *Wenxin diaolong*, chap. III, *Zong jing*) ». Traduction par François JULLIEN. *Extrême-Occident*, 1984, vol. 5, no 5, pp. 129-134.

4.3.01.02　—« Wenxin diaolong ». Traduction par Jacques PIMPANEAU. Dans l'*Anthologie de la littérature chinoise classique*. Éditions Philippe Picquier, 2004, pp. 322-336.

4.4　小说类

4.4.01　《穆天子传》

4.4.01.01　—*Le Mu tianzi zhuan*. Traduction, annotations et étude par Rémi MATHIEU. Éditions du Collège de France, 1978, 314 pages et 56 pages de texte en chinois, broché (collection: Mémoires de l'Institut des hautes études chinoises).

4.4.02　《搜神记》

4.4.02.01　—*À la recherche des esprits*. Traduction par CHANG Fu-jui, Roger DARROBERS, Lionel EPSTEIN, Sarah HART, Rainier LANSELLE, Jean LEVI, André LÉVY et Rémi MATHIEU, introduction et notes par Rémi MATHIEU, sous la direction de Rémi MATHIEU. Éditions Gallimard, 1992, 360 pages+8 pages hors texte, broché (collection: Connaissance de l'Orient).

4.4.02.02 —*Démons et Merveilles dans la littérature chinoise des Six Dynasties: Le fantastique et l'anecdotique dans le Soushen ji de Gan Bao.* Texte établi et traduit par Rémi MATHIEU. Éditions You Feng, 2000, 163 pages, broché.

4.4.03　《太平广记》

4.4.03.01 —*Aux portes de l'enfer: récits fantastiques de la Chine ancienne.* Préface de Paul MARTIN, traduction par Jacques DARS. Éditions Philippe Picquier, 1997, 136 pages, poche (collection: Picquier poche).

4.4.03.02 —*Aux portes de l'enfer: récits fantastiques de la Chine ancienne.* Préface de Paul MARTIN, traduction par Jacques DARS. Éditions Philippe Picquier, 2015, 144 pages, poche (collection: Picquier poche).

4.4.04　《白蛇精记》

4.4.04.01 —*Blanche et Bleue, ou Les deux couleuvres-fées.* Traduction par Stanislas JULIEN. Éditions de la Librairie de Charles Gosselin, 1834, 342 pages.

4.4.04.02 —« La Tour du Pic du Tonnerre, ou La Dame Blanche ». Traduction par Maurice VERDEILLE. *Bulletin de la Société des Études Indochinoises*, 1917, tome ou série non précisée, pp. 53-170.

4.4.05　《西游记》

4.4.05.01 —*Le Singe pèlerin ou le Pèlerinage d'Occident.* Traduction par George DENIKER de la version anglaise d'Arthur WALEY. Éditions Payot, 1951.

4.4.05.02 —*Le singe pèlerin, ou, Pèlerinage d'Occident.* Traduction par George DENIKER de la version anglaise d'Arthur WALEY. Éditions Payot, 1980, 317 pages, broché.

4.4.05.03 —*Le singe pèlerin, ou, Pèlerinage d'Occident.* Traduction par George DENIKER de la version anglaise d'Arthur WALEY. Éditions Payot, 1992, 317 pages, broché (collection: Petite Bibliothèque Payot).

4.4.05.04 —*Le singe pèlerin ou Pèlerinage d'Occident: Si-yeou-ki.* Traduction par George DENIKER de la version anglaise d'Arthur WALEY. Éditions Payot, 2004, 448 pages, poche (Petite Bibliothèque Payot)

4.4.05.05 —*Le singe pèlerin ou Pèlerinage d'Occident: Si-yeou-ki.* Traduction par George DENIKER de la version anglaise d'Arthur WALEY. Éditions Payot, 2018,

432 pages, poche (Petite Bibliothèque Payot).

4.4.05.06 —*Si Yeou Ki. Le Voyage en Occident*. Traduction par Louis AVENOL. Éditions du Seuil, 1957, 954 pages, relié (2 volumes; collection: Religion).

4.4.05.07 —*La Pérégrination vers l'Ouest, tome 1, livres I à X*. Introduction, traduction et annotations par André LÉVY. Éditions Gallimard, 1991, 1312 pages, cuir/luxe (collection: Bibliothèque de la Pléiade).

4.4.05.08 —*La Pérégrination vers l'Ouest, tome 2, livres XI à XX*. Introduction, traduction et annotations par André LÉVY. Éditions Gallimard, 1991, 1216 pages, cuir/luxe (collection: Bibliothèque de la Pléiade).

4.4.05.09 —*La Pérégrination Vers L'Ouest*. Traduction par André LÉVY. Éditions People's Literature Publishing House, 2010, 3541 pages, relié (6 tomes; bilingue; collection: Bibliothèque des classiques chinois 大中华文库).

4.4.05.10 —*Le roi des singes et la sorcière au squelette*. Adaptation et traduction par Sing-pei WANG, illustrations par Hung-Pen TCHAO et Sai-Tai TSIEN. Éditions Gallimard, 1982, 120 pages, poche (collection: Folio Junior).

4.4.05.11 —*Le Roi des singes*. Traduction du chinois en tchèque par Zdenka HERMANOVÁ-NOVOTNÁ, traduction du tchèque en français et adaptation par Régis DELAGE, illustrations par Zdenka KREJCOVÁ. Éditions Gründ, 1992, 247 pages, relié (collection: Les grands classiques de tous les temps).

4.4.05.12 —*La légende du Roi Singe*. Traduction par Rébecca PEYRELON-WANG, dessins de TSAI Chih-Chung. Éditions You Feng, 2008, 134 pages, broché (bilingue; collection: Culture traditionnelle chinoise).

4.4.05.13 —*La pérégrination vers l'ouest*. Traduction par Rébecca PEYRELON-WANG, dessins de TSAI Chih-Chung. Éditions You Feng, 2008, 176 pages, broché (bilingue; collection: Culture traditionnelle chinoise).

4.4.05.14 —*Le dieu singe, Tome 1*. Adaptation par Jean-David MORVAN, illustrations par ZHANG Jianyi. Éditions Delcourt, 2008, 48 pages, album (collection: Ex-Libris).

4.4.05.15 —*Le dieu singe, Tome 2*. Adaptation par Jean-David MORVAN, illustrations par ZHANG Jianyi et Yann LE GAL. Éditions Delcourt, 2009, 47 pages, album (collection: Ex-Libris).

4.4.05.16 —*Le dieu singe, Tome 3*. Adaptation par Jean-David MORVAN, illustrations par ZHANG Jianyi et Yann LE GAL. Éditions Delcourt, 2011, 47 pages, album (collection: Ex-Libris).

4.4.05.17 —*Le Voyage vers l'ouest*. Adaptation et traduction par Sylvie de MATHUISIEULX, illustrations par Tévy KAK. Éditions Calleva, 2011, 128 pages, broché (collection: L'Aventure des mythes).

4.4.05.18 —*L'Épopée du roi singe*. Adaptation et traduction par Pascal FAULIOT, illustrations par Daniel HÉNON. Éditions Casterman, 2012, 156 pages, broché (collection: Casterman Poche).

4.4.05.19 —*Le voyage vers l'ouest*. Traduction par Nicolas HENRY et MO Si, préface de Vincent DURAND-DASTÈS. Éditions Fei, 2014, 2879 pages, coffret (36 tomes; collection: Lian Huan Hua).

4.4.06 《水浒传》

4.4.06.01 —*Au bord de l'eau (Shui-hu-zhuan) tome 1, chapitres 1 à 46*. Traduction par Jacques DARS, préface de René ÉTIEMBLE. Éditions Gallimard, 1978, 1408 pages, cuir/luxe (collection: Bibliothèque de la Pléiade).

4.4.06.02 —*Au bord de l'eau (Shui-hu-zhuan) tome 2, chapitres 47 à 92*. Traduction par Jacques DARS, préface de René ÉTIEMBLE. Éditions Gallimard, 1978, 1376 pages, cuir/luxe (collection: Bibliothèque de la Pléiade).

4.4.06.03 —*Au bord de l'eau (Shui-hu-zhuan) tome 1, chapitres 1 à 46*. Traduction par Jacques DARS. Éditions Gallimard, 1997, 1152 pages, poche (collection: Folio).

4.4.06.04 —*Au bord de l'eau (Shui-hu-zhuan) tome 2, chapitres 47 à 92*. Traduction par Jacques DARS. Éditions Gallimard, 1997, 960 pages, poche (collection: Folio).

4.4.06.05 —*Au bord de l'eau (Shui-hu-zhuan) I, II*. Traduction par Jacques DARS, avant-propos de René ÉTIEMBLE. Éditions Gallimard, 2017, 2784 pages, cuir/luxe (collection: Bibliothèque de la Pléiade).

4.4.06.06 —*Au bord de l'eau, Tome 1*. Adaptation par Jean-David MORVAN, illustrations par WANG Peng. Éditions Delcourt, 2008, 48 pages, album (collection: Ex-Libris).

4.4.06.07 —*Au bord de l'eau, Tome 2*. Adaptation par Jean-David MORVAN, illustrations par WANG Peng et Yann LE GAL. Éditions Delcourt, 2010, 48 pages, album (collection: Ex-Libris).

4.4.06.08 —*Au bord de l'eau, Tomes 1 à 30*. Adaptation et illustrations collectives, traducteur non précisé. Éditions Fei, 2012, 4500 pages, coffret (collection: Lian Huan Hua).

4.4.07　《三国演义》

4.4.07.01　—*Histoire des trois royaumes, Tome I*. Traduction par Théodore PAVIE. Éditions Benjamin Duprat, LXIV+350 pages, 1845.

4.4.07.02　—*Histoire des trois royaumes, Tome II*. Traduction par Théodore PAVIE. Éditions Benjamin Duprat, XVI+428 pages, 1851.

4.4.07.03　—*Les trois royaumes*. Traduction originale, notes et commentaires par Toan NGHIÊM et Louis RICAUD, introduction par Robert RUHLMANN. Éditions de la Société des Études Indochinoises, 1960—1963, XLIX+1426 pages (3 volumes; collection: UNESCO d'œuvres représentatives, série chinoise).

4.4.07.04　—*Les trois royaumes, Tome 1*. Traduction par Toan NGHIÊM et Louis RICAUD, préface de Jean LEVI. Éditions Flammarion, 2009, 668 pages, broché (collection: Littérature ETR).

4.4.07.05　—*Les trois royaumes, Tome 2*. Traduction par Toan NGHIÊM et Louis RICAUD, préface de Jean LEVI. Éditions Flammarion, 2009, 845 pages, broché (collection: Littérature ETR).

4.4.07.06　—*Les trois royaumes, Tome 3*. Traduction par Angélique LEVI et Jean LEVI. Éditions Flammarion, 2009, 611 pages, broché (collection: Littérature ETR).

4.4.07.07　—*Les Trois Royaumes*. Traduction par Toan NGHIÊM, Louis RICAUD, Angélique LEVI et Jean LEVI. Éditions People's Literature Publishing House, 2012, 4719 pages, relié (6 tomes; bilingue; collection: Bibliothèque des classiques chinois 大中华文库).

4.4.07.08　—*L'Épopée des Trois Royaumes, Tome 1*. Traduction par Chao-ying DURAND-SUN. Éditions You Feng, 2006, 511 pages, broché.

4.4.07.09　—*L'Épopée des Trois Royaumes, Tome 2*. Traduction par Chao-ying DURAND-SUN. Éditions You Feng, 2007, 559 pages, broché.

4.4.07.10　—*L'Épopée des Trois Royaumes, Tome 3*. Traduction par Chao-ying DURAND-SUN. Éditions You Feng, 2008, 543 pages, broché.

4.4.07.11　—*L'Épopée des Trois Royaumes, Tome 4*. Traduction par Chao-ying DURAND-SUN. Éditions You Feng, 2011, 611 pages, broché.

4.4.07.12　—*L'Épopée des Trois Royaumes, Tome 5*. Traduction par Chao-ying DURAND-SUN. Éditions You Feng, 2014, 619 pages, broché.

4.4.07.13　—*Histoire des Trois Royaumes – Tome I*. Traducteur non précisé. FB éditions, CreateSpace Independent Publishing Platform, 2015, 262 pages, broché.

4.4.07.14　—*Les trois royaumes, Tomes 1 à 30.* Traduction par Nicolas HENRY et MO Si, préface de Jean LEVI. Éditions Fei, 2013, 2700 pages, coffret (collection: Lian Huan Hua).

4.4.07.15　—*Les 3 royaumes, Tome 1.* Dessins de LI Zhiqing, traduction par Nicolas Ruiz LESCOT. Éditions du Temps, 2008, 200 pages, broché (collection: Toki).

4.4.07.16　—*Les 3 royaumes, Tome 2.* Dessins de LI Zhiqing et YOU Sidao, traduction par Nicolas Ruiz LESCOT. Éditions du Temps, 2009, 200 pages, broché (collection: Toki).

4.4.07.17　—*Les 3 royaumes, Tome 3.* Dessins de LI Zhiqing et YOU Sidao, traduction par Nicolas Ruiz LESCOT. Éditions du Temps, 2009, 200 pages, broché (collection: Toki).

4.4.07.18　—*Les 3 royaumes, Tome 4.* Dessins de LI Zhiqing et YOU Sidao, traduction par Nicolas Ruiz LESCOT. Éditions du Temps, 2009, 206 pages, broché (collection: Toki).

4.4.08　《红楼梦》

4.4.08.01　—*Le rêve dans le pavillon rouge.* Traduction, introduction, notes et variantes par LI Tche-Houa et Jacqueline ALÉZAÏS, révision par André D'HORMON. Éditions Gallimard, 1981, 1696 pages, cuir/luxe (2 volumes; collection: Bibliothèque de la Pléiade).

4.4.08.02　—*Le rêve dans le pavillon rouge.* Traduction, introduction, notes et variantes par LI Tche-Houa et Jacqueline ALÉZAÏS, révision par André D'HORMON. Éditions Gallimard, 2003, 3278 pages, belle reliure (2 volumes; collection: Bibliothèque de la Pléiade).

4.4.08.03　—*Le rêve dans le pavillon rouge.* Traduction, introduction, notes et variantes par LI Tche-Houa et Jacqueline ALÉZAÏS, révision par André D'HORMON. Éditions People's Literature Publishing House, 2012, 5751 pages, relié (8 tomes; bilingue; collection: Bibliothèque des classiques chinois 大中华文库).

4.4.08.04　—*Le Rêve dans le pavillon rouge, vol. 1.* Traduction par Armel GUERNE de la version allemande de Franz KÜHN. Éditions Guy Le Prat, 1957, 341 pages.

4.4.08.05　—*Le Rêve dans le pavillon rouge, vol. 2.* Traduction par Armel GUERNE de la version allemande de Franz KÜHN. Éditions Guy Le Prat, 1957, 386 pages.

4.4.08.06　—*Le Rêve dans le Pavillon rouge.* Adaptation et traduction par WU Hongmiao et Laurent BALLOUHEY, illustrations par SUN Wen. Éditions Bibliothèque de l'image, 2011, 440 pages, broché.

4.4.08.07　—*Les trois royaumes*. Adaptation par QIAN Zhiqing, traduction par Nicolas HENRY et MO Si, illustrations par YANG Qiubao. Éditions Fei, 2015, 2221 pages, coffret (collection: Lian Huan Hua).

4.4.08.08　—*Le Rêve dans le Pavillon rouge*. Adaptation et traduction par WU Hongmiao et Laurent BALLOUHEY, illustrations par SUN Wen. Éditions Bibliothèque de l'image, 2017, 440 pages, relié.

4.4.08.09　—*Le Rêve dans le Pavillon rouge*. Traducteur non précisé, illustrations par SUN Wen. Éditions Citadelles & Mazenod, 2019, 468 pages, relié.

4.4.09　《金瓶梅》

4.4.09.01　—*Kin P'ing Mei ou la merveilleuse histoire de Hsi Men avec ses six femmes*. Traduction par Jean-Pierre PORRET de la version allemande de Franz KUHN. Éditions Guy Le Prat, 1953, 309 pages+343 pages, relié (2 volumes).

4.4.09.02　—*Kin P'ing Mei ou les six fleurs du mandarin*. Traduction par Jean-Pierre PORRET de la version allemande de Franz KUHN. Éditions Les Productions de Paris, 1962, 406 pages, cartonné.

4.4.09.03　—*Kin P'ing Mei ou la merveilleuse histoire de Hsi Men avec ses six femmes*. Traduction par Jean-Pierre PORRET de la version allemande de Franz KUHN. Éditions Club Français du Livre, 1967, 463 pages+518 pages, relié (2 volumes).

4.4.09.04　—*Kin P'ing Mei ou la fin de la merveilleuse histoire de Hsi Men avec ses six femmes, 2 tomes*. Traduction par Jean-Pierre PORRET de la version allemande de Franz KUHN. Éditions Guy Le Prat, 1979, 652 pages, broché (2 volumes).

4.4.09.05　—*Lotus d'or ou la Merveilleuse Histoire de Hsi Men avec ses six femmes*. Traduction par Jean-Pierre PORRET de la version allemande de Franz KUHN. Éditions Jean de Bonnot, 1999, 519 pages, relié.

4.4.09.06　—*La Merveilleuse Histoire de Hsi Men avec ses six femmes*. Traduction par Jean-Pierre PORRET, Christophe HENRY, Catriona SETH, Claude BLUM et Jacques FOURNIER de la version allemande de Franz KUHN. Éditions Garnier, 2011, 250 pages, poche (collection: Les grands classiques de la littérature libertine).

4.4.09.07　—*Jin Ping Mei / Fleur en Fiole d'Or*. Traduction par André LÉVY, préface de René ÉTIEMBLE. Éditions Gallimard, 1985, 2976 pages, Cuir/luxe (2 tomes sous coffret; collection: Bibliothèque de la Pléiade).

4.4.09.08 —*Fleur en fiole d'or: Jing Ping Mei cihua*. Traduction par André LÉVY. Éditions Gallimard, 2004, 2880 pages, poche (coffret de 2 volumes; collection: Folio).

4.4.09.09 —*Fleur en fliole d'or*. Traduction par André LÉVY. Éditions People's Literature Publishing House, 2017, 3903 pages, relié (5 tomes; bilingue; collection: Bibliothèque des classiques chinois 大中华文库).

4.4.10 《儒林外史》

4.4.10.01 —*Chronique indiscrète des Mandarins*. Introduction par André LÉVY, traduction par TCHANG Fou-jouei. Éditions Gallimard, 1976, XXIII+814 pages, broché (2 tomes; collection: Connaissance de l'Orient, série Chinoise).

4.4.10.02 —*Chronique indiscrète des Mandarins*. Traduction par TCHANG Fou-jouei. Éditions Gallimard, 1986, XXIII+814 pages, broché (2 tomes; collection: Connaissance de l'Orient, série Chinoise).

4.4.10.03 —*Chronique indiscrète des Mandarins I*. Introduction par André LÉVY, traduction par TCHANG Fou-jouei. Éditions Gallimard, 1986, 434 pages, poche (collection: Connaissance de l'Orient, série Chinoise).

4.4.10.04 —*Chronique indiscrète des Mandarins*. Introduction par André LÉVY, traduction par TCHANG Fou-jouei. Éditions Gallimard, 1993, XXIII+814 pages, broché (2 tomes; collection: Connaissance de l'Orient).

4.4.10.05 —*Chronique indiscrète des Mandarins II*. Traduction par TCHANG Fou-jouei. Éditions Gallimard, 2001, 420 pages, poche (collection: Connaissance de l'Orient, série Chinoise).

4.4.11 《聊斋志异》

4.4.11.01 —*Contes magiques*. Traduction par Louis LALOY. Éditions d'art H. Piazza, 1925, 216 pages.

4.4.11.02 —*Contes étranges du cabinet Leao*. Traduction par Louis LALOY. Éditions Le Calligraphe, 1985.

4.4.11.03 —*Contes étranges du cabinet Leao*. Traduction par Louis LALOY. Éditions Philippe Picquier, 2000, 176 pages, poche (collection: Picquier poche).

4.4.11.04 —*Histoires et légendes de la Chine mystérieuse*. Textes recueillis et présentés par Claude ROY, retraduit par Hélène CHATELAIN de la version anglaise. Éditions

Sand, 1967, 279 pages, relié (collection: Histoires et légendes noires).

4.4.11.05 —*Histoires et légendes de la Chine mystérieuse.* Textes recueillis et présentés par Claude ROY, retraduit par Hélène CHATELAIN de la version anglaise. Éditions Tchou, 1969, 285 pages (collection: Histoires et légendes noires).

4.4.11.06 —*Le Studio des loisirs.* Textes recueillis et présentés par Claude ROY, retraduit par Hélène CHATELAIN de la version anglaise. Éditions 10/18, 1993, 317 pages, poche (collection: Domaine étranger).

4.4.11.07 —*Contes extraordinaires du Pavillon du loisir.* Traduction par Jacques et Patricia GUILLERMAZ, Yves HERVOUET, Max et Odile KALTENMARK, LI Tche-houa, Robert RUHLMANN et THCANG Fou-jouei, sous la direction d'Yves HERVOUET. Éditions Gallimard, 1970, 224 pages, poche (collection: Connaissance de l'Orient).

4.4.11.08 —*Contes extraordinaires du Pavillon du loisir.* Traduction par Jacques et Patricia GUILLERMAZ, Yves HERVOUET, Max et Odile KALTENMARK, LI Tche-houa, Robert RUHLMANN et THCANG Fou-jouei, sous la direction d'Yves HERVOUET. Éditions Gallimard, 1987, 224 pages, poche (collection: Connaissance de l'Orient).

4.4.11.09 —*La femme à la veste verte: contes extraordinaires du Pavillons des loisirs.* Traduction par Yves HERVOUET. Éditions Gallimard, 2015, 117 pages, poche (collection: Folio).

4.4.11.10 —*Chroniques de l'étrange.* Traduction par André LÉVY. Éditions Philippe Picquier, 1998, 445 pages, broché.

4.4.11.11 —*Chroniques de l'étrange.* Préface et traduction par André LÉVY, sous la direction de Jacques COTTIN. Éditions Philippe Picquier, 2005, 2002 pages, broché (coffret en 2 volumes).

4.4.11.12 —*Chroniques de l'étrange.* Traduction et présentation par André LÉVY. Éditions Philippe Picquier, 2016, 568 pages, poche.

4.4.11.13 —« Le Poirier planté ». Traduction par Camille IMBAULT-HUART. *Journal asiatique*, 1880, n°117, pp. 281-284.

4.4.11.14 —*Contes chinois.* Traduction et adaptation par TCHENG Ki-Tong. Éditions Calmann-Lévy, 1889, VIII+340 pages.

4.4.11.15 —*Contes fantastiques du Pavillon des Loisirs.* Traduction par LI Fengbai et Denise LY-LEBRETON. Éditions en Langues étrangères, 1986, 241 pages, poche.

4.4.11.16 —*Contes fantastiques du Pavillon des Loisirs*. Traducteur non précisé. Éditions en Langues étrangères, 1998, 420 pages, poche.

4.4.11.17 —*Contes fantastiques du Pavillon des Loisirs, Volumes 1*. Traducteur non précisé. Éditions en Langues étrangères, 2004, 241 pages, poche (bilingue chinois-français).

4.4.11.18 —*Contes fantastiques du Pavillon des Loisirs, Volumes 2*. Traducteur non précisé. Éditions en Langues étrangères, 2004, 241 pages, poche (bilingue chinois-français).

4.4.11.19 —*Contes fantastiques du Pavillon des Loisirs, Volumes 3*. Traducteur non précisé. Éditions en Langues étrangères, 2004, 237 pages, poche (bilingue chinois-français).

4.4.11.20 —*Contes fantastiques du Pavillon des Loisirs*. Traducteur non précisé. Éditions en Langues étrangères, 2015, 2079 pages, relié (4 tomes; bilingue; collection: Bibliothèque des classiques chinois 大中华文库).

4.4.11.21 —*Contes extraordinaires de Liaozhai*. Traducteur non précisé, dessins de TSAI Chih-Chung. Éditions Carthame, 1997, 135 pages, broché (collection: Philo-bédé).

4.4.11.22 —*Les contes de l'étrange: Légendes de fantômes et de renards*. Traduction par Rébecca PEYRELON, dessins de TSAI Chih-Chung. Éditions You Feng, 2010, 77 pages, album (bilingue; collection: Culture traditionnelle chinoise).

4.4.11.23 —*Trois contes étranges: Récits chinois et illustrations inédites*. Préface et traduction par Rainier LANSELLE. Éditions de la Presse universitaire de France, 2009, 120 pages, relié (collection: Source).

4.4.12 《封神演义》

4.4.12.01 —*L'investiture des dieux (Feng Shen Yen I)*. Adaptation par Jacques GARNIER. Éditions You Feng, 2002, 944 pages, broché.

4.4.12.02 —*L'investiture des dieux (I)*. Traduction par Rébecca PEYRELON, dessins de TSAI Chih-Chung. Éditions You Feng, 2010, 120 pages, broché (bilingue; collection: Culture traditionnelle chinoise).

4.4.12.03 —*L'investiture des dieux (II)*. Traduction par Rébecca PEYRELON, dessins de TSAI Chih-Chung. Éditions You Feng, 2011, nombre de page non précisé, broché (bilingue; collection: Culture traditionnelle chinoise).

4.4.13　《东周列国志》

4.4.13.01　—*Royaume en proie à la perdition. Chronique de la Chine ancienne.* Traduction par Jacques PIMPANEAU. Éditions Flammarion, 1985, 360 pages.

4.4.13.02　—*Royaume en proie à la perdition. Chronique de la Chine ancienne.* Traduction par Jacques PIMPANEAU. Éditions Flammarion, 1992.

4.4.14　《东游记》

4.4.14.01　—*Pérégrination vers l'est.* Traduction par Nadine PERRONT. Éditions Gallimard, 1993, 280 pages, poche (collection: Connaissance de l'Orient).

4.4.14.02　—*Les huit immortels traversent la mer.* Traduction par Jacques GARNIER. Éditions You Feng, 2001, 217 pages, broché.

4.4.15　《醒世恒言》(含《蔡瑞虹忍辱报仇》《卖油郎独占花魁》)

4.4.15.01　—*La vengeance de Cai Ruihong.* Traducteur non précisé. Éditions en Langues étrangères, 1995, 388 pages, broché.

4.4.15.02　—*Le vendeur d'huile qui conquiert la reine de beauté.* Traduction par Jacques RECLUS, préface de Pierre KASER. Éditions Philippe Picquier, 1999, 92 pages, broché.

4.4.16　《警世通言》(含《白蛇传》《西山一窟鬼》)

4.4.16.01　—*Le Serpent blanc.* Traducteur non précisé. Éditions en Langues étrangères, 1994, 353 pages, broché.

4.4.16.02　—*Le Serpent blanc.* Traducteur non précisé. Éditions en Langues étrangères, 1998, 353 pages, poche (collection: Littérature classique).

4.4.16.03　—*Le serpent blanc.* Traduction par Dominique HOIZEY, dessins de Valérie MAUCLIN. Éditions Jean Le Mauve / l'Arbre, 1988, 59 pages, broché.

4.4.16.04　—*La légende du serpent blanc.* Traduction par Rébecca PEYRELON, dessins de TSAI Chih-Chung. Éditions You Feng, 2010, 73 pages, broché (bilingue; collection: Culture traditionnelle chinoise).

4.4.16.05　—*La légende du serpent blanc.* Traduction et adaptation par Alexandre ZOUAGHI, illustrations par WANG Yi. Éditions Hongfei, 2013, 48 pages, relié.

4.4.16.06　—*L'Antre aux fantômes des collines de l'Ouest: Sept contes chinois anciens (XIIe-XIVe siècle).* Traduction par André LÉVY et René GOLDMAN, introduction, notes et commentaires par André LÉVY. Éditions Gallimard, 1972, 176 pages, poche (collection: Connaissance de l'Orient/UNESCO).

4.4.16.07 —*L'Antre aux fantômes des collines de l'Ouest: Sept contes chinois anciens (XIIᵉ-XIVᵉ siècle)*. Traduction par André LÉVY et René GOLDMAN, introduction, notes et commentaires par André LÉVY. Éditions Gallimard, 1987, 182 pages, poche (collection: Connaissance de l'Orient/UNESCO).

4.4.17 《拍案惊奇》

4.4.17.01 —*L'Amour de la renarde: Marchands et lettrés de la vieille Chine. Douze contes du XVIIᵉ siècle*. Traduction, préface et annotations par André LÉVY. Éditions Gallimard, 1988, 294 pages, poche (collection: Connaissance de l'Orient/UNESCO).

4.4.17.02 —*L'Amour de la renarde: Marchands et lettrés de la vieille Chine. Douze contes du XVIIᵉ siècle*. Traduction, préface et annotations par André LÉVY. Éditions Gallimard, 2006, 285 pages, poche (collection: Connaissance de l'Orient/UNESCO).

4.4.18 《今古奇观》(含《卖油郎独占花魁》)

4.4.18.01 —*Kin-Kou Ki-Kouan, Douze nouvelles chinoises*. Traduction par Léon d'HERVEY DE SAINT-DENYS. Éditions Ernest Leroux, 1885.

4.4.18.02 —*Kin-Kou Ki-Kouan, Douze nouvelles chinoises*. Traduction par Léon d'HERVEY DE SAINT-DENYS. Éditions É. Dentu, 1889.

4.4.18.03 —*Kin-Kou Ki-Kouan, Douze nouvelles chinoises*. Traduction par Léon d'HERVEY DE SAINT-DENYS. Éditions J. Maisonneuve, 1892.

4.4.18.04 —*Kin-Kou Ki-Kouan, Douze nouvelles chinoises*. Traduction par Léon d'HERVEY DE SAINT-DENYS. Éditions Bleu de Chine, 1999.

4.4.18.05 —*Kin-Kou Ki-Kouan, Douze nouvelles chinoises*. Traduction par Léon d'HERVEY DE SAINT-DENYS. Éditions CreateSpace Independent Publishing Platform, 2015, 340 pages.

4.4.18.06 —*Spectacles curieux d'aujourd'hui et d'autrefois: Contes chinois des Ming*. Traduction par Rainier LANSELLE. Éditions Gallimard, 1996, 2176 pages, cuir/luxe (collection: Bibliothèque de la Pléiade).

4.4.18.07 —*Nouvelles du Kin Kou K'i Kouan: Le vendeur d'huile qui seul possède la Reine-de-beauté, ou Splendeurs et misères des courtisanes chinoises*. Traduction par Gustave SCHLEGEL. Éditions Brill/ Maisonneuve, 1877, XVII+140 pages.

4.4.18.08 —*Le vendeur d'huile qui conquiert la reine de beauté*. Traduction par Jacques RECLUS, préface de Pierre KASER. Éditions Philippe Picquier, 1999, 92 pages, broché.

4.4.19 《孽海花》

4.4.19.01 —*Fleur sur l'océan des péchés*. Traduction par Isabelle BIJON. Éditions TER, 1983, 423 pages, broché.

4.4.20 《老残游记》

4.4.20.01 —*L'Odyssée de Lao ts'an*. Traduction par CHENG Tcheng, avant-propos de Jacques RECLUS. Éditions Gallimard, 1964, 285 pages (collection: Connaissance de l'Orient).

4.4.20.02 —*L'Odyssée de Lao ts'an*. Traduction par CHENG Tcheng. Éditions Gallimard, 1990, 282 pages, poche (collection: Connaissance de l'Orient).

4.4.20.03 —*Pérégrinations d'un clochard*. Traduction par CHENG Tcheng. Éditions Gallimard, 2005, 420 pages, poche (collection: L'Imaginaire).

4.4.21 《七侠五义》

4.4.21.01 —*Le Juge Bao et le plaidoyer des fantômes; Les plaidoiries du Juge Bao*. Traduction et adaptation par Rébecca PEYRELON-WANG. Éditions You Feng, 2005, 168 pages, poche (collection: Les Plaidoiries du juge Bao).

4.4.21.02 —*Le Juge Bao et l'impératrice du silence; Les plaidoiries du Juge Bao*. Traduction et adaptation par Rébecca PEYRELON-WANG. Éditions You Feng, 2005, 183 pages, poche (collection: Les Plaidoiries du juge Bao).

4.4.21.03 —*Le duel des héros; Les plaidoiries du Juge Bao*. Traduction et adaptation par Rébecca PEYRELON-WANG. Éditions You Feng, 2013, 149 pages, poche (collection: Les Plaidoiries du juge Bao).

4.4.22 《儿女英雄传》

4.4.22.01 —*La Cavalière noire*. Adaptation de la version allemande de Franz KUHN, par Eugène BESTAUX. Éditions Calmann-Lévy, 1956, 297 pages, broché.

4.4.23 《好逑传》

4.4.23.01 —*La brise au clair de lune; « le deuxième livre de génie »*. Traduction par

Soulié de MORANT. Éditions de la Librairie Grasset, 1925, 364 pages, broché (collection: Les Cahiers Verts).

4.4.23.02　—*La brise au clair de lune; « le deuxième livre de génie »*. Traduction par Soulié de MORANT. Éditions de la Librairie Grasset, 2004, 365 pages, broché (collection: Les Cahiers Verts).

4.4.23.03　—*Hau-Kiou-Choaan, ou L'Union bien assortie*. Traduction anglaise de WILKINSON, revue par T. PERCY, traduction française sur le texte anglais par Marc-Antoine EIDOUS. Éditions Moutardier, 1828 (4 tomes).

4.4.23.04　—*Hao-Khieou-Tchouan, ou La femme accomplie*. Traduction par Guillard D'ARCY. Éditions J. Maisonneuve, 1842, 560 pages.

4.4.24　《二度梅》

4.4.24.01　—*Erh-Tou-Mei, ou Les pruniers merveilleux, premier tome*. Traduction accompagnée de notes philologiques par A. Théophile PIRY. Éditions Ernest Leroux, 1886 (2e édition), XXI+334 pages.

4.4.24.02　—*Erh-Tou-Mei, ou Les pruniers merveilleux, second tome*. Traduction accompagnée de notes philologiques par A. Théophile PIRY. Éditions É. Dentu, 1880, 338 pages.

4.4.25　《平山冷燕》

4.4.25.01　—*P'ing-Chân-Ling-Yên, ou Les deux jeunes filles lettrées, volume I*. Traduction par Stanislas JULIEN. Éditions de la Librairie Didier et Cie, 1860, XVIII+362 pages.

4.4.25.02　—*P'ing-Chân-Ling-Yên, ou Les deux jeunes filles lettrées, volume II*. Traduction par Stanislas JULIEN. Éditions de la Librairie Didier et Cie, 1860, 330 pages.

4.4.26　《玉娇梨》

4.4.26.01　—*Iu-Kiao-Li, ou Les deux cousines*. Traduction par M. Jean-Pierre ABEL-RÉMUSAT. Éditions de la Librairie Moutardier, 1826, 862 pages (4 tomes).

4.4.26.02　—*Iu-Kiao-Li, ou Les deux cousines*. Traduction par M. Jean-Pierre ABEL-RÉMUSAT. Éditions La Corne d'abondance, 2011, 422 pages, broché.

4.4.26.03　—*Yu-Kiao-Li, ou Les deux cousines, tome I*. Traduction par Stanislas JULIEN. Éditions de la Librairie académique Didier et Co., 1864, XXXII+364 pages.

4.4.26.04　—*Yu-Kiao-Li, ou Les deux cousines, tome II*. Traduction par Stanislas JULIEN.

Éditions de la Librairie académique Didier et Co., 1864, 380 pages.

4.4.27 《灯草和尚》

4.4.27.01 —*Le Moine mèche-de-lampe.* Traduction par Aloïs TATU. Éditions Philippe Picquier, 1998, 176 pages, broché (collection: Le pavillon des corps curieux).

4.4.28 《昭阳趣史》

4.4.28.01 —*Nuages et pluie au palais des Han.* Traduction par Christine KONTLER. Éditions Philippe Picquier, 1990, 208 pages, broché (collection: Le pavillon des corps curieux).

4.4.28.02 —*Nuages et pluie au palais des Han.* Traduction par Christine KONTLER. Éditions Philippe Picquier, 1998, 219 pages, poche (collection: Picquier poche).

4.4.28.03 —*Trois romans érotiques de la dynastie Ming: Nuages et pluie au palais des Han; Belle de candeur; Du rouge au gynécée.* Traducteur non précisé. Éditions Philippe Picquier, 1998, 492 pages, broché/coffret (3 volumes).

4.4.29 《株林野史》

4.4.29.01 —*Belle de candeur – Zhulin yeshi: roman érotique chinois de la dynastie Ming.* Traduction par Christine BARBIER-KONTLER. Éditions Philippe Picquier, 1987, 174 pages, cartonné.

4.4.29.02 —*Belle de candeur.* Traduction par Christine KONTLER. Éditions Philippe Picquier, 1990, 160 pages, broché (collection: Littérature).

4.4.29.03 —*Belle de candeur.* Traduction par Christine KONTLER. Éditions Philippe Picquier, 1994, 190 pages, poche (collection: Picquier poche).

4.4.29.04 —*Belle de candeur.* Traduction par Christine BARBIER-KONTLER. Éditions Philippe Picquier, 2014, 192 pages, poche (collection: Picquier poche).

4.4.29.05 —*Trois romans érotiques de la dynastie Ming: Nuages et pluie au palais des Han; Belle de candeur; Du rouge au gynécée.* Traducteur non précisé. Éditions Philippe Picquier, 1998, 492 pages, broché/coffret (3 volumes).

4.4.30 《玉闺红》

4.4.30.01 —*Du rouge au gynécée.* Traduction par Martin MAUREY. Éditions Philippe Picquier, 1998, 176 pages, poche (collection: Picquier poche).

4.4.30.02 —*Du rouge au gynécée*. Traduction par Martin MAUREY. Éditions Philippe Picquier, 1999, 144 pages, broché (collection: Littérature).

4.4.30.03 —*Trois romans érotiques de la dynastie Ming: Nuages et pluie au palais des Han; Belle de candeur; Du rouge au gynécée*. Traducteur non précisé. Éditions Philippe Picquier, 1998, 492 pages, broché/coffret (3 volumes).

4.4.31 《痴婆子传》

4.4.31.01 —*Vie d'une amoureuse*. Traduction par HUANG San et Lionel EPSTEIN. Éditions Philippe Picquier, 1998, 171 pages, poche (collection: Picquier poche).

4.4.31.02 —*Vie d'une amoureuse*. Traduction par HUANG San et Lionel EPSTEIN. Éditions Philippe Picquier, 2015, 192 pages, poche (collection: Picquier poche).

4.4.32 《如意君传》

4.4.32.01 —*Vie d'une amoureuse*. Traduction par HUANG San et Lionel EPSTEIN. Éditions Philippe Picquier, 1998, 171 pages, poche (collection: Picquier poche).

4.4.32.02 —*Vie d'une amoureuse*. Traduction par HUANG San et Lionel EPSTEIN. Éditions Philippe Picquier, 2015, 192 pages, poche (collection: Picquier poche).

4.4.33 《绣榻野史》

4.4.33.01 —*Histoire hétérodoxe d'un lit brodé*. Traduction par HUANG San et Lionel EPSTEIN. Éditions Philippe Picquier, 1997, 160 pages, broché (collection: Littérature).

4.4.33.02 —*Histoire hétérodoxe d'un lit brodé*. Traduction par HUANG San et Lionel EPSTEIN. Éditions Philippe Picquier, 2001, 168 pages, poche (collection: Picquier poche).

4.4.34 《隔帘花影》

4.4.34.01 —*Femmes derrière un voile*. Adaptation allemande par Franz KUHN, traducteur français non précisé. Éditions Calmann-Lévy, 1962, 436 pages, broché.

4.4.35 《桃花影》

4.4.35.01 —*À l'ombre des pêchers en fleurs*. Traduction par HUANG San et Boorish AWADEW. Éditions Philippe Picquier, 2005, 224 pages, broché (collection: Le pavillon des corps curieux/Littérature).

4.4.35.02 —*À l'ombre des pêchers en fleurs*. Traduction par HUANG San et Boorish

AWADEW. Éditions Philippe Picquier, 2015, 272 pages, poche (collection: Picquier poche).

4.4.36 《海陵佚史》

4.4.36.01 —*Les écarts du Prince Hailing*. Traduction par HUANG San et Oreste ROSENTHAL. Éditions Philippe Picquier, 1995, 176 pages, broché (collection: Littérature).

4.4.36.02 —*Les écarts du Prince Hailing*. Traduction par HUANG San et Oreste ROSENTHAL. Éditions Philippe Picquier, 1999, 192 pages, poche (collection: Le pavillon des corps curieux/Picquier poche).

4.4.37 《僧尼孽海》

4.4.37.01 —*Moines et nonnes dans l'océan des péchés*. Traduction par HUANG San, Jean BLASSE et Oreste ROSENTHAL. Éditions Philippe Picquier, 1999, 248 pages, poche (collection: Le pavillon des corps curieux/Picquier poche).

4.4.38 《玉楼春》

4.4.38.01 —*Le pavillon des jades*. Traduction par Aloïs TATU, commentaires de Pierre KASER. Éditions Philippe Picquier, 2003, 163 pages, broché (collection: Le pavillon des corps curieux).

4.4.38.02 —*Le pavillon des jades*. Traduction par Aloïs TATU, commentaires de Pierre KASER. Éditions Philippe Picquier, 2015, 174 pages, poche (collection: Picquier poche).

4.4.39 《肉蒲团》

4.4.39.01 —*Jeou-p'ou-t'ouan, ou la chair comme tapis de prière*. Traduction par Pierre KLOSSOWSKI. Éditions Jean-Jacques Pauvert, 1962, IX+317 pages, broché.

4.4.39.02 *Jeou-p'ou-t'ouan, ou la chair comme tapis de prière*. Traduction par Pierre KLOSSOWSKI. Éditions Jean-Jacques Pauvert, 1968, VIII+316 pages, broché.

4.4.39.03 —*Jeou-p'ou-t'ouan, ou la chair comme tapis de prière*. Traduction par Pierre KLOSSOWSKI, illustrations par Raymond BRENOT. Éditions Odéon/André Vial, 1971, 206 pages, relié.

4.4.39.04 —*Jeou-p'ou-t'ouan*. Traduction par Pierre KLOSSOWSKI, préface de René ÉTIEMBLE. Éditions Hachette, 1976, 323 pages, relié cartonné.

4.4.39.05 —*Jeou-p'ou-t'ouan, ou la chair comme tapis de prière*. Traduction par Pierre

KLOSSOWSKI. Éditions Jean-Jacques Pauvert, 1979, 316 pages, broché.

4.4.39.06 —Jeou-p'ou-t'ouan, ou la chair comme tapis de prière. Traduction par Pierre KLOSSOWSKI, préface de René ÉTIEMBLE. Éditions Jean-Jacques Pauvert, 1981, 316 pages, relié.

4.4.39.07 —*Jeou-p'ou-t'ouan, ou la chair comme tapis de prière*. Traduction par Pierre KLOSSOWSKI, préface de René ÉTIEMBLE. Éditions Jean-Jacques Pauvert, 1985, 316 pages, broché.

4.4.39.08 —*Jeou-p'ou-t'ouan, ou la chair comme tapis de prière*. Traduction par Pierre KLOSSOWSKI, préface de René ÉTIEMBLE. Éditions Jean-Jacques Pauvert, 1989, 316 pages, broché.

4.4.39.09 —*Jeou-p'ou-t'ouan, ou la chair comme tapis de prière*. Traduction par Pierre KLOSSOWSKI, préface de René ÉTIEMBLE. Éditions 10/18, 1995, 317 pages, broché (collection: Domaine étranger).

4.4.39.10 —*De la chair à l'extase*. Traduction par Christine CORNIOT. Éditions Philippe Picquier, 1991, 284 pages, broché.

4.4.39.11 —*De la chair à l'extase*. Traduction par Christine CORNIOT. Éditions Philippe Picquier, 1998, 272 pages, broché.

4.4.39.12 —*De la chair à l'extase*. Traduction par Christine CORNIOT. Éditions Philippe Picquier, 1998, 282 pages, poche (collection: Picquier poche).

4.4.40 《凰求凤》

4.4.40.01 —*À mari jaloux femme fidèle*. Traduction par Pierre KASER. Éditions Philippe Picquier, 1990, 273 pages, broché.

4.4.40.02 —*À mari jaloux femme fidèle*. Traduction par Pierre KASER. Éditions Philippe Picquier, 1999, 269 pages, poche (collection: Picquier poche).

4.4.41 《妖狐艳史》

4.4.41.01 —*Galantes chroniques de renardes enjôleuses*. Traduction par Aloïs TATU, présentation par Pierre KASER. Éditions Philippe Picquier, 2005, 176 pages, broché (collection: Le pavillon des corps curieux/Littérature).

4.4.41.02 —*Galantes chroniques de renardes enjôleuses*. Traduction par Aloïs TATU, postface de Solange CRUVEILLÉ, commentaires de Pierre KASER. Éditions Philippe Picquier, 2014, 200 pages, poche (collection: Picquier poche).

4.5 戏曲类

4.5.01　《西厢记》

4.5.01.01　—*Si-Siang-Ki, ou L'Histoire du Pavillon d'Occident*. Traduction par Stanislas JULIEN. Première édition: Atsume Gusa, 1872; reproduction en facsimilé par Elibron Classics, 2006, 334 pages.

4.5.01.02　—*Histoire du Pavillon d'Occident*. Traduction par Stanislas JULIEN; préface d'André LÉVY. Editions Slatkine, 1997, broché (collection: Fleuron).

4.5.01.03　—*Si-siangki Ou L'Histoire Du Pavillon D'occident*. Traduction par Stanislas JULIEN. Éditions Yuelu Publishing House, 2016, 404 pages, relié (bilingue; collection: Bibliothèque des classiques chinois 大中华文库).

4.5.01.04　—*L'Histoire du Pavillon d'Occident*. Traduction par Stanislas JULIEN. Éditions You Feng, 2018, broché (bilingue Français – Chinois).

4.5.01.05　—*Le Pavillon de l'ouest*. Traduction et introduction par Rainier LANSELLE, sous la direction d'Anne CHENG et de Marc KALINOWSKI. Éditions Les Belles Lettres, 2015, 962 pages, broché (bilingue; collection: Bibliothèque chinoise).

4.5.02　《窦娥冤》

4.5.02.01　—*Teou-ngo-youen, ou le Ressentiment de Teou-ngo*. Traduction par Antoine BAZIN. Éditions de l'Imprimerie Nationale, 1838, LXIV+412 pages.

4.5.02.02　—« Le Ressentiment de Dou E (Dou E yuan) ». Traduction par Jacques PIMPANEAU. Dans *l'Anthologie de la littérature chinoise classique*. Éditions Philippe Picquier, 2004, pp. 538-566.

4.5.03　《牡丹亭》

4.5.03.01　—*Le Pavillon aux pivoines*. Traduction et préface par André LÉVY. Éditions Musica Falsa, 1999, 412 pages.

4.5.03.02　—*Le Pavillon aux pivoines*. Traduction par André LÉVY. Éditions Yuelu Publishing House, 2016, 901 pages, relié (2 tomes; bilingue; collection: Bibliothèque des classiques chinois 大中华文库).

4.5.04　《赵氏孤儿》

4.5.04.01　—« Tchao chi cou ell, ou Le Petit Orphelin de la maison de Tchao ».

Traduction par Joseph Henri Marie de PRÉMARE. Dans Jean-Baptiste DU HALDE, *Description de l'empire de la Chine, tome troisième*. Éditions P. G. Lemercier, 1735.

4.5.04.02 —« Tchao chi cou ell, ou Le Petit Orphelin de la maison de Tchao ». Traduction par Joseph Henri Marie de PRÉMARE. Dans Jacques PIMPANEAU, *Anthologie de la littérature chinoise classique*. Éditions Philippe Picquier, 2004, p. 567.

4.5.04.03 —*Tchao-Chi-Kou-Eul, ou L'Orphelin de la Chine*. Traduction par Stanislas JULIEN. Éditions Moutardier, 1834, XXIX+132 pages (répertoire: Youen-jin-pé-tchong, « Les cent pièces de théâtre des Youen »).

4.5.04.04 —*L'Orphelin de Zhao*. Traduction par Christine CORNIOT. Éditions Tigre noir, 1993.

4.5.05 《灰阑记》

4.5.05.01 —*Hoeï-Lan-Ki, ou L'Histoire du cercle de craie*. Traduction par Stanislas JULIEN. Éditions The Oriental Translation Fund of Great Britain and Ireland, 1832, XXXIV+150 pages (répertoire: Youen-jin-pé-tchong, « Les cent pièces de théâtre des Youen »).

4.5.06 《琵琶记》

4.5.06.01 —*Le Pi-pa-ki, ou l'Histoire du luth*. Traduction par Antoine BAZIN. Éditions de l'Imprimerie Royale, 1841, 276 pages.

4.5.07 《老生儿》

4.5.07.01 —*Lao-Seng-Eul, comédie chinoise, suivie de San-Iu-Leou, ou Les trois étages consacrés, conte moral*. Traduction du chinois en anglais par J. F. DAVIS, et de l'anglais en français par André BRUGUIÈRE DE SORSUM. Éditions Rey et Gravier, 1819, 276 pages.

4.5.08 《黄粱梦》

4.5.08.01 —*Le Rêve du millet jaune: Drame taoïste du XIIIᵉ siècle*. Traduction par Louis LALOY. Éditions Desclée de Brouwer, 1935, 138 pages.

4.5.09 《邯郸记》

4.5.09.01 —*L'oreiller magique*. Traduction par André LÉVY. Éditions Musica Falsa, 2007, 185 pages, broché (collection: Frictions).

尚未有法文版的重要古代中文典籍

A. 经部

A1 五经类：《春秋公羊传》《春秋穀梁传》

A3 其他类：《尔雅》

B. 史部

B1 正史类：《晋书》《宋书》《南齐书》《梁书》《陈书》《魏书》《北齐书》《周书》《隋书》《南史》《北史》《旧唐书》《新唐书》《旧五代史》《新五代史》《宋史》《辽史》《金史》《元史》《明史》《新元史》《清史稿》

B2 地理类：《三辅黄图》《禹贡》《海国图志》

B3 别史类：《战国策》《华阳国志》《通典》《资治通鉴》

C. 子部

C1 诸子类：《公孙龙子》《说苑》《颜氏家训》

C2 道家类：《关尹子》《太平经》

C3 释家类：《五灯会元》《大般涅槃经》《楞严经》《禅林僧宝传》《大宝积经》《大集经》《药师经》《地藏经》《涅槃经》

C4 医药类：《本草纲目》《伤寒论》《金匮要略》

C5 百科类：《四民月令》《营造法式》《考工记》《饮膳正要》《农政全书》《竹谱》《酒经》《随园食单》《历代名画记》《宣和画谱》《林泉高致》《齐民要术》

C6 笔记类：《神仙传》《幽明录》《容斋随笔》《大宋宣和遗事》《长春真人西游记》《明夷待访录》《皇明纪略》《日知录》

C7 类书类：《太平御览》

C8 蒙学类：《百家姓》《千家诗》《弟子规》

C9 杂家类：《白虎通义》《朱子语类》《传习录》《推背图》《四书章句集

注》《孔子改制考》

D. 集部

D1 总集类：《花间集》《古文观止》

D2 别集类：《曹子建集》《昌黎文钞》《柳州文钞》《苏洵集》《苏辙集》《王安石集》《曾巩集》《朱熹集》《二程遗书》《二程外书》《明道先生文集》《伊川先生文集》《庐陵文钞》《临川文钞》《南丰文钞》《老泉文钞》《东坡文钞》《颍滨文钞》《张载集》《王阳明集》《方孝孺集》《刘基集》《归有光集》《袁宗道集》《袁中道集》《宋濂集》《人境庐诗草》

D3 文论类：《人间词话》

D4 小说类：《喻世明言》《镜花缘》《官场现形记》《二十年目睹之怪现状》《隋唐演义》《杨家将》

D5 戏曲类：《桃花扇》《长生殿》

译者索引

ABA, Christophe

—(Avec WANG Yishi) *Chroniques des Trois Royaumes, Tome I: Tsao Tsao, le rebelle.*
Bleu de Chine, 1999. <2.1.04.01>

ABEL-RÉMUSAT, Jean-Pierre

—*Foĕ Kouĕ Ki, ou Relation des royaumes bouddhiques: voyage dans la Tartarie, dans
l'Afghanistan et dans l'Inde, exécuté, à la fin du IVe siècle.* Imprimerie Royale, 1836.
<2.2.03.01>

—*Iu-Kiao-Li, ou Les deux cousines.* La Corne d'abondance, 2011. <4.4.26.02>

—*Iu-Kiao-Li, ou Les deux cousines.* Librairie Moutardier, 1826. <4.4.26.01>

—*L'Invariable Milieu, ouvrage moral de Tèsu-ssê, en Chinois et en Mandchou, avec une
Version littérale Latine.* Imprimerie Royale, 1817. <1.2.02.03>

—*Le Livre des Récompenses et des Peines, méritées par les actions humaines suivant la
sublime doctrine.* Librairie Renouard, 1816. <3.2.07.01>

—*Les Entretiens de Confucius.* Independently published, 2018. <1.2.03.07>

—*Mémoire sur la vie et les opinions de Lao-Tseu, philosophe chinois du VIe siècle avant
notre ère.* Imprimerie Royale, 1823. <3.2.01.38>

ALÉZAÏS, Jacqueline

—(Avec LI Tche-houa) *Le rêve dans le pavillon rouge.* Gallimard: Bibliothèque de la
Pléiade, 1981. <4.4.08.01>

—(Avec LI Tche-houa) *Le rêve dans le pavillon rouge.* Gallimard: Bibliothèque de la
Pléiade, 2003. <4.4.08.02>

—(Avec LI Tche-houa) *Le rêve dans le pavillon rouge.* People's Literature Publishing
House: Bibliothèque des classiques chinois 大中华文库, 2012. <4.4.08.03>

AMIOT, Joseph-Marie

—*L'art de la guerre*. CreateSpace Independent Publishing Platform, 2013. <3.4.01.07>

—*L'art de la guerre*. J'AI LU: Librio Philosophie, 2019. <3.4.01.06>

—*L'art de la guerre: De Sun Tzu à de Gaulle, vade-mecum des situations conflictuelles*. J'AI LU: Librio Philosophie, 2012. <3.4.01.05>

—*L'Art de la guerre: Les Treize Articles*. Independently published, 2019. <3.4.01.10>

—*L'Art de la guerre: Les Treize Articles*. Independently published, 2018. <3.4.01.09>

—*L'Art de la guerre*. Independently published, 2017. <3.4.01.08>

—*Les treize articles*. Librairie L'Impensé radical; Claude Ovtcharenko, 2014. <3.4.01.03>

—*Les treize articles sur l'art militaire, Art militaire des Chinois*. Didot l'aîné, 1772. <3.4.01.01>

—*Ou-tse: Les six articles sur l'art militaire, Art militaire des Chinois*. Didot l'aîné, 1772. <3.4.04.01>

—*Se-ma: Principes sur l'art militaire, Art militaire des Chinois*. Didot l'aîné, 1772. <3.4.05.01>

—*Sun Tse et les anciens Chinois Ou Tse et Se-ma Fa*. Berger-Levrault: Les Classiques de l'art militaire, 1948. <3.4.01.02> <3.4.03.03> <3.4.04.02> <3.4.05.02>

ANDRÈS, Gilles

—(Avec MILSKY, Constantin) *Ling shu: Pivot merveilleux*. La Tisserande, 2009. <3.5.02.01>

AN Pingqiu

—(Avec GONG Jieshi et *al.*) *Mémoires historiques (œuvres choisies)*. Éditions en Langues étrangères: Bibliothèque des classiques chinois 大中华文库, 2015. <2.1.01.09>

AUCOURT, P.

—« Journal d'un bourgeois de Yang-Tcheou ». *Bulletin de l'École française d'Extrême-Orient*, Tome 7, 1907. <3.7.10.01>

AUGER, Agnès

—*Femmes à l'époque des empereurs de Chine: Biographies de femmes exemplaires*. Actes Sud, 2004. <2.3.06.01>

AVENOL, Louis

—*Si Yeou Ki. Le Voyage en Occident*. Seuil: Religion, 1957. <4.4.05.06>

AWADEW, Boorish

—(Avec HUANG San) *À l'ombre des pêchers en fleurs*. Philippe Picquier: Le pavillon des corps curieux/Littérature, 2005. <4.4.35.01>

—(Avec HUANG San) *À l'ombre des pêchers en fleurs*. Philippe Picquier: Picquier poche, 2015. <4.4.35.02>

BAI Gang

—(Avec CHENG, Anne; LE BLANC, Charles; LEVI, Jean; MARCHAND, Jean; MATHIEU, Rémi; PHAM-MICLOT, Nathalie; ZHENG, Chantal) *Philosophes taoïstes, tome 2: Huainan zi*. Gallimard: Bibliothèque de la Pléiade, 2003. <3.2.05.03>

BALDOCK, John

—*Tao te ching*. Guy Trédaniel, 2017. <3.2.01.62>

BALLOUHEY, Laurent

—(Avec WU Hongmiao) *Le Rêve dans le Pavillon rouge*. Bibliothèque de l'image, 2011. <4.4.08.06>

—(Avec WU Hongmiao) *Le Rêve dans le Pavillon rouge*. Bibliothèque de l'image, 2017. <4.4.08.08>

BAUDRY, Pierre

—(Avec LEVI, Jean; BAUDRY-WEULERSSE, Delphine) *Dispute sur le sel et le fer: Un prodigieux document sur l'art de gouverner Yantie lun*. Lanzmann & Seghers, 1978. <3.9.02.01>

—(Avec LEVI, Jean; BAUDRY-WEULERSSE, Delphine) *Dispute sur le sel et le fer*. Lanzmann & Seghers, 1991. <3.9.02.02>

BAUDRY-WEULERSSE, Delphine

—(Avec LEVI, Jean; BAUDRY, Pierre) *Dispute sur le sel et le fer: Un prodigieux document sur l'art de gouverner. Yantie lun*. Lanzmann & Seghers, 1978. <3.9.02.01>

—(Avec LEVI, Jean; BAUDRY, Pierre) *Dispute sur le sel et le fer*. Lanzmann & Seghers, 1991. <3.9.02.02>

BAZIN, Antoine

—*Le Pi-pa-ki, ou l'Histoire du luth*. Imprimerie Royale, 1841. <4.5.06.01>

—*Teou-ngo-youen, ou le Ressentiment de Teou-ngo*. Imprimerie Nationale, 1838. <4.5.02.01>

—*Théâtre chinois. Pièces de théâtre*. Imprimerie Nationale, 1838. <4.1.07.01>

BELPAIRE, Bruno

—*Anthologie chinoise des 5e et 6e siècles: le Che-Chouo-sin-yu*. Universitaires, 1974. <3.7.02.01>

—*Han Fei-tse: Petits traités chinois peu connus*. Occident, 1963. <3.1.03.01>

—*Le poète chinois Lo Pin-wang*. Occident, 1962. <4.2.03.01>

—*Quarante poésies de Li Tai Pé*. Imprimerie Nationale, 1921. <4.2.05.02>

BESSE, Jules

—*Tao Te King [le]*. Ernest Leroux, 1909. <3.2.01.42>

BESTAUX, Eugène

—*La Cavalière noire*. Calmann-Lévy, 1956. <4.4.22.01>

BIANU, Zéno

—*Le Silence foudroyant: Le Soutra de la Maîtrise du Serpent, suivi du Soutra du Diamant*. Albin Michel, 2016. <3.3.02.08>

—*Yi King*. Points: Points Sagesses, 2001. <1.1.01.04>

—*Yi King*. Rocher: Les Grands Textes spirituels, 1994. <1.1.01.02>

—*Yi King: Le Plus Ancien Traité divinatoire*. Albin Michel: Spiritualités vivantes, 1982. <1.1.01.01>

—*Yi King: Le Plus Ancien Traité divinatoire*. Le grand livre du mois, 1996. <1.1.01.03>

—*Yi King-texte intégral*. Rocher, 2001. <1.1.01.05>

—(Avec CARRÉ, Patrick) *La montagne vide: Anthologie de la poésie chinoise (IIIe-XIe siècle)*. Albin Michel: Spiritualités vivantes, 1987. <4.1.05.17>

BIJON, Isabelle

—*Fleur sur l'océan des péchés*. TER, 1983. <4.4.19.01>

BILLETER, J.F.

—« Florilège des Notes du Ruisseau des rêves (Mengqi Bitan) ». *Études Asiatiques*, Volume 47, tome 3, 1993. <3.6.03.01>

BIOT, Édouard

—« Hia-Siao-Tching, ou Petit calendrier des Hia ». *Journal asiatique*, 1840, série non précisée. <3.6.01.01>

—*Tcheou-li [le], ou Rites des Tcheou: Tome Deuxième*. Imprimerie Nationale et Ch'eng Wen Publishing Co., 1975. <1.1.04.02>

—*Tcheou-li [le], ou Rites des Tcheou: Tome Premier*. Imprimerie Nationale et Ch'eng Wen Publishing Co., 1975. <1.1.04.01>

—*Tchou-Tchou-Ki-Nien. Annales de bambou. Tablettes chronologiques du Livre écrit sur bambou. Journal asiatique*; BNF; Pierre Palpant: Les classiques des sciences sociales, 2014. <2.3.01.02>

—« Tchou-Tchou-Ki-Nien. Tablettes chronologiques du Livre écrit sur bambou ». *Journal asiatique*; date et série non précisées; Imprimerie Royale. <2.3.01.01>

BIZIEN, Yannick

—*Classique de la Matière Médicale du Divin – Paysan avec commentaires et suppléments Shénnóng Běncǎo Jīng*. Institut Liang Shen de Médecine Chinoise, 2018. <3.5.05.01>

BLASSE, Jean

—(Avec HUANG San; ROSENTHAL, Oreste) *Moines et nonnes dans l'océan des péchés*. Philippe Picquier: Le pavillon des corps curieux/Picquier poche, 1999. <4.4.37.01>

BLOK, Frits

—*Yi-king [le] ou le paysage de l'âme*. Könemann: Sagesse et Spiritualité, 2000. <1.1.01.25>

BLUM, Claude

—(Avec PERROT, Jean-Pierre; HENRY, Christophe; SETH, Catriona; FOURNIER,

Jacques) *La Merveilleuse Histoire de Hsi Men avec ses six femmes*. Garnier, 2011. <4.4.09.06>

BOUAROUK, Anne Ta-Thu

—*Confucius et son enseignement: Paroles du Bienveillant*. You Feng: Culture traditionnelle chinoise, 2009. <1.2.03.27>

BRUGUIÈRE DE SORSUM, André

—*Lao-Seng-Eul, comédie chinoise, suivie de San-Iu-Leou, ou Les trois étages consacrés, conte moral*. Rey et Gravier, 1819. <4.5.07.01>

BURNOUF, Émile

—*Chan-Haï-King [le], Livre des montagnes et des mers: Livre II, Montagnes de l'Ouest*. Imprimerie de Madame veuve Bouchard-Huzard, 1875. <2.2.01.01>

CALLERY, Joseph-Marie

—*Li-ki, ou Mémorial des rites (Liji)*. Imprimerie Royale, 1853. <1.1.06.05>

CARRÉ, Patrick

—*Le Soûtra de l'Estrade du Sixième Patriarche Houei-neng par Fa-hai*. Seuil: Points Sagesses, 1995. <3.3.09.01>
—*Les saisons bleues*. Phébus: Libretto, 2004. <4.2.04.02>
—*Les saisons bleues: L'œuvre de Wang Wei poète et peintre*. Phébus: Littérature étrangère, 1991. <4.2.04.01>
—*Manifeste de l'Éveil. Le Soûtra de l'Estrade de Houei-neng*. Points: Points Sagesses, 2011. <3.3.09.02>
—(Avec PIMPANEAU, Jacques; GIRAUD, Daniel; STOČES, Ferdinand) « Poèmes de l'époque Tang ». *Anthologie de la littérature chinoise classique*. Philippe Picquier, 2004. <4.1.05.26>
—*Soûtra de l'Entrée à Lankâ*. Fayard: Trésors du bouddhisme, 2006. <3.3.14.01>
—*Soutra de l'Entrée dans la dimension absolue – Gandavyuhasutra*. Padmakara: Tsadra, 2019. <3.3.03.01>
—*Soûtra de la Liberté inconcevable*. Fayard: Trésors du bouddhisme, 2000. <3.3.08.03>

—*Soûtra des Dix Terres: Dashabhûmika.* Fayard: Trésors du bouddhisme, 2004. <3.3.11.01>

—*Soûtra du Diamant et autres soûtras de la Voie médiane.* Fayard: Trésors du bouddhisme, 2001. <3.3.01.01>

—*Soûtra du Diamant et autres soûtras de la Voie médiane.* Fayard: Trésors du bouddhisme, 2001. <3.3.02.05>

—(Avec BIANU, Zéno) *La montagne vide: Anthologie de la poésie chinoise (IIIe-XIe siècle).* Albin Michel: Spiritualités vivantes, 1987. <4.1.05.17>

CASTETS, Alain

—*Tao et son pouvoir d'amour [le]: Une nouvelle interprétation du Tao Te King.* Le Souffle d'Or, 2012. <3.2.01.55>

CAUHÉPÉ, J.-D.

—(Avec KUANG, A.-Z.) *Le petit livre du yi king.* Guy Trédaniel, 2001. <1.1.01.26>

CHAN PINONDEL, Hsiu-Ling

—*Mille caractères dans la calligraphie chinoise: Analyse historique et artistique du Qianziwen.* You Feng, 2006. <3.8.02.02>

CHANG, Jacqueline

—(Avec CHANG Fu-jui; DIÉNY, Jean-Pierre) *Ce dont le Maître ne parlait pas: Le merveilleux onirique.* Gallimard: Connaissance de l'Orient, 2011. <3.7.14.01>

CHAPUIS, Nicolas

—*La Guerre civile (755—759): Œuvre poétique II.* Les Belles Lettres: Bibliothèque chinoise, 2018. <4.2.06.02>

—*Poèmes de jeunesse: Œuvre poétique I.* Les Belles Lettres: Bibliothèque chinoise, 2015. <4.2.06.01>

CHATAIN, Jacques

—(Avec SHI Yun; ZHAO Jiaxi) *Poèmes à chanter de l'époque Song.* Actuels: Morari, 1984. <4.1.06.02>

CHATELAIN, Hélène

—*Histoires et légendes de la Chine mystérieuse*. Sand: Histoires et légendes noires, 1967. <4.4.11.04>

—*Histoires et légendes de la Chine mystérieuse*. Tchou: Histoires et légendes noires, 1969. <4.4.11.05>

—*Le Studio des loisirs*. 10/18: Domaine étranger, 1993. <4.4.11.06>

CHAUSSENDE, Damien

—*Traité de l'historien parfait: Chapitres intérieurs*. Les Belles Lettres: Bibliothèque chinoise, 2014. <2.3.04.01>

CHAVANNES, Édouard

—*Cinq cents contes et apologues extraits du Tripitaka chinois, Tome premier*. Ernest Leroux, 1910—1911, et 1934; Maisonneuve, 1962. <3.3.18.01>

—*Cinq cents contes et apologues extraits du Tripitaka chinois, Tome second*. Ernest Leroux, 1910—1911, et 1934; Maisonneuve, 1962. <3.3.18.02>

—*Cinq cents contes et apologues extraits du Tripitaka chinois, Tome troisième*. Ernest Leroux, 1910—1911, et 1934; Maisonneuve, 1962. <3.3.18.03>

—« Heou Han chou, Chapitre LXXVII: Trois généraux chinois de la dynastie des Han orientaux ». *T'oung pao*, Volume 2: 7, 1906. <2.1.03.01>

—*Les Mémoires historiques de Se-Ma Ts'ien*. Biblio Life, 2008. <2.1.01.07>

—*Les Mémoires Historiques, Tome cinquième: chapitres XLIII à XLVII*. Ernest Leroux, 1905; Maisonneuve, 1967. <2.1.01.05>

—*Les Mémoires Historiques, Tome deuxième: chapitres V à XII, appendices*. Ernest Leroux, 1897; Maisonneuve, 1967. <2.1.01.02>

—*Les Mémoires Historiques, Tome premier: chapitres I à IV*. Ernest Leroux, 1895; Maisonneuve, 1967. <2.1.01.01>

—*Les Mémoires Historiques, Tome quatrième: chapitres XXXI à XLII*. Ernest Leroux, 1901; Maisonneuve, 1967. <2.1.01.04>

—*Les Mémoires Historiques, Tome troisième: chapitres XIII à XXX, appendices*. Ernest Leroux, 1898; Maisonneuve, 1967. <2.1.01.03>

—*Les Mémoires Historiques, Tome sixième: chapitres XLVIII à L*. Maisonneuve, 1967. <2.1.01.06>

—« Les Pays d'occident d'après le Wei lio ». *T'oung pao*, Volume 2: 6, 1905. <2.2.02.01>

—« Les pays d'Occident, d'après le Heou Han chou Chapitre CXVIII ». *T'oung pao*, Volume 2: 8, 1907. <2.1.03.02>

—*Mémoire composé à l'époque de la Grande dynastie T'ang sur les Religieux éminents qui allèrent chercher la Loi dans les pays d'occident.* Ernest Leroux, 1894. <2.2.06.01>

—« Voyage de Song-yun dans l'Udyāna et le Gandhāra (518--522 p. C.) ». *Bulletin de l'École française d'Extrême-Orient*, Volume 3,1903. <2.2.08.01>

—(Avec LEVI, Sylvain) « Voyages des pèlerins bouddhistes. L'Itinéraire d'Ou-k'ong (751—790) ». *Journal asiatique*, tome VI, 1895. <2.2.09.01>

—(Avec PIMPANEAU, Jacques; HERVOUET, Yves; KALTENMARK, Max; POKORA, Timoteus) *Les Mémoires historiques de Se-Ma Ts'ien.* You Feng, 2015. <2.1.01.08>

CHE, Philippe
—*La Voie des divins immortels: Les chapitres discutifs du Baopuzi neipian.* Gallimard: Connaissance de l'Orient, 1999. <3.2.06.01>

CHEDEL, André
—*Le Sûtra du lotus blanc de la loi merveilleuse.* Dervy: L'être et l'esprit, 1998. <3.3.04.02>

CHEMLA, Karine
—(Avec GUO Shuchun) *Les neuf chapitres: Le classique mathématique de la Chine ancienne et ses commentaires.* Dunod, 2005. <3.6.02.01>

CHEN, Laure
—*Daodejing: Canon de la Voie et de la Vertu.* Desclée de Brouwer: Sagesses orientales, 2014. <3.2.01.58>

CHEN Lichuan
—(Avec MOLLARD, Michel) *L'art de la persuasion.* Rivages: Rivages Poche – Petite Bibliothèque, 2019. <3.4.06.01>

CHEN You-wa
—*Traité de Médecine naturelle chinoise et d'Acupuncture ou Classique de l'Empereur*

Jaune Huang-Di Nei-Jing. You Feng, 2013. <3.5.01.06>

CHENG, Anne

—*Entretiens de Confucius.* Points: Points Sagesses, 1981. <1.2.03.08>

—*Entretiens de Confucius.* Points: Points Sagesses, 2004. <1.2.03.09>

—*Entretiens de Confucius.* Points: Points Sagesses, 2014. <1.2.03.10>

—(Avec BAI Gang; LE BLANC, Charles; LEVI, Jean; MARCHAND, Jean; MATHIEU, Rémi; PHAM-MICLOT, Nathalie; ZHENG, Chantal) *Philosophes taoïstes, tome 2: Huainan zi.* Gallimard: Bibliothèque de la Pléiade, 2003. <3.2.05.03>

CHENG, François (TCH'ENG Ki-hien)

—*L'Écriture poétique chinoise. Suivi d'une anthologie des poèmes des Tang.* Seuil: Art, Littérature, 1977. <4.1.05.12>

—*L'Écriture poétique chinoise. Suivi d'une anthologie des poèmes des Tang.* Seuil: Points Essais, 1996. <4.1.05.20>

—*Poésie chinoise.* Albin Michel: Les carnets du calligraphe, 2000. <4.1.05.23>

—(Avec TCHANG Fou-jouei; TCH'EN Yen-hia; LEANG P'ei-tchen; ROYÈRE, Anne-Christine; RUHLMANN, Robert) « Poèmes des Tang ». *Anthologie de la poésie chinoise classique*, Gallimard, 1962. <4.1.05.09>

CHENG Tcheng

—*L'Odyssée de Lao ts'an.* Gallimard: Connaissance de l'Orient, 1990. <4.4.20.02>

—*L'Odyssée de Lao ts'an.* Gallimard: Connaissance de l'Orient, 1964. <4.4.20.01>

—*Pérégrinations d'un clochard.* Gallimard: L'Imaginaire, 2005. <4.4.20.03>

CHENG Wing Fun

—(Avec COLLET, Hervé) *L'homme, la terre, le ciel.* Moundarren, 2004. <4.2.02.04>

—(Avec COLLET, Hervé) *L'homme, la terre, le ciel.* Moundarren, 2014. <4.2.02.05>

—(Avec COLLET, Hervé) *Li Po, l'immortel banni sur terre.* Moundarren, 1985. <4.2.05.05>

—(Avec COLLET, Hervé) *Li Po, l'immortel banni sur terre, buvant seul sous la lune.* Albin Michel, 2010. <4.2.05.12>

—(Avec COLLET, Hervé) *Li Po, portrait d'un immortel banni sur terre.* Moundarren,

1984. <4.2.05.03>

CHEVALEYRE, Véronique
—*Cha Jing [le] ou Classique du thé*. Jean-Claude Gawsewitch: Pratique, 2004. <3.6.06.03>

CHIU Che Bing
—*Yuanye: Le Traité du jardin (1634)*. Imprimeur: Jardins et Paysages, 1997. <3.6.05.01>

CHU Wen-kuang
—(Avec MELYAN, Gary) *Yi King*. Gründ: Clin d'œil, 2005. <1.1.01.28>

CIBOT, Pierre-Martial
—*Hiao King, ou Livre canonique sur la Piété Filiale*. BNF, 1779. <1.3.01.01>
—(Avec PINTO, Roger) *Le livre de la Piété filiale*. Seuil: Points Sagesses, 1998. <1.3.01.02>

CLAUSE, Aurélien
—(Avec IVANHOE, Philip J.) *L'Art de la guerre*. Synchronique, 2015. <3.4.01.19>

COHEN, Loïc
—*Yi King*. Le Courrier du Livre, 2012. <1.1.01.31>

COLLET, Hervé
—*Divers plaisirs à la villa Sui*. Moundarren, 2000. <4.2.12.01>
—*Divers plaisirs à la villa Sui*. Moundarren, 2005. <4.2.12.02>
—(Avec CHENG Wing Fun) *L'homme, la terre, le ciel*. Moundarren, 2004. <4.2.02.04>
—(Avec CHENG Wing Fun) *L'homme, la terre, le ciel*. Moundarren, 2014. <4.2.02.05>
—(Avec CHENG Wing Fun) *Li Po, l'immortel banni sur terre*. Moundarren, 1985. <4.2.05.05>
—(Avec CHENG Wing Fun) *Li Po, l'immortel banni sur terre, buvant seul sous la lune*. Albin Michel, 2010. <4.2.05.11>
—(Avec CHENG Wing Fun) *Li Po, portrait d'un immortel banni sur terre*. Moundarren,

1984. <4.2.05.03>

CONCHE, Marcel
—*Tao Te King*. Presses universitaires de France: Quadrige, 2016. <3.2.01.59>

CORDIGLIA, Elena Judica
—*Yi King*. Mortagne: Mortagne Grand, 1996. <1.1.01.20>

CORNIOT, Christine
—*De la chair à l'extase*. Philippe Picquier: Picquier poche, 1998. <4.4.39.12>
—*De la chair à l'extase*. Philippe Picquier, 1991. <4.4.39.10>
—*De la chair à l'extase*. Philippe Picquier, 1998. <4.4.39.11>
—*L'Orphelin de Zhao*. Tigre noir, 1993. <4.5.04.04>

COUDRET, Gilbert Georges
—(Avec DENIS, Phillipe) *Tao Tö King: De l'efficience de la Voie*. La Revue Conférence, 2009. <3.2.01.52>

COUVREUR, Séraphin
—*Cérémonial*. Les Belles Lettres, 1951. <1.1.05.01>
—*Cheu King*. Imprimerie de la Mission Catholique; Kuangchi Press, 1966. <1.1.03.10>
—*Chou King*. Imprimerie de la Mission Catholique; You Feng, 1999. <1.1.02.02>
—*Chou King: Les Annales de la Chine*. Imprimerie de la Mission Catholique; Pierre PALPANT, 2013. <1.1.02.01>
—*Chou King: Texte Chinois (1897)*. Imprimerie de la Mission Catholique; Kessinger Publishing, 2010. <1.1.02.03>
—*Chou king: texte chinois (Éd.1897)*. Imprimerie de la Mission Catholique; Hachette: Hachette BnF, Langues, 2012. <1.1.02.04>
—*Entretiens de Confucius et de ses disciples, Les Quatre Livres*. Les Belles Lettres, 1949. <1.2.03.01>
—*La Chronique de la principauté de Lou*. You Feng, 2015. <1.1.07.04>
—*Les Annales de la Chine*. Les Belles Lettres, 1950. <1.1.02.05>
—*Les Entretiens de Confucius*. CreateSpace Independent Publishing Platform, 2015.

<1.2.03.03>

—*Les Entretiens de Confucius*. Independently published, 2017. <1.2.03.06>

—*Les entretiens de Confucius et de ses disciples*. CreateSpace Independent Publishing Platform, 2016. <1.2.03.04>

—*Les quatre livres: La grande étude, L'Invariable milieu, Les Entretiens de Confucius, Les Œuvres de Meng Tzeu*. CreateSpace Independent Publishing Platform, 2017. <1.2.01.06> <1.2.02.02> <1.2.03.05> <1.2.04.03>

—*Les quatre livres, I: Ta Hio, La Grande Étude*. Les Belles Lettres; Club des Libraires de France, 1956. <1.2.01.05>

—*Les quatre livres, II: Tchoung young, L'invariable milieu*. Les Belles Lettres; Club des Libraires de France, 1956. <1.2.02.01>

—*Les quatre livres, III: Louen yu, Entretiens de Confucius et de ses disciples*. Les Belles Lettres; Club des Libraires de France, 1956. <1.2.03.02>

—*Les quatre livres, IV: Œuvres de Meng Tzeu*. Les Belles Lettres; Club des Libraires de France, 1956. <1.2.04.01>

—*Li ki ou Mémoires sur les bienséances et les cérémonies, Tome I*. Imprimerie de la Mission catholique, 1913. <1.1.06.01>

—*Li ki ou Mémoires sur les bienséances et les cérémonies, Tome II*. Imprimerie de la Mission catholique, 1913. <1.1.06.02>

—*Li Ki, Mémoires sur les bienséances et les cérémonies, Tome I*. Les Belles Lettres, 1950. <1.1.06.03>

—*Li Ki, Mémoires sur les bienséances et les cérémonies, Tome II*. Les Belles Lettres, 1950. <1.1.06.04>

—*Meng Tzeu*. CreateSpace Independent Publishing Platform, 2015. <1.2.04.02>

—*Tch'ouen ts'iou et tso tchouan, La chronique de la principauté de Lou, Tome I*. Les Belles Lettres, 1951. <1.1.07.01>

—*Tch'ouen ts'iou et tso tchouan, La chronique de la principauté de Lou, Tome II*. Les Belles Lettres, 1951. <1.1.07.02>

—*Tch'ouen ts'iou et tso tchouan, La chronique de la principauté de Lou, Tome III*. Les Belles Lettres, 1951. <1.1.07.03>

COYAUD, Maurice

—*Anthologie de la poésie chinoise classique*. Les Belles Lettres: Architecture du verbe,

1997. <4.1.05.21>

—*Anthologie de la poésie chinoise classique.* Les Belles Lettres: Architecture du verbe, 2009. <4.1.05.29>

—*Théâtre chinois des Yuan.* Pour l'Analyse du Folklore, 1998. <4.1.07.05>

D'ARCY, Guillard

—*Hao-Khieou-Tchouan, ou La femme accomplie.* Maisonneuve, 1842. <4.4.23.04>

DARROBERS, Roger

—*Manifeste à l'empereur: Adressé par les candidats au doctorat.* Les Belles Lettres: Bibliothèque chinoise, 2016. <3.9.11.01>

—*Mémoire sur la situation de l'empire.* Les Belles Lettres: Bibliothèque chinoise, 2013. <3.9.08.02>

—*Mémoire sur la situation de l'empire.* You Feng, 2008. <3.9.08.01>

—(Avec DUTOURNIER, Guillaume) *Une Controverse lettrée: Correspondance philosophique sur le Taiji.* Les Belles Lettres: Bibliothèque chinoise, 2012. <3.1.10.01>

—(Avec CHANG Fu-jui; EPSTEIN, Lionel; HART, Sarah; LANSELLE, Rainier; LEVI, Jean; LÉVY, André; MATHIEU, Rémi) *À la recherche des esprits.* Gallimard: Connaissance de l'Orient, 1992. <4.4.02.01>

DARS, Jacques

—*Au bord de l'eau (Shui-hu-zhuan) I, II.* Gallimard: Bibliothèque de la Pléiade, 2017. <4.4.06.05>

—*Au bord de l'eau (Shui-hu-zhuan) tome 1, chapitres 1 à 46.* Gallimard: Bibliothèque de la Pléiade, 1978. <4.4.06.01>

—*Au bord de l'eau (Shui-hu-zhuan) tome 1, chapitres 1 à 46.* Gallimard: Folio, 1997. <4.4.06.03>

—*Au bord de l'eau (Shui-hu-zhuan) tome 2, chapitres 47 à 92.* Gallimard: Bibliothèque de la Pléiade, 1978. <4.4.06.02>

—*Au bord de l'eau (Shui-hu-zhuan) tome 2, chapitres 47 à 92.* Gallimard: Folio, 1997. <4.4.06.04>

—*Aux portes de l'enfer: récits fantastiques de la Chine ancienne.* Philippe Picquier: Picquier poche, 1997. <4.4.03.01>

—*Aux portes de l'enfer: récits fantastiques de la Chine ancienne.* Philippe Picquier: Picquier poche, 2015. <4.4.03.02>

—*Les carnets secrets de Li Yu: Au gré d'humeurs oisives.* Philippe Picquier: Picquier poche, 2014. <3.7.08.01>

—*Randonnées aux sites sublimes.* Gallimard: Connaissance de l'Orient, 1993. <2.2.10.01>

DEBARBUAT, Sabine

—*Guide des procédés de fabrication.* Éditions en Langues étrangères: Bibliothèque des classiques chinois 大中华文库, 2016. <3.6.04.01>

DECAUX, Jacques

—*Les 4 livres de l'empereur jaune – Le canon taoïque retrouvé.* European languages publications,1989, <3.2.09.01>

DELAGE, Régis

—*Le Roi des singes.* Gründ: Les grands classiques de tous les temps, 1992. <4.4.05.11>

DENIKER, George

—*Le Singe pèlerin ou le Pèlerinage d'Occident.* Payot, 1951. <4.4.05.01>

—*Le singe pèlerin ou Pèlerinage d'Occident: Si-yeou-ki.* Payot: Petite Bibliothèque Payot, 2004. <4.4.05.04>

—*Le singe pèlerin ou Pèlerinage d'Occident: Si-yeou-ki.* Payot: Petite Bibliothèque Payot, 2018. <4.4.05.05>

—*Le singe pèlerin, ou, Pèlerinage d'Occident.* Payot: Petite Bibliothèque Payot, 1992. <4.4.05.03>

—*Le singe pèlerin, ou, Pèlerinage d'Occident.* Payot, 1980. <4 4 05.02>

DENIS, Philippe

—(Avec COUDRET, Gilbert Georges) *Tao Tö King: De l'efficience de la Voie.* La Revue Conférence, 2009. <3.2.01.52>

DESPEUX, Catherine

—*Lao-tseu: Le guide de l'insondable.* Entrelacs: Sagesses éternelles, 2010. <3.2.01.54>

—*Le classique du thé*. Rivages: Rivages Poche – Petite Bibliothèque, 2015. <3.6.06.04>

—*Le sûtra du cœur*. Les Deux Océans, 2015. <3.3.01.02>

—*Prescriptions d'acupuncture valant mille onces d'or: Traité d'acupuncture de Sun Simiao du VIIe siècle*. Guy Trédaniel: Acupuncture, 1992. <3.5.04.01>

—*Soûtra de l'Éveil parfait et Traité de la Naissance de la foi dans le Grand Véhicule*. Fayard: Trésors du bouddhisme, 2005. <3.3.12.01>

DEVERGE, Michel

—*Le Classique des Trois Caractères, un compendium du rudiment*. Édition numérique, 2001. <3.8.01.05>

D'HERVEY DE SAINT-DENYS, Léon

—*Écoutez là-bas, sous les rayons de la lune*...Mille et une nuits: La petite collection, 2014. <4.2.05.13>

—*Kin-Kou Ki-Kouan, Douze nouvelles chinoises*. Bleu de Chine, 1999. <4.4.18.04>

—*Kin-Kou Ki-Kouan, Douze nouvelles chinoises*. CreateSpace Independent Publishing Platform, 2015. <4.4.18.05>

—*Kin-Kou Ki-Kouan, Douze nouvelles chinoises*. É. Dentu, 1889. <4.4.18.02>

—*Kin-Kou Ki-Kouan, Douze nouvelles chinoises*. Ernest Leroux, 1885. <4.4.18.01>

—*Kin-Kou Ki-Kouan, Douze nouvelles chinoises*. Maisonneuve, 1892. <4.4.18.03>

—*Li-sao [le]*. Maisonneuve, 1870. <4.1.01.03>

—*Poésies de l'époque des Thang*. Amyot, 1862. <4.1.05.01>

—*Poésies de l'époque des Thang*. Champs Libres, 1977. <4.1.05.11>

—(En complétant la traduction de JULIEN, Stanislas) *San-Tseu-King, Le livre de phrases de trois mots, en chinois et en français*. H. Georg/Ernest Leroux/Trübner and Co, 1873. <3.8.01.01>

DIÉNY, Jean-Pierre

—*Les Dix-neuf poèmes anciens*. Presses universitaires de France, 1963. <4.2.01.04>

—*Les Dix-neuf poèmes anciens*. Les Belles Lettres: Bibliothèque chinoise, 2010. <4.2.01.05>

—(Avec CHANG Fu-jui; CHANG, Jacqueline) *Ce dont le Maître ne parlait pas: Le merveilleux onirique*. Gallimard: Connaissance de l'Orient, 2011. <3.7.14.01>

DRÈGE, Jean-Pierre

—*Mémoire sur les pays bouddhiques*. Les Belles Lettres: Bibliothèque chinoise, 2013. <2.2.03.02>

DU HALDE, Jean-Baptiste

—(Comprenant la traduction de PRÉMARE, Joseph Henri Marie de) « Tchao chi cou ell, ou Le Petit Orphelin de la maison de Tchao ». *Description de l'empire de la Chine, tome troisième*. P. G. Lemercier, 1735. <4.5.04.01>

DUBREUIL, André

—(Avec ZHU Xiaoya)*Les mille caractères et leurs anecdotes: Quatre par quatre, premiers pas en chinois*. You Feng, 2013. <3.8.02.03>

DUCOR, Jérôme

—*Le Sûtra d'Amida prêché par le Buddha*. Peter Lang Gmbh (Internationaler Verlag Der Wissenschaften): Études asiatiques suisses – Monographies, 1999.

—(Avec LOVEDAY, Helen) *Le sūtra des contemplations du Buddha Vie-Infinie: Essai d'interprétation textuelle et iconographique*. Brepols: Bibliothèque de l'École des hautes études en sciences religieuses, 2011. <3.3.07.01>

DUPONT, Thomas

—*L'Art de la guerre. Tome 1: De l'évaluation: Première partie*. Temps: Toki, 2006. <3.4.01.22>

—*L'Art de la guerre. Tome 2: De l'évaluation: Deuxième partie*. Temps: Toki, 2007. <3.4.01.23>

—*L'Art de la guerre. Tome 3: De l'engagement de la guerre: Première partie*. Temps: Toki, 2007. <3.4.01.24>

—*L'Art de la guerre. Tome 4: De l'engagement de la guerre: Deuxième partie*. Temps: Toki, 2007. <3.4.01.25>

—*L'Art de la guerre. Tome 5*. Temps: Toki, 2007. <3.4.01.26>

—*L'Art de la guerre. Tome 6: La stratégie offensive: Première partie*. Temps: Toki, 2007. <3.4.01.27>

—*L'Art de la guerre. Tome 7: La stratégie offensive: Deuxième partie*. Temps: Toki, 2008.

<3.4.01.28>

—*L'Art de la guerre. Tome 8*. Temps: Toki, 2008. <3.4.01.29>

—*L'Art de la guerre. Tome 9*. Temps: Toki, 2008. <3.4.01.30>

—*L'Art de la guerre. Tome 10: Dénouement*. Temps: Toki, 2008. <3.4.01.31>

DURAND, Pierre-Henri

—*Recueil de la montagne du Sud*. Gallimard: Connaissance de l'Orient, 1998. <3.7.12.01>

DURAND-SUN, Chaoying

—*Florilège comme dix mille sources jaillissantes*. You Feng, 2008. <4.2.09.01>

—*L'Épopée des Trois Royaumes, Tome 1*. You Feng, 2006. <4.4.07.08>

—*L'Épopée des Trois Royaumes, Tome 2*. You Feng, 2007. <4.4.07.09>

—*L'Épopée des Trois Royaumes, Tome 3*. You Feng, 2008. <4.4.07.10>

—*L'Épopée des Trois Royaumes, Tome 4*. You Feng, 2011. <4.4.07.11>

—*L'Épopée des Trois Royaumes, Tome 5*. You Feng, 2014. <4.4.07.12>

DURON, André

—*Su Wen: Première Partie*. Guy Trédaniel: Acupuncture, 1991. <3.5.01.01>

—*Su Wen: Seconde Partie*. Guy Trédaniel: Acupuncture, 1998. <3.5.01.02>

—*Su Wen: Troisième Partie*. Guy Trédaniel: Acupuncture, 1998. <3.5.01.03>

DUYVENDAK, Jan Julius Lodewijk

—*Tao Tö King. Le livre de la voie et de la vertu*. Maisonneuve, 1981. <3.2.01.32>

—*Tao Tö King. Le livre de la voie et de la vertu*. Maisonneuve, 1987. <3.2.01.33>

EPSTEIN, Lionel

—(Avec HUANG San) *Histoire hétérodoxe d'un lit brodé*. Philippe Picquier: Littérature, 1997. <4.4.33.01>

—(Avec HUANG San) *Histoire hétérodoxe d'un lit brodé*. Philippe Picquier: Picquier poche, 2001. <4.4.33.02>

—(Avec HUANG San) *Vie d'une amoureuse*. Philippe Picquier: Picquier poche, 1998. <4.4.31.01> <4.4.32.01>

—(Avec HUANG San) *Vie d'une amoureuse*. Philippe Picquier: Picquier poche, 2015.

<4.4.31.02> <4.4.32.02>

—(Avec CHANG Fu-jui; DARROBERS, Roger; HART, Sarah; LANSELLE, Rainier; LEVI, Jean; LÉVY, André; MATHIEU, Rémi) *À la recherche des esprits*. Gallimard: Connaissance de l'Orient, 1992. <4.4.02.01>

EIDOUS, Marc-Antoine

—*Hau-Kiou-Choaan, ou L'Union bien assortie*. Moutardier, 1828. <4.4.23.03>

ÉTIEMBLE, René

—*Tao tö king*. Gallimard, 1967. <3.2.01.44>

FALASCHI, Isabella

—*Trois pièces du théâtre des Yuan*. Les Belles Lettres: Bibliothèque chinoise, 2015. <4.1.07.06>

FANG Sheng

—*Le vrai classique de la vertu parfaite du vide harmonieux*. You Feng, 2010. <3.2.03.12>

FAULIOT, Pascal

—*L'Épopée du roi singe*. Casterman: Casterman Poche, 2012. <4.4.05.18>

FAURE, Pierre

—(Avec JAVARY, Cyrille) *Yi Jing*. Albin Michel: A.M. GD FORMAT, 2012. <1.1.01.32>

FAURE, Sophie

—(Avec WEN Ke) *Qing Jing Jing – Le livre de la Pureté du Calme*. Le Courrier du Livre, 2017. <3.2.08.01>

FERRARI, Marie-Hélène

—*Les Entretiens de Confucius*. Livres & Ebooks [numérique]. <1.2.03.20>

FEUILLAS, Stéphane

—(Avec L'HARIDON, Béatrice) *Nouveaux discours*. Les Belles Lettres: Bibliothèque chinoise, 2012. <3.9.03.02>

FOLGUERA, Carmen

—(Avec ZHOU Jinghong) *Zhou yi, le Yi Jing intégral*. You Feng, 2012. <1.1.01.34>

GOLDMAN, René

—(Avec LEVI, Jean) *L'Antre aux fantômes des collines de l'Ouest: Sept contes chinois anciens (XIIᵉ-XIVᵉ siècle)*. Gallimard: Connaissance de l'Orient/UNESCO, 1972. <4.4.16.06>

—(Avec LEVI, Jean) *L'Antre aux fantômes des collines de l'Ouest: Sept contes chinois anciens (XIIᵉ-XIVᵉ siècle)*. Gallimard: Connaissance de l'Orient/UNESCO, 1987. <4.4.16.07>

FONTAINE, Claire Sachsé

—*Tao Te King*. 2013. <3.2.01.56>

FORTOUL, Françoise

—*Confucius: Les Analectes*. Guy Trédaniel, 2016. <1.2.03.19>

—*L'Art de la guerre*. Guy Trédaniel, 2017. <3.4.01.20>

FOURNIER, Jacques

—(Avec PORRET, Jacques; HENRY, Christophe; SETH, Catriona; BLUM, Claude) *La Merveilleuse Histoire de Hsi Men avec ses six femmes*. Garnier, 2011. <4.4.09.06>

FRITSCH, Laurence E.

—*Yi-king: Le Livre des changements*. La Table Ronde: Les petits livres de la sagesse, 1995. <1.1.01.19>

GARNIER, Jacques

—*L'investiture des dieux (Feng Shen Yen I)*. You Feng, 2002. <4.4.12.01>

—*Les huit immortels traversent la mer*. You Feng, 2001. <4.4.14.02>

GAUBIL, Antoine

—*Chou-king [le] (Shu jing)*. Libraire Tilliard, 1770. <1.1.02.06>

—*Chou-King [le]: Un des livres sacrés des Chinois, qui renferme les fondements de leur ancienne histoire, les principes de leur gouvernement et de leur morale.* Forgotten Books (Classic Reprint), 2018. <1.1.02.08>

—*Chou-King [le]: Un des livres sacrés des Chinois, qui renferme les fondements de leur ancienne histoire, les principes de leur gouvernement et de leur morale.* Wentworth Press, 2016. <1.1.02.07>

GAUTIER, Judith

—*Le Livre de Jade.* Le Chat Rouge, 2017. <4.1.05.37>

—*Le Livre de Jade.* Lemerre, 1876. <4.1.05.02>

—*Le Livre de Jade.* Plon, 1933. <4.1.05.06>

GENDRON, Andre Serge

—*Le Sûtra du lotus.* Aparis: Classique, 2013. <3.3.04.04>

GERNET, Jacques

—*La vie quotidienne en Chine: À la veille de l'invasion mongole (1250—1276).* Hachette: La vie quotidienne, 1990. <3.7.03.01> <3.7.04.01> <3.7.05.01> <3.7.06.01>

—*La vie quotidienne en Chine: À la veille de l'invasion mongole (1250—1276).* Philippe Picquier: Picquier poche, 2008. <3.7.03.02> <3.7.04.02> <3.7.05.02> <3.7.06.02>

GHIGLIONE, Anna

—*Mozi.* Hermann, 2018. <3.1.02.01>

—*Mozi.* Presses de l'Université Laval: Histoire et culture chinoises, 2018. <3.1.02.02>

GIRAUD, Daniel

—*Li Po: L'Exile du Ciel.* Motifs, 2004. <4.2.05.10>

(Avec CARRÉ, Patrick; PIMPANEAU, Jacques; STOČES, Ferdinand; HERVOUET, Yves) « Poèmes de l'époque Tang ». *Anthologie de la littérature chinoise classique.* Philippe Picquier, 2004. <4.1.05.26>

—*Yi king.* Christian de Bartillat, 2003. <1.1.01.27>

—*Yi King: Texte et interprétation.* Pocket: Évolution, 2008. <1.1.01.29>

GLÄSER, Abel

—*Classique de la Matière Médicale du Divin – Paysan avec commentaires et suppléments*

Shénnóng Běncǎo Jīng. Institut Liang Shen de Médecine Chinoise, 2018. <3.5.05.01>

GONG Jieshi

—(Avec AN Pingqiu et *al.*) *Mémoires historiques (œuvres choisies)*. Éditions en Langues étrangères: Bibliothèque des classiques chinois 大中华文库, 2015. <2.1.01.09>

GRANET, Marcel

—*Fêtes et chansons anciennes de la Chine*. Albin Michel, 1982. <1.1.03.02>

—*Fêtes et chansons anciennes de la Chine*. Albin Michel: A.M. Histoire, 2016. <1.1.03.03>

—*Fêtes et chansons anciennes de la Chine*. Ernest Leroux, 1929. <1.1.03.01>

GRAZIANI, Romain

—*Écrits de Maître Guan: Les Quatre Traités de l'Art de l'esprit*. Les Belles Lettres: Bibliothèque chinoise, 2011. <3.1.04.01>

—*Fictions philosophiques du Tchouang-tseu*. Gallimard: L'infini, 2006. <3.2.02.21>

GRISON, Pierre

—*La Grande Règle (Hung-fan; Houng Fan; Hong fan)*. 1981. <1.1.02.12>

GRYNPAS, Benedykt

—*Le vrai classique du vide parfait*. Gallimard: Folio Essais, 2011. <3.2.03.05>

—*Le vrai classique du vide parfait*. Gallimard: Connaissance de l'Orient, 1961. <3.2.03.01>

—*Le vrai classique du vide parfait*. Gallimard: Connaissance de l'Orient, 1996. <3.2.03.04>

—*Le vrai classique du vide parfait*. Gallimard: Idées, 1976. <3.2.03.02>

—*Le vrai classique du vide parfait*. Gallimard, 1989. <3.2.03.03>

—*Sur le destin et autres textes*. Gallimard: Folio Essais, 2016. <3.2.03.06>

GUERNE, Armel

—*Le Rêve dans le pavillon rouge, vol. 1*. Guy Le Prat, 1957. <4.4.08.04>

—*Le Rêve dans le pavillon rouge, vol. 2*. Guy Le Prat, 1957. <4.4.08.05>

GUILLERMAZ, Jacques

—(Avec GUILLERMAZ, Patricia; HERVOUET, Yves; KALTENMARK, Max; KALTENMARK, Odile; LI Tche-houa; RUHLMANN, Robert; THCANG Fou-jouei) *Contes extraordinaires du Pavillon du loisir*. Gallimard: Connaissance de l'Orient, 1970. <4.4.11.07>

—(Avec GUILLERMAZ, Patricia; HERVOUET, Yves; KALTENMARK, Max; KALTENMARK, Odile; LI Tche-houa; RUHLMANN, Robert; THCANG Fou-jouei) *Contes extraordinaires du Pavillon du loisir*. Gallimard: Connaissance de l'Orient, 1987. <4.4.11.08>

GUILLERMAZ, Patricia

—*Poésie chinoise*. Seghers, 1957. <4.1.05.08>

—(Avec GUILLERMAZ, Jacques; HERVOUET, Yves; KALTENMARK, Max; KALTENMARK, Odile; LI Tche-houa; RUHLMANN, Robert; THCANG Fou-jouei) *Contes extraordinaires du Pavillon du loisir*. Gallimard: Connaissance de l'Orient, 1970. <4.4.11.07>

—(Avec GUILLERMAZ, Jacques; HERVOUET, Yves; KALTENMARK, Max; KALTENMARK, Odile; LI Tche-houa; RUHLMANN, Robert; THCANG Fou-jouei) *Contes extraordinaires du Pavillon du loisir*. Gallimard: Connaissance de l'Orient, 1987. <4.4.11.08>

GUO Shuchun

—(Avec CHEMLA, Karine) *Les neuf chapitres: Le classique mathématique de la Chine ancienne et ses commentaires*. Dunod, 2005. <3.6.02.01>

HARLEZ, Charles de

—*Kia-Li*. Livre des rites domestiques chinois. Ernest Leroux: Bibliothèque orientale elzévirienne, 1889. <3.9.07.01>

—« Kiu Pién, les neuf tableaux ». *Revue Le Muséon*, Tome XII, n° 3, 1893. <4.1.01.05>

—*Kong-tze Kia-yu. Les Entretiens familiers de Confucius*. Ernest Leroux, 1899. <3.9.01.01>

—« Koue-Yü, Discours des royaumes: Première partie ». *Journal asiatique*, Sér. 9, T. 2, 1893. <2.3.02.01>

—« Koue-Yü, Discours des royaumes: Première partie ». *Journal asiatique*; BNF; Pierre Palpant: Les classiques des sciences sociales, 2005. <2.3.02.03>

—« Koue-Yü, Discours des royaumes: Première partie (suite) ». *Journal asiatique*, Sér. 9, T. 3, 1894. <2.3.02.02>

—*Koue-Yü, Discours des royaumes, Annales oratoires des états chinois du Xe au Ve siècle A.C.: Partie II.* J.-B. Istas, 1895. <2.3.02.04>

—« Les quarante-deux leçons de bouddha ou le king des XLII sections (Sze-shi-erh-tchang-king) ». *Mémoires couronnés et autres mémoires (Académie royale des sciences, des lettres et des beaux-arts de Belgique)*, volume 59, numéro 5, 1900. <3.3.10.01>

—*Mi-tze, le philosophe de l'amour universel.* <3.1.02.03>

—*San-Li-T'u. Tableau des trois rituels: Traits de mœurs chinoises avant l'ère chrétienne.* Ernest Leroux, 1890. <3.9.06.01>

—*Siao Hio [la] ou Morale de la jeunesse: Avec Le Commentaire de Tchen-Siuen.* Forgotten Books, 2018. <3.8.03.03>

—*Siao Hio [la] ou Morale de la jeunesse: Avec Le Commentaire de Tchen-Siuen.* Nabu Press, 2012. <3.8.03.02>

—*Siao Hio [la] ou Morale de la jeunesse: Avec Le Commentaire de Tchen-Siuen.* Wentworth Press, 2018. <3.8.03.04>

—*Siao Hio [la] ou Morale de la jeunesse. Annales du Musée Guimet, tome quinzième.* Ernest Leroux, 1889. <3.8.03.01>

—*Vajracchedika (Prajnàpàramità).* Forgotten Books, 2018. <3.3.02.04>

—*Vajracchedikā (Prajñāpāramitā).* BiblioBazaar, 2009. <3.3.02.02>

—*Vajracchedikā (Prajñāpāramitā).* Fb&c Limited, 2017. <3.3.02.03>

—*Vajracchedikā (Prajñāpāramitā).* Imprimerie Nationale, 1892. <3.3.02.01>

—*Yi King [le]: extrait du Livre des mutations.* Denoël, 1959. <1.1.01.13>

—*Yi-King [le].* Omnia Veritas, 2015. <1.1.01.14>

HART, Sarah

—(Avec CHANG Fu-jui; DARROBERS, Roger; EPSTEIN, Lionel; LANSELLE, Rainier; LEVI, Jean; LÉVY, André; MATHIEU, Rémi) *À la recherche des esprits.* Gallimard: Connaissance de l'Orient, 1992. <4.4.02.01>

HASSE, Martine

—*La Grande Étude*. Cerf, 1984. <1.2.01.07>

HENRY, Christophe

—(Avec PORRET, Jean-Pierre; SETH, Catriona; BLUM, Claude; FOURNIER, Jacques)
La Merveilleuse Histoire de Hsi Men avec ses six femmes. Garnier, 2011. <4.4.09.06>

HENRY, Nicolas

—(Avec MO Si) *Le voyage vers l'ouest*. Fei: Lian Huan Hua, 2014. <4.4.05.19>

—(Avec MO Si) *Les trois royaumes*. Fei: Lian Huan Hua, 2015. <4.4.08.07>

—(Avec MO Si) *Les trois royaumes, Tomes 1 à 30*. Fei: Lian Huan Hua, 2013.
   <4.4.07.14>

HERVOUET, Yves

—*Amour et politique dans la Chine ancienne: Cent poèmes de Li Shangyin (812-858)*. De
   Boccard, 1995. <4.2.08.01>

—(Avec GUILLERMAZ, Jacques; GUILLERMAZ, Patricia; KALTENMARK, Max;
   KALTENMARK, Odile; LI Tche-houa; RUHLMANN, Robert; THCANG Fou-jouei)
   Contes extraordinaires du Pavillon du loisir. Gallimard: Connaissance de l'Orient, 1970.
   <4.4.11.07>

—(Avec GUILLERMAZ, Jacques; GUILLERMAZ, Patricia; KALTENMARK, Max;
   KALTENMARK, Odile; LI Tche-houa; RUHLMANN, Robert; THCANG Fou-jouei)
   Contes extraordinaires du Pavillon du loisir. Gallimard: Connaissance de l'Orient, 1987.
   <4.4.11.08>

—*La femme à la veste verte: contes extraordinaires du Pavillons des loisirs*. Gallimard:
   Folio, 2015. <4.4.11.09>

—(Avec CHAVANNES, Édouard; PIMPANEAU, Jacques; KALTENMARK, Max;
   POKORA, Timoteus) *Les Mémoires historiques de Se-Ma Ts'ien*. You Feng, 2015.
   <2.1.01.08>

—(Avec CARRÉ, Patrick; PIMPANEAU, Jacques; GIRAUD, Daniel; STOČES,
   Ferdinand) « Poèmes de l'époque Tang ». *Anthologie de la littérature chinoise classique*.
   Philippe Picquier, 2004. <4.1.05.26>

HOIZEY, Dominique

—*Le livre des poèmes*. La Différence: Orphée, 1994. <1.1.03.11>

—*Le Serpent blanc*. Jean Le Mauve / l'Arbre, 1988. <4.4.16.03>

—*Li Bai, Parmi les nuages et les pins*. Arfuyen, 1984. <4.2.05.04>

—*Li Bai, Sur notre terre exilé*. La Différence: Orphée, 1994. <4.2.05.07>

HOUANG, François (HOUANG Kia-Tcheng)

—(Avec LEYRIS, Pierre) *La Voie et sa vertu*. Seuil: Beaux livres, 2009. <3.2.01.25>

—(Avec LEYRIS, Pierre) *La Voie et sa vertu: Tao-tê-king*. Seuil: Points Sagesses, 2004.
<3.2.01.24>

—(Avec LEYRIS, Pierre) *Lao-Tzeu. La Voie et sa vertu*. Seuil, 1949. <3.2.01.23>

HOULNÉ, Lucien

—*Discours et sermons de Houei-neng, sixième patriarche Zen*. Albin Michel: Spiritualités
vivantes, 1963. <3.3.09.03>

HSU Sung-Nien

—« Li-sao ». *Anthologie de la littérature chinoise des origines à nos jours*. Delagrave,
1932. <4.1.01.04>

—« Romance de Mou-lan ». *Anthologie de la littérature chinoise des origines à nos jours*.
Delagrave, 1932. <4.1.03.02>

HÙ, Fernand

—*Le Dhammapada*. Ernest Leroux: Librairie de la Société asiatique de Paris, 1878.
<3.3.13.01>

HU Pin Ching (HU Pinqing)

—(Avec LAMBERT, Marie-Thérèse; SEGHERS, Pierre) *Sagesse et poésie chinoise*.
Robert Laffont: Miroir du monde, 1981. <4.1.05.14>

—*Trois cents poèmes des Tang*. Université de Pékin, 2006. <4.1.05.27>

HUANG San

—(Avec AWADEW, Boorish) *À l'ombre des pêchers en fleurs*. Philippe Picquier: Le
pavillon des corps curieux/Littérature, 2005. <4.4.35.01>

—(Avec AWADEW, Boorish) *À l'ombre des pêchers en fleurs*. Philippe Picquier: Picquier poche, 2015. <4.4.35.02>

—(Avec BLASSE, Jean; ROSENTHAL, Oreste) *Moines et nonnes dans l'océan des péchés*. Philippe Picquier: Le pavillon des corps curieux/Picquier poche, 1999. <4.4.37.01>

—(Avec EPSTEIN, Lionel) *Histoire hétérodoxe d'un lit brodé*. Philippe Picquier: Littérature, 1997. <4.4.33.01>

—(Avec EPSTEIN, Lionel) *Histoire hétérodoxe d'un lit brodé*. Philippe Picquier: Picquier poche, 2001. <4.4.33.02>

—(Avec EPSTEIN, Lionel) *Vie d'une amoureuse*. Philippe Picquier: Picquier poche, 1998. <4.4.31.01> <4.4.32.01>

—(Avec EPSTEIN, Lionel) *Vie d'une amoureuse*. Philippe Picquier: Picquier poche, 2015. <4.4.31.02> <4.4.32.02>

—(Avec ROSENTHAL, Oreste) *Les écarts du Prince Hailing*. Philippe Picquier: Le pavillon des corps curieux/Picquier poche, 1999. <4.4.36.02>

—(Avec ROSENTHAL, Oreste) *Les écarts du Prince Hailing*. Philippe Picquier: Littérature, 1995. <4.4.36.01>

HUBER, Édouard

—« L'itinéraire du pèlerin Ki-ye dans l'Inde ». *Bulletin de l'École française d'Extrême-Orient*, Volume 2, 1902. <2.2.07.01>

HUSSON, Albert

—*Huang di nei jing su wen*. Association Scientifique des Médecins Acuponcteurs, 1973. <3.5.01.04>

HU-STERK, Florence

—*Poèmes de Li Bai destinés aux calligraphes*. You Feng, 2003. <4.2.05.09>

IMBAULT-HUART, Camille

—« Le Poirier planté ». *Journal asiatique*, n°117, 1880. <4.4.11.13>

IRNIGER, Nelly

—*Le Message de Tchouang Tseu*. BD Lys, 2003. <3.2.02.26>

IVANHOE, Philip J.

—(Avec CLAUSE, Aurélien) *L'Art de la guerre*. Synchronique, 2015. <3.4.01.19>

JACOB, Paul

—*Florilège de Li Bai*. Gallimard: Connaissance de l'Orient, 1985. <4.2.05.01>

—*Poètes bouddhistes des Tang*. Gallimard: Connaissance de l'Orient, 1988. <4.1.05.18>

—*Tao Yuan-ming, Œuvres complètes*. Gallimard: Connaissance de l'Orient, 1990. <4.2.02.02>

—*Vacances du pouvoir: Poèmes des Tang*. Gallimard: Connaissance de l'Orient, 1983. <4.1.05.15> <4.2.05.14>

JAEGER, Georgette

—*L'Anthologie de Trois Cents Poèmes de la dynastie des Tang*. Société des éditions interculturelles, 1987. <4.1.05.16>

JAVARY, Cyrille

—(Avec FAURE, Pierre) *Yi Jing*. Albin Michel: A.M. GD FORMAT, 2012. <1.1.01.32>

—(Avec McELHEARN, Kirk) *Yi Jing. Le sens originel du « Livre des mutations »*. Dangles: Grand angle, 1999. <1.1.01.24>

—(Avec WANG Dongliang) *Yi jing en dessins [le]*. You Feng, 1994. <1.1.01.18>

JIA Xiaoning

—(Avec XU Xiaojun) *L'art de la guerre de Sun Zi*. Military Science Publishing House: Bibliothèque des classiques chinois 大中华文库, 2009. <3.4.01.04>

JIN Siyan

—*Grand soutra sur l'essence des choses* 大本經. You Feng, 2011. <3.3.15.01>

—*Le Sûtra du diamant*. You Feng, 2013. <3.3.02.06>

—*Soutra de l'ultime voyage ou le dernier discours du Bouddha: Mahā-Parinibbāna-Sutta* 遊行經. You Feng, 2013. <3.3.16.01>

—(Avec LECHEMIN, Robert) *Les vœux et les pratiques du bodhisattva Samantabhadra d'entrer dans l'état de la délivrance inconcevable*. You Feng, 2016. <3.3.03.02>

—(Avec LECHEMIN, Robert) *Sutra sur les mérites des vœux originels des sept bouddhas dont le maître de médecine lumière de l'aigue-marine*. You Feng, 2017. <3.3.17.01>

JULIEN, Stanislas

—*Blanche et Bleue, ou Les deux couleuvres-fées*. Librairie de Charles Gosselin, 1834. <4.4.04.01>

—*Histoire de la vie de Hiouen-Thsang et de ses voyages dans l'Inde, depuis l'an 629 jusqu'en 645*. Imprimerie Impériale, 1853. <2.2.05.01>

—*Histoire du Pavillon d'Occident*. Slatkine: Fleuron, 1997. <4.5.01.02>

—*Hoeï-Lan-Ki, ou L'Histoire du cercle de craie*. The Oriental Translation Fund of Great Britain and Ireland: Youen-jin-pé-tchong, « Les cent pièces de théâtre des Youen »,1832. <4.5.05.01>

—*L'Histoire du Pavillon d'Occident*. You Feng, 2018. <4.5.01.04>

—*Le Livre de la voie et de la vertu*. Imprimerie Royale, 1842. <3.2.01.01>

—*Le Livre des Récompenses et des Peines*. Imprimerie du Crapelet, 1835. <3.2.07.02>

—*Mémoires sur Les Contrées occidentales*. Imprimerie Impériale, 1858. <2.2.04.01>

—*P'ing-Chân-Ling-Yên, ou Les deux jeunes filles lettrées, volume I*. Librairie Didier et Cie, 1860. <4.4.25.01>

—*P'ing-Chân-Ling-Yên, ou Les deux jeunes filles lettrées, volume II*. Librairie Didier et Cie, 1860. <4.4.25.02>

—*Résumé des principaux traités chinois sur la culture des mûriers et l'éducation des vers à soie*. Éditeur non précisé, 1837. <3.6.04.02>

—« Romance de Mou-lan, poème d'auteur inconnu de la dynastie des Liang ». *La Revue de Paris*, Tome 37, 1832. <4.1.03.01>

—*Si-siangki Ou L'Histoire Du Pavillon D'occident*. Yuelu Publishing House: Bibliothèque des classiques chinois 大中华文库, 2016. <4.5.01.03>

—*Si-Siang-Ki, ou L'Histoire du Pavillon d'Occident*. Atsume Gusa/Elibron Classics, 2006. <4.5.01.01>

—*Tao Te King: Le Livre de la voie et de la vertu*. CdBF (independently published), 2018. <3.2.01.08>

—*Tao Te King: Livre de la voie et de la vertu*. CreateSpace Independent Publishing Platform, 2015. <3.2.01.06>

—*Tao Te King [le]: Le Livre de la Voie et de la Vertu*. Imprimerie Royale; Kessinger Publishing, 2010. <3.2.01.04>

—*Tao Te King. Le livre de la voie et de la vertu*. Mille et une nuits: La petite collection, 2000. <3.2.01.02>

—*Tao-te-King: Le livre de la voie et de la vertu*. J'AI LU: Librio Document, 2005.
<3.2.01.03>

—*Tao-te-King: Le livre de la voie et de la vertu*. J'AI LU: Librio Document, 2012.
<3.2.01.05>

—*Tao-te-King: Le livre de la voie et de la vertu*. J'AI LU: Librio Spiritualité, 2018.
<3.2.01.07>

—*Tchao-Chi-Kou-Eul, ou L'Orphelin de la Chine*. Moutardier: Youen-jin-pé-tchong, « Les
cent pièces de théâtre des Youen »,1834. <4.5.04.03>

—*Thsien-Tseu-Wen, Le livre des mille mots*. Benjamin Duprat, 1864. <3.8.02.01>

—*Yu-Kiao-Li, ou Les deux cousines, tome I*. Librairie académique Didier et Co, 1864
<4.4.26.03>

—*Yu-Kiao-Li, ou Les deux cousines, tome II*. Librairie académique Didier et Co, 1864
<4.4.26.04>

—(Suivi de la traduction de D'HERVEY DE SAINT-DENYS, Léon) *San-Tseu-King, Le
livre de phrases de trois mots, en chinois et en français*. H. Georg/Ernest
Leroux/Trübner and Co, 1873. <3.8.01.01>

JULLIEN, François

—« En prenant les textes canoniques comme source (Liu Xie, Wenxin diaolong, chap. III,
Zong jing) ». *Extrême-Occident*, vol. 5, no 5, 1984. <4.3.01.01>

—« Zhong Yong ou La Régulation à usage ordinaire ». *Imprimerie Nationale*, La
Salamandre, 1995. <1.2.02.04>

KALINOWSKI, Marc

—*Balance des discours: Destin, providence et divination*. Les Belles Lettres: Bibliothèque
chinoise, 2011. <3.1.08.01>

KALTENMARK, Max

—*Lao Tseu et le Taoïsme suivi du Tao-Tö-King*. Robert Laffont, 1974. <3.2.01.45>

—*Lie-sien tchouan [le]: Biographies légendaires des Immortels taoïstes de l'antiquité*. De
Boccard, 1953. <3.7.01.01>

—*Lie-sien tchouan [le]: Biographies légendaires des Immortels taoïstes de l'antiquité*.
Collège de France – Institut des hautes études chinoises, 1987. <3.7.01.02>

—(Avec GUILLERMAZ, Jacques; GUILLERMAZ, Patricia; HERVOUET, Yves; KALTENMARK, Odile; LI Tche-houa; RUHLMANN, Robert; THCANG Fou-jouei) *Contes extraordinaires du Pavillon du loisir*. Gallimard: Connaissance de l'Orient, 1970. <4.4.11.07>

—(Avec GUILLERMAZ, Jacques; GUILLERMAZ, Patricia; HERVOUET, Yves; KALTENMARK, Odile; LI Tche-houa; RUHLMANN, Robert; THCANG Fou-jouei) *Contes extraordinaires du Pavillon du loisir*. Gallimard: Connaissance de l'Orient, 1987. <4.4.11.08>

—(Avec CHAVANNES, Édouard; PIMPANEAU, Jacques; HERVOUET, Yves; POKORA, Timoteus) *Les Mémoires historiques de Se-Ma Ts'ien*. You Feng, 2015. <2.1.01.08>

KALTENMARK, Odile

—(Avec GUILLERMAZ, Jacques; GUILLERMAZ, Patricia; HERVOUET, Yves; KALTENMARK, Max; LI Tche-houa; RUHLMANN, Robert; THCANG Fou-jouei) *Contes extraordinaires du Pavillon du loisir*. Gallimard: Connaissance de l'Orient, 1970. <4.4.11.07>

—(Avec GUILLERMAZ, Jacques; GUILLERMAZ, Patricia; HERVOUET, Yves; KALTENMARK, Max; LI Tche-houa; RUHLMANN, Robert; THCANG Fou-jouei) *Contes extraordinaires du Pavillon du loisir*. Gallimard: Connaissance de l'Orient, 1987. <4.4.11.08>

—(Avec TANG, A.; LEANG P'ei-tchen) « Poèmes à chanter (ts'eu) des Song ». *Anthologie de la poésie chinoise classique*. Gallimard: Poésie, 1962. <4.1.06.01>

KAMENAROVIČ, Ivan P.

—*Écrits de Maître Xun*. Les Belles Lettres: Bibliothèque chinoise, 2018. <3.1.01.02>
—*Printemps et automnes de Lü Buwei*. Cerf: Patrimoines Confucianisme, 1998. <3.1.06.01>
—*Xun Zi (Siun Tseu)*. Cerf: Patrimoines, 1987. <3.1.01.01>

KARCHER, Stephen

—*Yi king*. Rivages: Rivages poche, 1998. <1.1.01.22>

KASER, Pierre

—*À mari jaloux femme fidèle*. Philippe Picquier: Picquier poche, 1999. <4.4.40.02>

—*À mari jaloux femme fidèle.* Philippe Picquier, 1990. <4.4.40.01>

KIELCE, Anton
—*Yi-King [le].* M.A., 1984. <1.1.01.16>

KIRCHER, François
—*Les 36 Stratagèmes: Manuel secret de l'art de la guerre.* Rocher: L'art de la guerre, 2003. <3.4.02.01>

KLOSSOWSKI, Pierre
—*Jeou-p'ou-t'ouan.* Hachette, 1976. <4.4.39.04>
—*Jeou-p'ou-t'ouan, ou la chair comme tapis de prière.* Éditions 10/18, 1995. <4.4.39.09>
—*Jeou-p'ou-t'ouan, ou la chair comme tapis de prière.* Jean-Jacques Pauvert, 1962. <4.4.39.01>
—*Jeou-p'ou-t'ouan, ou la chair comme tapis de prière.* Jean-Jacques Pauvert, 1968. <4.4.39.02>
—*Jeou-p'ou-t'ouan, ou la chair comme tapis de prière.* Jean-Jacques Pauvert, 1979. <4.4.39.05>
—*Jeou-p'ou-t'ouan, ou la chair comme tapis de prière.* Jean-Jacques Pauvert, 1981. <4.4.39.06>
—*Jeou-p'ou-t'ouan, ou la chair comme tapis de prière.* Jean-Jacques Pauvert, 1985. <4.4.39.07>
—*Jeou-p'ou-t'ouan, ou la chair comme tapis de prière.* Jean-Jacques Pauvert, 1989. <4.4.39.08>
—*Jeou-p'ou-t'ouan, ou la chair comme tapis de prière.* Odéon/André Vial, 1971. <4.4.39.03>

KUANG, A.-Z.
—(Avec CAUHÉPÉ, J.-D.) *Le petit livre du yi king.* Guy Trédaniel, 2001. <1.1.01.26>

KONTLER (BARBIER-KONTLER), Christine
—*Belle de candeur.* Philippe Picquier: Littérature, 1990. <4.4.29.02>
—*Belle de candeur.* Philippe Picquier: Picquier poche, 1994. <4.4.29.03>

—*Belle de candeur*. Philippe Picquier: Picquier poche, 2014. <4.4.29.04>

—*Belle de candeur – Zhulin yeshi: roman érotique chinois de la dynastie Ming*. Philippe Picquier, 1987. <4.4.29.01>

—*Nuages et pluie au palais des Han*. Philippe Picquier: Le pavillon des corps curieux, 1990. <4.4.28.01>

—*Nuages et pluie au palais des Han*. Philippe Picquier: Picquier poche, 1998. <4.4.28.02>

L'HARIDON, Béatrice

—*Dialogues pour dissiper la confusion*. Les Belles Lettres: Bibliothèque chinoise, 2017. <3.1.09.02>

—*Maîtres mots*. Les Belles Lettres: Bibliothèque chinoise, 2010. <3.1.07.01>

—(Avec FEUILLAS, Stéphane) *Nouveaux discours*. Les Belles Lettres: Bibliothèque chinoise, 2012. <3.9.03.02>

LABAYLE, Benoît

—(Avec MITCHELL, Stephen) *Tao Te King: Un voyage illustré*. Synchronique, 2019. <3.2.01.31>

—(Avec VURALER, Célin) *L'Éternelle sagesse du Tao – Le Rire de Tchouang-tseu*. Synchronique, 2015. <3.2.02.12>

—(Avec VURALER, Célin) *L'Éternelle sagesse du Tao – Le Rire de Tchouang-tseu*. Synchronique: Grands Classiques, 2018. <3.2.02.13>

—(Avec VURALER, Célin) *Le 2ème Livre du Tao–Le Rire de Tchouang-tseu*. Synchronique, 2014. <3.2.02.11>

LAFITTE, Jean-Jacques

—*Le rêve du papillon*. Albin Michel: Spiritualités vivantes, 2008. <3.2.02.22>

—*Traité du vide parfait: Lie Tseu (Liezi)*. Albin Michel: Spiritualités vivantes, 1997. <3.2.03.11>

LALOY, Louis

—« Chansons des Royaumes du Livre des Vers ». *La Nouvelle Revue Française*, n° 7, 1909. <1.1.03.04>

—« Chansons des Royaumes du Livre des Vers ». *La Nouvelle Revue Française*, n° 8,

1909. <1.1.03.05>

—« Chansons des Royaumes du Livre des Vers ». *La Nouvelle Revue Française*, n° 9, 1909. <1.1.03.06>

—*Choix de poésies chinoises.* Fernand Sorlot, 1944. <4.1.05.07>

—*Contes étranges du cabinet Leao.* Le Calligraphe, 1985. <4.4.11.02>

—*Contes étranges du cabinet Leao.* Philippe Picquier: Picquier poche, 2000. <4.4.11.03>

—*Contes magiques.* Art H. Piazza, 1925. <4.4.11.01>

—*Le Rêve du millet jaune: Drame taoïste du XIIIe siècle.* Desclée de Brouwer, 1935. <4.5.08.01>

LAMBERT, Marie-Thérèse

—*Li He, Poèmes.* Gallimard: Connaissance de l'Orient, 2007. <4.2.07.01>

—(Avec HU Pin Ching; SEGHERS, Pierre) *Sagesse et poésie chinoise.* Robert Laffont: Miroir du monde, 1981. <4.1.05.14>

LAMOTTE, Étienne

—*L'Enseignement de Vimalakîrti.* Publications universitaires, 1962. <3.3.08.01>

—*L'Enseignement de Vimalakîrti.* Université catholique de Louvain, Institut Orientaliste, 1987. <3.3.08.02>

LANSELLE, Rainier

—*Le Pavillon de l'ouest.* Les Belles Lettres: Bibliothèque chinoise, 2015. <4.5.01.05>

—*Spectacles curieux d'aujourd'hui et d'autrefois: Contes chinois des Ming.* Gallimard: Bibliothèque de la Pléiade, 1996. <4.4.18.06>

—*Trois contes étranges: Récits chinois et illustrations inédites.* Presse universitaire de France: Source, 2009. <4.4.11.23>

—(Avec CHANG Fu-jui; DARROBERS, Roger; EPSTEIN, Lionel; HART, Sarah; LEVI, Jean; LÉVY, André; MATHIEU, Rémi) *À la recherche des esprits.* Gallimard: Connaissance de l'Orient, 1992. <4.4.02.01>

LARA, Anli Anne-Marie

—*Traité des caractères.* Gallimard: Connaissance de l'Orient, 1997. <3.9.04.01>

LARRE, Claude

—*Le Livre de la Voie et de la Vertu*. Desclée de Brouwer: Carnets DDB, 2010. <3.2.01.21>

—*Le Livre de la Voie et de la Vertu*. Desclée de Brouwer: Hors Collection 2, 2002. <3.2.01.20>

—*Le traité VII du Houai nan tseu. Les esprits légers et subtils animateurs de l'essence*. Institut Ricci: Variétés sinologiques, 1982. <3.2.05.01>

—*Livre de la voie et de la vertu: Tao Te King*. Desclée de Brouwer, 2015. <3.2.01.22>

—*Tao Te King: Le Livre de la Voie et de la Vertu*. Desclée de Brouwer: Carnets DDB, 1994. <3.2.01.19>

—(Avec ROBINET, Isabelle; ROCHAT DE LA VALLÉE, Élisabeth) *Les grands traités du Huainan Zi*. Cerf/Institut Ricci: Variétés sinologiques, 1993. <3.2.05.02>

—(Avec ROCHAT DE LA VALLÉE, Élisabeth) *De vide en vide: La Conduite de la Vie*. Desclée de Brouwer/Institut Ricci, 1994. <3.2.02.19>

—(Avec ROCHAT DE LA VALLÉE, Élisabeth) *Su Wen: Les 11 premiers traités*. Maisonneuve, 1993. <3.5.01.07>

LAUBIER, Patrick de

—*Mozi: Œuvres choisies*. Desclée de Brouwer: Sagesses orientales, 2008. <3.1.02.04>

LAUER, Conradin von

—*Tao-Tö-King [le]*. Jean de Bonnot, 2001. <3.2.01.47>

LAVIER, Jacques-André

—*Nei Tching Sou Wen*. Pardès: Bibliothèque tradition chinoise, 1999. <3.5.01.05>

LAVIS, Alexis

—*Classiques de la poésie chinoise*. Presses du Châtelet: Sagesse de l'Orient, 2009. <4.1.05.28>

—*Préceptes de vie de Confucius*. Points: Points Sagesses, 2009. <1.2.03.16>

—*Préceptes de vie de Confucius*. Presses du Châtelet, 2008. <1.2.03.15>

LEANG P'ei-tchen (LIANG Peitchin)

—*Li Qingzhao, Œuvres poétiques complètes*. Gallimard: Connaissance de l'Orient, 1977. <4.2.10.01>

—(Avec TANG, A.; KALTENMARK, Odile) « Poèmes à chanter (ts'eu) des Song ». *Anthologie de la poésie chinoise classique*. Gallimard: Poésie, 1962. <4.1.06.01>

—(Avec TCHANG Fou-jouei; TCH'EN Yen-hia; CHENG, François; ROYÈRE, Anne-Christine; RUHLMANN, Robert) « Poèmes des Tang ». *Anthologie de la poésie chinoise classique*, Gallimard, 1962. <4.1.05.09>

LE BLANC, Charles

—*Aller au bout de son cœur/Philosophe Gao zi*. Gallimard: Folio Sagesses, 2015. <1.2.04.07>

—(Avec MATHIEU, Rémi) *Philosophes confucianistes*. Gallimard: Bibliothèque de la Pléiade, 2009. <1.2.01.09>

—(Avec MATHIEU, Rémi) *Philosophes confucianistes*. Gallimard: Bibliothèque de la Pléiade, 2009. <1.2.03.18>

—(Avec MATHIEU, Rémi) *Philosophes confucianistes*. Gallimard: Bibliothèque de la Pléiade, 2009. <1.3.01.05>

—(Avec BAI Gang; CHENG, Anne; LEVI, Jean; MARCHAND, Jean; MATHIEU, Rémi; PHAM-MICLOT, Nathalie; ZHENG, Chantal) *Philosophes taoïstes, tome 2: Huainan zi*. Gallimard: Bibliothèque de la Pléiade, 2003. <3.2.05.03>

LECHEMIN, Robert

—(Avec JIN Siyan) *Les vœux et les pratiques du bodhisattva Samantabhadra d'entrer dans l'état de la délivrance inconcevable*. You Feng, 2016. <3.3.03.02>

—(Avec JIN Siyan) *Sutra sur les mérites des vœux originels des sept bouddhas dont le maître de médecine lumière de l'aigue-marine*. You Feng, 2017. <3.3.17.01>

LEFRANC, Christine

—*Yi-King [le]*. Guy Trédaniel, 2012. <1.1.01.33>

LESCOT, Nicolas Ruiz

—*Les 3 royaumes, Tome 1*. Temps: Toki, 2008. <4.4.07.15>

—*Les 3 royaumes, Tome 2*. Temps: Toki, 2009. <4.4.07.16>

—*Les 3 royaumes, Tome 3*. Temps: Toki, 2009. <4.4.07.17>

—*Les 3 royaumes, Tome 4*. Temps: Toki, 2009. <4.4.07.18>

LEVI, Angélique

—(Avec LEVI, Jean) *Les trois royaumes, Tome 3*. Flammarion: Littérature ETR, 2009. <4.4.07.06>

—(Avec RICAUD, Louis; NGHIÊM, Toan; LEVI, Jean) *Les Trois Royaumes*. People's Literature Publishing House: Bibliothèque des classiques chinois 大中华文库, 2012. <4.4.07.07>

LEVI, Jean

—*Dispute sur le sel et le fer*. Les Belles Lettres: Bibliothèque chinoise, 2010. <3.9.02.03>

—*Écrits de Maître Wen: Livre de la pénétration du mystère*. Les Belles Lettres: Bibliothèque chinoise, 2012. <3.2.04.01>

—*Han-Fei-tse, ou Le tao du prince*. Seuil: Points Sagesses, 1999. <3.1.03.02>

—*L'Art de la guerre*. Fayard: Pluriel, 2015. <3.4.01.18>

—*Lao-tseu [le]: Suivi des Quatre Canons de l'empereur Jaune*. Albin Michel: Spiritualité, 2009. <3.2.01.26> <3.2.09.02>

—*Lao-tseu [le]: Suivi des Quatre Canons de l'empereur Jaune*. Albin Michel, 2017. <3.2.01.27> <3.2.09.03>

—*Le livre du Prince Shang*. Flammarion: Aspects de l'Asie, 1992. <3.1.05.01>

—*Le livre du Prince Shang*. Flammarion: Divers Sciences, 2005. <3.1.05.02>

—*Les 36 Stratagèmes: Manuel secret de l'art de la guerre*. Rivages: Rivages poche, 2007. <3.4.02.02>

—*Les Deux arbres de la Voie: Le Livre de Lao-Tseu / Les Entretiens de Confucius*. Les Belles Lettres: Bibliothèque chinoise, 2018. <1.2.03.14> <3.2.01.28>

—*Les Entretiens de Confucius et ses disciples*. Albin Michel, 2016. <1.2.03.13>

—*Les Fables de Maître Lie*. Encyclopédie des Nuisances, 2014. <3.2.03.14>

—*Les Œuvres de Maître Tchouang*. Encyclopédie des Nuisances, 2006. <3.2.02.16>

—*Les Œuvres de Maître Tchouang*. Encyclopédie des Nuisances, 2010. <3.2.02.17>

—*Nouveaux Principes de politique*. Zulma, 2003. <3.9.03.01>

—(Avec BAUDRY-WEULERSSE, Delphine; BAUDRY, Pierre) *Dispute sur le sel et le fer: Un prodigieux document sur l'art de gouverner. Yantie lun*. Lanzmann & Seghers, 1978. <3.9.02.01>

—(Avec BAUDRY-WEULERSSE, Delphine; BAUDRY, Pierre) *Dispute sur le sel et le fer*. Lanzmann & Seghers, 1991. <3.9.02.02>

—(Avec CHANG Fu-jui; DARROBERS, Roger; EPSTEIN, Lionel; HART, Sarah; LANSELLE, Rainier; LÉVY, André; MATHIEU, Rémi) *À la recherche des esprits*. Gallimard: Connaissance de l'Orient, 1992. <4.4.02.01>

—(Avec LEVI, Angélique) *Les trois royaumes, Tome 3*. Flammarion: Littérature ETR, 2009. <4.4.07.06>

—(Avec NGHIÊM, Toan; RICAUD, Louis; LEVI, Angélique) *Les Trois Royaumes*. People's Literature Publishing House: Bibliothèque des classiques chinois 大中华文库, 2012. <4.4.07.07>

—(Avec BAI Gang; CHENG, Anne; LE BLANC, Charles; MARCHAND, Jean; MATHIEU, Rémi; PHAM-MICLOT, Nathalie; ZHENG, Chantal) *Philosophes taoïstes, tome 2: Huainan zi*. Gallimard: Bibliothèque de la Pléiade, 2003. <3.2.05.03>

LÉVI, Sylvain

—(Avec CHAVANNES, Édouard) « Voyages des pèlerins bouddhistes. L'Itinéraire d'Ou-k'ong (751—790) ». *Journal asiatique*, tome VI, 1895. <2.2.09.01>

LÉVY, André

—*Chroniques de l'étrange*. Philippe Picquier, 1998. <4.4.11.10>

—*Chroniques de l'étrange*. Philippe Picquier, 2005. <4.4.11.11>

—*Chroniques de l'étrange*. Philippe Picquier, 2016. <4.4.11.12>

—*Fleur en fiole d'or: Jing Ping Mei cihua*. Gallimard: Folio, 2004. <4.4.09.08>

—*Fleur en fliole d'or*. People's Literature Publishing House: Bibliothèque des classiques chinois 大中华文库, 2017. <4.4.09.09>

—*Jin Ping Mei / Fleur en Fiole d'Or*. Gallimard: Bibliothèque de la Pléiade, 1985. <4.4.09.07>

—*L'Amour de la renarde: Marchands et lettrés de la vieille Chine. Douze contes du XVIIe siècle*. Gallimard: Connaissance de l'Orient/UNESCO, 1988. <4.4.17.01>

—*L'Amour de la renarde: Marchands et lettrés de la vieille Chine. Douze contes du XVIIe siècle*. Gallimard: Connaissance de l'Orient/UNESCO, 2006. <4.4.17.02>

—*L'oreiller magique*. Musica Falsa: Frictions, 2007. <4.5.09.01>

—*La Pérégrination vers l'Ouest, tome 1, livres I à X*. Gallimard: Bibliothèque de la Pléiade, 1991. <4.4.05.07>

—*La Pérégrination vers l'Ouest, tome 2, livres XI à XX*. Gallimard: Bibliothèque de la

Pléiade, 1991. <4.4.05.08>

—*La Pérégrination Vers L'Ouest*. People's Literature Publishing House: Bibliothèque des classiques chinois 大中华文库, 2010. <4.4.05.09>

—*Le Pavillon aux pivoines*. Musica Falsa, 1999. <4.5.03.01>

—*Le Pavillon aux pivoines*. Yuelu Publishing House: Bibliothèque des classiques chinois 大中华文库, 2016. <4.5.03.02>

—*Le Sublime Discours de la fille candide: Manuel d'érotologie chinoise*. Philippe Picquier: Le pavillon des corps curieux, 2000. <3.5.07.01>

—*Les Entretiens de Confucius et ses disciples*. Flammarion: Garnier Flammarion / Philosophie, 1993. <1.2.03.17>

—*Mencius*. You Feng, 2013. <1.2.04.06>

—(Avec GOLDMAN, René) *L'Antre aux fantômes des collines de l'Ouest: Sept contes chinois anciens (XIIᵉ-XIVᵉ siècle)*. Gallimard: Connaissance de l'Orient/UNESCO, 1972. <4.4.16.06>

—(Avec GOLDMAN, René) *L'Antre aux fantômes des collines de l'Ouest: Sept contes chinois anciens (XIIᵉ-XIVᵉ siècle)*. Gallimard: Connaissance de l'Orient/UNESCO, 1987. <4.4.16.07>

—(Avec CHANG Fu-jui; DARROBERS, Roger; EPSTEIN, Lionel; HART, Sarah; LANSELLE, Rainier; LEVI, Jean; MATHIEU, Rémi) *À la recherche des esprits*. Gallimard: Connaissance de l'Orient, 1992. <4.4.02.01>

LEYRIS, Pierre

—(Avec HOUANG, François) *La Voie et sa vertu*. Seuil: Beaux livres, 2009. <3.2.01.25>

—(Avec HOUANG, François) *La Voie et sa vertu: Tao-tê-king*. Seuil: Points Sagesses, 2004. <3.2.01.24>

—(Avec HOUANG, François) *Lao-Tzeu. La Voie et sa vertu*. Seuil, 1949. <3.2.01.23>

LI Fengbai

—(Avec LY-LEBRETON, Denise) *Contes fantastiques du Pavillon des Loisirs*. Éditions en Langues étrangères, 1986. <4.4.11.15>

LI Tche-houa

—« *Le Signe de patience* » *et autres pièces du théâtre des Yuan*. Gallimard: Connaissance de l'Orient, 1992. <4.1.07.04>

—« *Le Signe de patience* » *et autres pièces du théâtre des Yuan*. Gallimard: UNESCO, 1963. <4.1.07.03>

—« Poèmes à chanter (k'iu) des Yuan ». *Anthologie de la poésie chinoise classique*. Gallimard: Poésie, 1962. <4.1.07.02>

—(Avec ALÉZAÏS, Jacqueline) *Le rêve dans le pavillon rouge*. Gallimard: Bibliothèque de la Pléiade, 1981. <4.4.08.01>

—(Avec ALÉZAÏS, Jacqueline) *Le rêve dans le pavillon rouge*. Gallimard: Bibliothèque de la Pléiade, 2003. <4.4.08.02>

—(Avec ALÉZAÏS, Jacqueline) *Le rêve dans le pavillon rouge*. People's Literature Publishing House: Bibliothèque des classiques chinois 大中华文库, 2012. <4.4.08.03>

—(Avec GUILLERMAZ, Jacques; GUILLERMAZ, Patricia; HERVOUET, Yves; KALTENMARK, Max; KALTENMARK, Odile; RUHLMANN, Robert; THCANG Fou-jouei) *Contes extraordinaires du Pavillon du loisir*. Gallimard: Connaissance de l'Orient, 1970. <4.4.11.07>

—(Avec GUILLERMAZ, Jacques; GUILLERMAZ, Patricia; HERVOUET, Yves; KALTENMARK, Max; KALTENMARK, Odile; RUHLMANN, Robert; THCANG Fou-jouei) *Contes extraordinaires du Pavillon du loisir*. Gallimard: Connaissance de l'Orient, 1987. <4.4.11.08>

LIANG Tsong Tai

—*Les poèmes de T'ao Ts'ien*. Lemarget, 1930. <4.2.02.01>

LIONNET, Jacques

—*Tao te king. Traité sur le principe et l'art de la vie des vieux maîtres de la Chine*. Maisonneuve, 1962. <3.2.01.43>

LIOU Kia-Hway

—*Joie suprême et autres textes*. Gallimard: Folio 2, 2013. <3.2.02.05>

—*Joie suprême et autres textes*. Gallimard: Folio Sagesses, 2018. <3.2.02.06>

—*Œuvre complète de Tchouang-tseu*. Gallimard: Folio Essais, 2011. <3.2.02.04>

—*Tao tö king*. Gallimard: Folio Sagesses, 2015. <3.2.01.18>

—*Tao tö king*. Gallimard: Connaissance de l'Orient, 1990. <3.2.01.15>

—*Tao tö king*. Gallimard: Folio, 2002. <3.2.01.16>

—*Tao tö king*. Gallimard: GAL ECO LIRE CD, 2002. <3.2.01.17>

—*Tao tö king*. Gallimard: idées nrf, 1969. <3.2.01.14>

—*Tchouang-tseu, L'Œuvre complète*. Gallimard: UNESCO, 1969. <3.2.02.01>

—*Tchouang-tseu, Œuvre complète*. Gallimard: Connaissance de l'Orient, 1985. <3.2.02.02>

LOURME, Jean-Marie

—*Mémoire sur les monastères bouddhiques de Luoyang*. Les Belles Lettres: Bibliothèque chinoise, 2014. <2.3.05.01>

LOVEDAY, Helen

—(Avec DUCOR, Jérôme) *Le sūtra des contemplations du Buddha Vie-Infinie: Essai d'interprétation textuelle et iconographique*. Brepols: Bibliothèque de l'École des hautes études en sciences religieuses, 2011. <3.3.07.01>

LÜ Hua

—*Laozi*. Foreign Language Teaching and Researching Press: Bibliothèque des classiques chinois 大中华文库, 2009. <3.2.01.53>

LUO Shenyi

—*L'art de la guerre selon Sun Bin*. You Feng, 2011. <3.4.03.02>

LY-LEBRETON, Denise

—(Avec LI Fengbai) *Contes fantastiques du Pavillon des Loisirs*. Éditions en Langues étrangères, 1986. <4.4.11.15>

MA Kou

—*Tao Te King*. Albin Michel: Spiritualités vivantes, 1984. <3.2.01.46>

MAIRET, Serge

—*Lao Tzeu, Mes mots sont faciles à comprendre*. Le Courrier du Livre: Trésor des arts martiaux, 1998. <3.2.01.34>

—Lao Tzeu, Mes mots sont faciles à comprendre. Le Courrier du Livre, 2012. <3.2.01.35>

MARCHAND, Jean

—(Avec BAI Gang; CHENG, Anne; LE BLANC, Charles; LEVI, Jean; MATHIEU, Rémi; PHAM-MICLOT, Nathalie; ZHENG, Chantal) *Philosophes taoïstes, tome 2: Huainan zi.* Gallimard: Bibliothèque de la Pléiade, 2003. <3.2.05.03>

MARGOULIÈS, Georges

—Le « fou » dans le Wen-siuan: étude et textes. Libraire Orientaliste; Université de Californie, 2010. <4.1.02.01>

MASSAT, Guy

—(Avec RIVAS, Arthur) *Dao Dé Jing (Tao Te King), Traités des pouvoirs de la voix véritable.* L'Harmattan: Poètes des cinq continents, 2016. <3.2.01.60>

MASSOULIER, Matthias

—Les principes de gouvernance de la Chine ancienne: 360 passages tirés du recueil original du Qunshu Zhiyao. You Feng, 2016. <3.9.05.01>
—Les principes de gouvernance de la Chine ancienne: 360 passages tirés du recueil original du Qunshu Zhiyao Tome II. You Feng, 2017. <3.9.05.02>

MATHIEU, Rémi

—Daodejing [le]: « Classique de la voie et de son efficience ». Entrelacs, 2008. <3.2.01.51>
—Démons et Merveilles dans la littérature chinoise des Six Dynasties: Le fantastique et l'anecdotique dans le Soushen ji de Gan Bao. You Feng, 2000. <4.4.02.02>
—Élégies de Chu. Chu ci. Attribuées à Qu'Yuan et autres poètes chinois de l'Antiquité (IVe siècle av. J.-C.‑IIe siècle apr. J.-C.). Gallimard: Connaissance de l'Orient, 2004. <4.1.01.01>
—Étude sur la mythologie et l'ethnologie de la Chine ancienne. Institut des hautes études chinoises, Collège de France, 1983. <2.2.01.03>
—Le Classique des Poèmes/Shijing: Poésie chinoise de l'Antiquité. Gallimard: Folio bilingue, 2019. <1.1.03.12>

—*Le Mu tianzi zhuan*. Collège de France: Mémoires de l'Institut des hautes études chinoises, 1978. <4.4.01.01>

—*Lie Tseu: L'authentique classique de la parfaite vacuité*. Entrelacs, 2012. <3.2.03.13>

—(Avec BAI Gang; CHENG, Anne; LE BLANC, Charles; LEVI, Jean; MARCHAND, Jean; PHAM-MICLOT, Nathalie; ZHENG, Chantal) *Philosophes taoïstes, tome 2: Huainan zi*. Gallimard: Bibliothèque de la Pléiade, 2003. <3.2.05.03>

—*Traité sur le Ciel et autres textes*. Gallimard: Folio 2, 2013. <3.1.01.03>

—(Avec LE BLANC, Charles) *Philosophes confucianistes*. Gallimard: Bibliothèque de la Pléiade, 2009. <1.2.01.09> <1.2.03.18> <1.3.01.05>

—(Avec CHANG Fu-jui; DARROBERS, Roger; EPSTEIN, Lionel; HART, Sarah; LANSELLE, Rainier; LEVI, Jean; LÉVY, André) *À la recherche des esprits*. Gallimard: Connaissance de l'Orient, 1992. <4.4.02.01>

MATHUISIEULX, Sylvie de

—*Le Voyage vers l'ouest*. Calleva: L'Aventure des mythes, 2011. <4.4.05.17>

MAUREY, Martin

—*Du rouge au gynécée*. Philippe Picquier: Littérature, 1999. <4.4.30.02>

—*Du rouge au gynécée*. Philippe Picquier: Picquier poche, 1998. <4.4.30.01>

McELHEARN, Kirk

—(Avec JAVARY, Cyrille) *Yi Jing*. Le sens originel du « Livre des mutations ». Dangles: Grand angle, 1999. <1.1.01.24>

MELYAN, Gary

—(Avec CHU Wen-kuang) *Yi King*. Grund: Clin d'œil, 2005. <1.1.01.28>

MEYNARD, Thierry

—*Le Sens réel de « Seigneur du Ciel »*. Les Belles Lettres: Bibliothèque chinoise, 2013. <3.1.11.01>

MICHELS, Abel des

—*Tam Tu Kinh ou Le livre des phrases de trois caractères*. Ernest Leroux, 1882. <3.8.01.04>

MILSKY, Constantin

—(Avec ANDRÈS, Gilles) *Ling shu: Pivot merveilleux*. La Tisserande, 2009. <3.5.02.01>

(Dit) Miranda

—« Les classiques: Poèmes ». *Littérature chinoise*, série 3, 1965. <4.1.05.10>

MITCHELL, Stephen

—*Tao Te King*. Synchronique: Poche, 2012. <3.2.01.30>

—*Tao Te King: Un voyage illustré*. Synchronique: Esprit contemporain, 2008. <3.2.01.29>

—(Avec LABAYLE, Benoît) *Tao Te King: Un voyage illustré*. Synchronique, 2019. <3.2.01.31>

MO Si

—(Avec HENRY, Nicolas) *Le voyage vers l'ouest*. Fei: Lian Huan Hua, 2014. <4.4.05.19>

—(Avec HENRY, Nicolas) *Les trois royaumes*. Fei: Lian Huan Hua, 2015. <4.4.08.07>

—(Avec HENRY, Nicolas) *Les trois royaumes, Tomes 1 à 30*. Fei: Lian Huan Hua, 2013. <4.4.07.14>

MOLLARD, Michel

—(Avec CHEN Lichuan) *L'art de la persuasion*. Rivages: Rivages Poche – Petite Bibliothèque, 2019. <3.4.06.01>

MORANT, Soulié de

—*La brise au clair de lune; « le deuxième livre de génie »*. Librairie Grasset: Les Cahiers Verts, 1925. <4.4.23.01>

—*La brise au clair de lune; « le deuxième livre de génie »*. Librairie Grasset: Les Cahiers Verts, 2004. <4.4.23.02>

MOREL, Françoise

—*Le soutra de l'estrade du don de la loi – Enseignement du grand Maître Hui Heng*. La Table Ronde: Chemin de Sages, 2001. <3.3.09.05>

MORVAN, Jean-David

—*Au bord de l'eau, Tome 1*. Delcourt: Ex-Libris, 2010. <4.4.06.06>

—*Au bord de l'eau, Tome 2*. Delcourt: Ex-Libris, 2010. <4.4.06.07>
—*Le dieu singe, Tome 1*. Delcourt: Ex-Libris, 2008. <4.4.05.14>
—*Le dieu singe, Tome 2*. Delcourt: Ex-Libris, 2009. <4.4.05.15>
—*Le dieu singe, Tome 3*. Delcourt: Ex-Libris, 2011. <4.4.05.16>

MUSSAT, Maurice
—*Sou Nü Jing: Le merveilleux traité de sexualité chinoise*. Médicis, 2003. <3.5.06.02>
—*Sou Nu King: La sexualité taoïste de la Chine ancienne*. Seghers, 1978. <3.5.06.01>

NGHIÊM, Toan
—(Avec RICAUD, Louis) *Les trois royaumes*. Société des Études Indochinoises: UNESCO d'œuvres représentatives, 1963. <4.4.07.03>
—(Avec RICAUD, Louis) *Les trois royaumes, Tome 1*. Flammarion: Littérature ETR, 2009. <4.4.07.04>
—(Avec RICAUD, Louis) *Les trois royaumes, Tome 2*. Flammarion: Littérature ETR, 2009. <4.4.07.05>
—(Avec RICAUD, Louis; LEVI, Angélique; LEVI, Jean) *Les Trois Royaumes*. People's Literature Publishing House: Bibliothèque des classiques chinois 大中华文库, 2012. <4.4.07.07>

NIQUET, Valérie
—*Le traité militaire de Sun Bin*. Economica, 1996. <3.4.03.01>

PASTOR, Jean-Claude
—*Éléments pour une lecture du Siwenlu Neipian de Wang Fuzhi (1619—1692)*. You Feng, 2010. <3.7.11.01>
—*Les Chapitres intérieurs*. Cerf: Patrimoines—Orient, 1990. <3.2.02.18>

PAUTHIER, Guillaume
—*Chi-king, ou Livre des vers*. Maisonneuve, 1872. <1.1.03.09>
—*Doctrine de Confucius ou Les quatre livres de philosophie morale et politique de la Chine*. Librairie Garnier Frères, 1921. <1.2.01.02>
—*Le livre classique des trois caractères, en chinois et en français accompagné de la traduction*

complète du commentaire de Wang Peh-heou. Challamel aîné, 1873. <3.8.01.02>

—*Les livres sacrés de l'orient (Le Chou-King ou Le Livre par excellence. Les Sse-Chou ou Les Quatre livres moraux de Confucius et de ses disciples. Les Lois de Manou, premier législateur de l'Inde. Le Koran de Mahomet).* Panthéon Littéraire/Forgotten Books, 2018. <1.1.02.11>

—*Les livres sacrés de l'orient (Le Chou-King ou Le Livre par excellence. Les Sse-Chou ou Les Quatre livres moraux de Confucius et de ses disciples. Les Lois de Manou, premier législateur de l'Inde. Le Koran de Mahomet).* Panthéon Littéraire/Kessinger Publishing, 2010. <1.1.02.09>

—*Les livres sacrés de l'orient (Le Chou-King ou Le Livre par excellence. Les Sse-Chou ou Les Quatre livres moraux de Confucius et de ses disciples. Les Lois de Manou, premier législateur de l'Inde. Le Koran de Mahomet).* Panthéon Littéraire/Nabu Press, 2011. <1.1.02.10>

—*Les quatre livres de philosophie morale et politique de la Chine/Confucius et Mencius.* Charpentier, 1858. <1.2.04.04>

—*Tá hio [le] ou La grande étude.* Hachette: Hachette BnF, 2013. <1.2.01.04>

—*Ta-Hio [le], ou La grande Étude.* 1832. <1.2.01.01>

—*Ta-Hio [le], ou La grande Étude.* Rouyat-Éditeurs, 1979. <1.2.01.03>

—*Tao-Te-King [le], ou Le livre révéré de la raison suprême et de la vertu.* F. Didots libraires/Benjamin Duprat/Ve Dondey Dupré/Victor Masson, 1838. <3.2.01.39>

PAVIE, Théodore

—*Histoire des trois royaumes, Tome I.* Benjamin Duprat, 1845. <4.4.07.01>

—*Histoire des trois royaumes, Tome II.* Benjamin Duprat, 1851. <4.4.07.02>

PELLIOT, Paul

—« Meou-tseu ou les doutes levés ». *T'oung pao*, volume XIX, n° 5, 1920. <3.1.09.01>

PERRONT, Nadine

—*Pérégrination vers l'est.* Gallimard: Connaissance de l'Orient, 1993. <4.4.14.01>

PERROT, Étienne

—*Tao Te King.* Médicis, 2003. <3.2.01.49>

—*Yi King: le livre des transformations*. Médicis, 1973. <1.1.01.10>

—*Yi king: le livre des transformations (2 parties: Le Texte – Les Matériaux)*. Médicis Entrelacs, 1992. <1.1.01.11>

—*Yi king: le livre des transformations (texte complet)*. Médicis: Sagesse Orientale, 1994. <1.1.01.12>

PETRUCCI, Raphaël

—*Kiai-Tseu-Yuan Houa Tchouan, Les Enseignements de la Peinture du Jardin grand comme un Grain de Moutarde. Encyclopédie de la peinture chinoise*. Peinture Galerie 14, 1999. <3.6.07.04>

—*Kiai-Tseu-Yuan Houa Tchouan, Les Enseignements de la Peinture du Jardin grand comme un Grain de Moutarde. Encyclopédie de la peinture chinoise*. You Feng, 2000. <3.6.07.05>

—*Kiai-Tseu-Yuan Houa Tchouan, Les Enseignements de la Peinture du Jardin grand comme un Grain de Moutarde. Encyclopédie de la peinture chinoise*. You Feng, 2004. <3.6.07.06>

—*Kiai-Tseu-Yuan Houa Tchouan, Les Enseignements de la Peinture du Jardin grand comme un Grain de Moutarde. Encyclopédie de la peinture chinoise. Livre I-Livre III.* Henri Laurens; Pierre Palpant, 2007. <3.6.07.01>

—*Kiai-Tseu-Yuan Houa Tchouan, Les Enseignements de la Peinture du Jardin grand comme un Grain de Moutarde. Encyclopédie de la peinture chinoise. Livre IV-Livre VII.* Henri Laurens; Pierre Palpant, 2007. <3.6.07.02>

—*Kiai-Tseu-Yuan Houa Tchouan, Les Enseignements de la Peinture du Jardin grand comme un Grain de Moutarde. Encyclopédie de la peinture chinoise. Livre VIII-Livre IX.* Henri Laurens; Pierre Palpant, 2007. <3.6.07.03>

PEYRELON(-WANG), Rébecca

—*Conversations pures des six dynasties*. You Feng: Culture traditionnelle chinoise, 2010. <3.7.02.04>

—*Han Feizi et son enseignement: La force du légisme*. You Feng: Culture traditionnelle chinoise, 2010. <3.1.03.04>

—*L'investiture des dieux (I)*. You Feng: Culture traditionnelle chinoise, 2010. <4.4.12.02>

—*L'investiture des dieux (II)*. You Feng: Culture traditionnelle chinoise, 2011. <4.4.12.03>

—*La grande étude – L'Invariable milieu de confucius*. You Feng: Culture traditionnelle chinoise, 2010. <1.2.01.11>

—*La grande étude – L'Invariable milieu de confucius*. You Feng: Culture traditionnelle chinoise, 2010. <1.2.02.07>

—*La légende du Roi Singe*. You Feng: Culture traditionnelle chinoise, 2008. <4.4.05.12>

—*La légende du serpent blanc*. You Feng: Culture traditionnelle chinoise, 2010. <4.4.16.04>

—*La pérégrination vers l'ouest*. You Feng: Culture traditionnelle chinoise, 2008. <4.4.05.13>

—*Laozi et son enseignement I*. You Feng: Culture traditionnelle chinoise, 2009. <3.2.01.74>

—*Laozi et son enseignement II*. You Feng: Culture traditionnelle chinoise, 2009. <3.2.01.75>

—*Le duel des héros; Les plaidoiries du Juge Bao*. You Feng: Les Plaidoiries du juge Bao, 2013. <4.4.21.03>

—*Le Juge Bao et le plaidoyer des fantômes; Les plaidoiries du Juge Bao*. You Feng: Les Plaidoiries du juge Bao, 2005. <4.4.21.01>

—*Le Juge Bao et l'impératrice du silence; Les plaidoiries du Juge Bao*. You Feng: Les Plaidoiries du juge Bao, 2005. <4.4.21.02>

—*Le sutra de l'estrade*. You Feng: Culture traditionnelle chinoise, 2013. <3.3.09.06>

—*Le sutra du cœur*. You Feng: Culture traditionnelle chinoise, 2013. <3.3.01.04>

—*Le sutra du dharma*. You Feng: Grands Classiques en bande dessinée, 2013. <3.3.13.04>

—*Les contes de l'étrange: Légendes de fantômes et de renards*. You Feng: Culture traditionnelle chinoise, 2010. <4.4.11.22>

—*Les Entretiens de Confucius*. You Feng: Culture traditionnelle chinoise, 2011. <1.2.03.28>

—*Les mémoires historiques: La Grande Muraille de l'histoire*. You Feng, 2009. <2.1.01.12>

—*Mencius et son enseignement: Un remède au chaos*. You Feng: Culture traditionnelle chinoise, 2010. <1.2.04.11>

—*Propos sur la racine des légumes*. You Feng, 2010. <3.9.09.03>

—*Trésor de la Connaissance: La lumière éternelle. Pensées et Dharma de Maître Hsing*

Yun. You Feng: La sagesse éternelle, 2004. <3.9.09.02>

—*Zhuangzi et son enseignement: Tome 1, La mélodie de la nature*. You Feng: Culture traditionnelle chinoise, 2011. <3.2.02.27>

—*Zhuangzi et son enseignement: Tome 2, La mélodie de la nature*. You Feng: Culture traditionnelle chinoise, 2014. <3.2.02.28>

PHAM-MICLOT, Nathalie

—(Avec BAI Gang; CHENG, Anne; LE BLANC, Charles; LEVI, Jean; MATHIEU, Rémi; MARCHAND, Jean; ZHENG, Chantal) *Philosophes taoïstes, tome 2: Huainan zi*. Gallimard: Bibliothèque de la Pléiade, 2003. <3.2.05.03>

PHILASTRE, Paul-Louis-Félix

—*Yi King*. Zulma,1966. <1.1.01.06>

—*Yi King*. Zulma, 1992. <1.1.01.07>

—*Yi King [Le]*. Zulma: Le Livre des changements, 1998. <1.1.01.08>

—*Yi King*. Yuelu Publishing House: Bibliothèque des classiques chinois 大中华文库, 2009. <1.1.01.09>

PHILD, David

—*Yi King: Le livre des transformations*. DP Marketing, 2008. <1.1.01.30>

PIMPANEAU, Jacques

—« Bianwen [les] ». *Anthologie de la littérature chinoise classique*. Philippe Picquier, 2004. <4.1.08.01>

—« L'Histoire des Han antérieurs: Biographie de Li Ling et Biographie de Su Wu ». *Anthologie de la littérature chinoise classique*. Philippe Picquier, 2004. <2.1.02.01>

—« Le Ressentiment de Dou E (Dou E yuan) ». *Anthologie de la littérature chinoise classique*. Philippe Picquier, 2004. <4.5.02.02>

—*Maître Cinq Saules et Maître Cinq Saules et le bonze, Biographie des regrets éternels*. Philippe Picquier, 1989. <4.2.02.03>

—*Notes diverses sur la capitale de l'Ouest*. Les Belles Lettres: Bibliothèque chinoise, 2016. <2.3.03.01>

—« Poèmes chantés de l'époque Song ». *Anthologie de la littérature chinoise classique*.

Philippe Picquier, 2004. <4.1.06.05>

—(Avec CARRÉ, Patrick; GIRAUD, Daniel; STOČES, Ferdinand; HERVOUET, Yves) « Poèmes de l'époque Tang ». *Anthologie de la littérature chinoise classique*. Philippe Picquier, 2004. <4.1.05.26>

—*Propos et anecdotes de la vie selon le Tao*. Philippe Picquier: Picquier poche, 2002. <3.7.02.02>

—*Propos et anecdotes de la vie selon le Tao*. Philippe Picquier: Picquier poche, 2016. <3.7.02.03>

—*Royaume en proie à la perdition. Chronique de la Chine ancienne*. Éditions Flammarion, 1985. <4.4.13.01>

—*Royaume en proie à la perdition. Chronique de la Chine ancienne*. Éditions Flammarion, 1992. <4.4.13.02>

—*Sur moi-même*. Philippe Picquier: Picquier poche, 2017. <3.7.07.01>

—*Vies de chinois illustres*. You Feng, 2009. <2.1.01.10>

—« Wenxin diaolong ». *Anthologie de la littérature chinoise classique*. Philippe Picquier, 2004. <4.3.01.02>

—(Avec CHAVANNES, Édouard; HERVOUET, Yves; KALTENMARK, Max; POKORA, Timoteus) *Les Mémoires historiques de Se-Ma Ts'ien*. You Feng, 2015. <2.1.01.08>

—(Comprenant la traduction de PRÉMARE, Joseph Henri Marie de) « Tchao chi cou ell, ou Le Petit Orphelin de la maison de Tchao ». *Anthologie de la littérature chinoise classique*. Philippe Picquier, 2004. <4.5.04.02>

PINTO, Roger

—*Le livre de la Piété filiale*. Seuil: Classiques en images, 2009. <1.3.01.03>

—(Avec CIBOT, Pierre-Martial) *Le livre de la Piété filiale*. Seuil: Points Sagesses, 1998. <1.3.01.02>

PIRY, Théophile

—*Erh-Tou-Mei, ou Les pruniers merveilleux, premier tome*. Ernest Leroux, 1886. <4.4.24.01>

—*Erh-Tou-Mei, ou Les pruniers merveilleux, second tome*. É. Dentu, 1880. <4.4.24.02>

—*Le Saint Édit: Étude de littérature chinoise*. Bureau des Statistiques, Inspectorat général des douanes, Shanghai, 1879. <3.9.10.01>

PORRET, Jean-Pierre

—*Kin P'ing Mei ou la fin de la merveilleuse histoire de Hsi Men avec ses six femmes, 2 tomes*. Guy Le Prat, 1979. <4.4.09.04>

—*Kin P'ing Mei ou la merveilleuse histoire de Hsi Men avec ses six femmes*. Club Français du Livre, 1967. <4.4.09.03>

—*Kin P'ing Mei ou la merveilleuse histoire de Hsi Men avec ses six femmes*. Guy Le Prat, 1953. <4.4.09.01>

—*Kin P'ing Mei ou les six fleurs du mandarin*. Les Productions de Paris, 1962. <4.4.09.02>

—*Lotus d'or ou la Merveilleuse Histoire de Hsi Men avec ses six femmes*. Jean de Bonnot, 1999. <4.4.09.05>

—(Avec HENRY, Christophe; SETH, Catriona; BLUM, Claude; FOURNIER, Jacques) *La Merveilleuse Histoire de Hsi Men avec ses six femmes*. Garnier, 2011. <4.4.09.06>

POUVOURVILLE, Matgioi Albert de

—*Le Traité des influences errantes de Quangdzu*. Bibliothèque de la Haute Science, 1896. <3.2.02.14>

—*Le Traité des Influences Errantes de Quangdzu*. Independently published, 2019. <3.2.02.15>

—*Tao de Lao Tseu [le]*. Librairie de l'art indépendant, 1894. <3.2.01.40>

—*Te de Lao Tseu [le]*. Librairie de l'art indépendant, 1894. <3.2.01.41>

PRÉDALI, Dominique

—*Mencius. Les paroles d'un Sage dans une Époque trouble*. Carthame: Philo-bédé, 1996. <1.2.04.10>

PRÉMARE, Joseph Henri Marie de

—(Dans le recueil établi par PIMPANEAU, Jacques) « Tchao chi cou ell, ou Le Petit Orphelin de la maison de Tchao ». *Anthologie de la littérature chinoise classique*. Philippe Picquier, 2004. <4.5.04.02>

—(Dans le recueil établi par DU HALDE, Jean-Baptiste) « Tchao chi cou ell, ou Le Petit Orphelin de la maison de Tchao ». *Description de l'empire de la Chine, tome troisième*. P. G. Lemercier, 1735. <4.5.04.01>

RECLUS, Jacques

—*Le vendeur d'huile qui conquiert la reine de beauté.* Philippe Picquier, 1999. <4.4.15.02>

—*Le vendeur d'huile qui conquiert la reine de beauté.* Philippe Picquier, 1999. <4.4.18.08>

—*Récits d'une vie fugitive: Mémoires d'un lettré pauvre.* Gallimard: Connaissance de l'Orient, 1986. <3.7.13.02>

RICAUD, Louis

—(Avec NGHIÊM, Toan) *Les trois royaumes.* Société des Études Indochinoises: UNESCO d'œuvres représentatives, 1963. <4.4.07.03>

—(Avec NGHIÊM, Toan) *Les trois royaumes, Tome 1.* Flammarion: Littérature ETR, 2009. <4.4.07.04>

—(Avec NGHIÊM, Toan) *Les trois royaumes, Tome 2.* Flammarion: Littérature ETR, 2009. <4.4.07.05>

—(Avec NGHIÊM, Toan; LEVI, Angélique; LEVI, Jean) *Les Trois Royaumes.* People's Literature Publishing House: Bibliothèque des classiques chinois 大中华文库, 2012. <4.4.07.07>

RIVAS, Arthur

—(Avec MASSAT, Guy) *Dao Dé Jing (Tao Te King), Traités des pouvoirs de la voix véritable.* L'Harmattan: Poètes des cinq continents, 2016. <3.2.01.60>

ROBERT, Jean-Noël

—*Le Sûtra du lotus.* Fayard: L'Espace intérieur, 1997. <3.3.04.01>

ROLLIN, Jean-François

—*Li Sao, Jiu Ge et Tian Wen.* La Différence: Orphée, 1990. <4.1.01.02>

ROBINET, Isbelle

—(Avec LARRE, Claude; ROCHAT DE LA VALLÉE, Élisabeth) *Les grands traités du Huainan Zi.* Cerf/Institut Ricci: Variétés sinologiques, 1993. <3.2.05.02>

ROCHAT DE LA VALLÉE, Élisabeth

—(Avec LARRE, Claude; ROBINET, Isabelle) *Les grands traités du Huainan Zi.* Cerf/Institut Ricci: Variétés sinologiques, 1993. <3.2.05.02>

—(Avec LARRE, Claude) *De vide en vide: La Conduite de la Vie.* Desclée de Brouwer/Institut Ricci, 1994. <3.2.02.19>

—(Avec LARRE, Claude) *Su Wen: Les 11 premiers traités.* Maisonneuve, 1993. <3.5.01.07>

ROSENTHAL, Oreste

—(Avec BLASSE, Jean; HUANG San) *Moines et nonnes dans l'océan des péchés.* Philippe Picquier: Le pavillon des corps curieux/Picquier poche, 1999. <4.4.37.01>

—(Avec HUANG San) *Les écarts du Prince Hailing.* Philippe Picquier: Le pavillon des corps curieux/Picquier poche, 1999. <4.4.36.02>

—(Avec HUANG San) *Les écarts du Prince Hailing.* Philippe Picquier: Littérature, 1995. <4.4.36.01>

ROSNY, Léon de

—*Chan-hai-king: Antique géographie chinoise: Tome premier.* Maisonneuve, 1891. <2.2.01.02>

—*La morale de Confucius: le livre sacré de la piété filiale.* Maisonneuve, 1893. <1.3.01.04>

ROY, Claude

—*Le Voleur de poèmes, Chine.* Mercure de France: Poésie, 1992. <4.1.05.19>

ROYÈRE, Anne-Christine

—(Avec TCHANG Fou-jouei; TCH'EN Yen-hia; CHENG, François; LEANG P'ei-tchen; RUHLMANN, Robert) « Poèmes des Tang ». *Anthologie de la poésie chinoise classique*, Gallimard, 1962. <4.1.05.09>

RUHLMANN, Robert

—(Avec GUILLERMAZ, Jacques; GUILLERMAZ, Patricia; HERVOUET, Yves; KALTENMARK, Max; KALTENMARK, Odile; LI Tche-houa; THCANG Fou-jouei) *Contes extraordinaires du Pavillon du loisir.* Gallimard: Connaissance de l'Orient, 1970. <4.4.11.07>

—(Avec GUILLERMAZ, Jacques; GUILLERMAZ, Patricia; HERVOUET, Yves; KALTENMARK, Max; KALTENMARK, Odile; LI Tche-houa; THCANG Fou-jouei) *Contes extraordinaires du Pavillon du loisir*. Gallimard: Connaissance de l'Orient, 1987. <4.4.11.08>

—(Avec TCHANG Fou-jouei; TCH'EN Yen-hia; CHENG, François; LEANG P'ei-tchen; ROYÈRE, Anne-Christine) « Poèmes des Tang ». *Anthologie de la poésie chinoise classique*, Gallimard, 1962. <4.1.05.09>

RYCKMANS, Pierre (sous le nom de plume de Simon LEYS)
—*Les Entretiens*. Gallimard: Folio Sagesses, 2016. <1.2.03.12>
—*Les Entretiens*. Gallimard: Connaissance de l'Orient, 1989. <1.2.03.11>
—*Les propos sur la peinture du moine Citrouille-amère*. Hermann: Savoir arts, 1996. <3.6.08.01>
—*Les propos sur la peinture du moine Citrouille-amère*. Plon, 2007. <3.6.08.02>
—*Six récits au fil inconstant des jours*. F. Larcier, 1966. <3.7.13.01>
—*Six récits au fil inconstant des jours*. Jean-Claude Lattès, 2009. <3.7.13.03>

SAINSON, Camille
—*Nan-Tchao Ye-Che. Histoire particulière du Nan-Tchao*. Ernest Leroux, 1904. <2.3.07.01>

SCHLEGEL, Gustave
—*Nouvelles du Kin Kou K'i Kouan: Le vendeur d'huile qui seul possède la Reine-de-beauté, ou Splendeurs et misères des courtisanes chinoises*. Brill/Maisonneuve, 1877. <4.4.18.07>

SEGHERS, Pierre
—(Avec HU Pin Ching; LAMBERT, Marie-Thérèse) *Sagesse et poésie chinoise*. Robert Laffont: Miroir du monde, 1981. <4.1.05.14>

SERVAN-SCHEIBER, Sylvie
—*Le Sûtra du lotus*. Les Indes savantes: Asie, 2008. <3.3.04.03>

SETH, Catriona

—(Avec PERROT, Jean-Pierre; HENRY, Christophe; BLUM, Claude; FOURNIER, Jacques) *La Merveilleuse Histoire de Hsi Men avec ses six femmes.* Garnier, 2011. <4.4.09.06>

SHI Bo

—*Les plus beaux poèmes lyriques de la dynastie des Tang.* Quimétao: Culture et Coutumes chinoises, 2001. <4.1.05.25>

SHI Yun

—(Avec CHATAIN, Jacques; ZHAO Jiaxi) *Poèmes à chanter de l'époque Song.* Actuels: Morari, 1984. <4.1.06.02>

SMEDT, Marc de

—*Aphorismes et paraboles.* Albin Michel: Spiritualités vivantes, 2005. <3.2.02.20>

STEENS, Eulalie

—*Le Véritable Tao Te King.* Rocher: Sciences Humaines, 2002. <3.2.01.48>

STOČES, Ferdinand

—*Le ciel pour couverture, la terre pour oreiller: La vie et l'œuvre de Li Po.* Éditions Phillipe Piciquier, 2003. <4.2.05.08>

—*Le ciel pour couverture, la terre pour oreiller: La vie et l'œuvre de Li Po.* Éditions Phillipe Piciquier: Picquier poche, 2006. <4.2.05.11>

—(Avec CARRÉ, Patrick; PIMPANEAU, Jacques; GIRAUD, Daniel; HERVOUET, Yves) « Poèmes de l'époque Tang ». *Anthologie de la littérature chinoise classique.* Philippe Picquier, 2004. <4.1.05.26>

STROM, Henning

—*Livre de la voie et de la vertu.* You Feng, 2004. <3.2.01.50>

TANG, A.

—(Avec LEANG P'ei-tchen; KALTENMARK, Odile) « Poèmes à chanter (ts'eu) des Song ». *Anthologie de la poésie chinoise classique.* Gallimard: Poésie, 1962. <4.1.06.01>

TANG Jialong

—*L'Art de la guerre*. Éditions en Langues étrangères: Classiques chinois 中国经典, 2010. <3.4.01.16>

—*L'art de la guerre: Suivi de « L'art de la guerre » de Sun Bin*. Rivages: Rivages Poche – Petite Bibliothèque, 2019. <3.4.01.17>

—*L'art de la guerre: Suivi de « L'art de la guerre » de Sun Bin*. Rivages: Rivages Poche – Petite Bibliothèque, 2019. <3.4.03.05>

—*L'art de la guerre, Sunzi. L'art de la guerre, Sun Bin*. Rivages: Rivages Poche – Petite Bibliothèque, 2004. <3.4.01.15>

—*L'art de la guerre, Sunzi. L'art de la guerre, Sun Bin*. Rivages: Rivages Poche – Petite Bibliothèque, 2004. <3.4.03.04>

TARTAIX, Raymond

—(Avec WANG Dongliang) *Les signes et les mutations: Une approche nouvelle du Yi King, histoire, pratique et texte*. L'Asiathèque: Divination chinoise, 1998. <1.1.01.23>

TATU, Aloïs

—*Galantes chroniques de renardes enjôleuses*. Philippe Picquier: Le pavillon des corps curieux/Littérature, 2005. <4.4.41.01>

—*Galantes chroniques de renardes enjôleuses*. Philippe Picquier: Picquier poche, 2014. <4.4.41.02>

—*Le Moine mèche-de-lampe*. Philippe Picquier: Le pavillon des corps curieux, 1998. <4.4.27.01>

—*Le pavillon des jades*. Philippe Picquier: Le pavillon des corps curieux, 2003. <4.4.38.01>

—*Le pavillon des jades*. Philippe Picquier: Picquier poche, 2015. <4.4.38.02>

TCHANG Fong

—*Le Paon, poème d'auteur inconnu de la dynastie des Han*. Jouve et Cie, 1924. <4.1.03.03> <4.1.04.01>

TCHANG Fou-jouei (CHANG Fu-jui)

—*Chronique indiscrète des Mandarins*. Gallimard: Connaissance de l'Orient, 1976.

<4.4.10.01>
—*Chronique indiscrète des Mandarins*. Gallimard: Connaissance de l'Orient, 1986.
  <4.4.10.02>
—*Chronique indiscrète des Mandarins*. Gallimard: Connaissance de l'Orient, 1993.
  <4.4.10.04>
—*Chronique indiscrète des Mandarins I*. Gallimard: Connaissance de l'Orient, 1986.
  <4.4.10.03>
—*Chronique indiscrète des Mandarins II*. Gallimard: Connaissance de l'Orient, 2001.
  <4.4.10.05>
—(Avec CHANG, Jacqueline; DIÉNY, Jean-Pierre) *Ce dont le Maître ne parlait pas: Le merveilleux onirique*. Gallimard: Connaissance de l'Orient, 2011. <3.7.14.01>
—(Avec DARROBERS, Roger; EPSTEIN, Lionel; HART, Sarah; LANSELLE, Rainier; LEVI, Jean; LÉVY, André; MATHIEU, Rémi) *À la recherche des esprits*. Gallimard: Connaissance de l'Orient, 1992. <4.4.02.01>
—(Avec TCH'EN Yen-hia; CHENG, François; LEANG P'ei-tchen; ROYÈRE, Anne-Christine; RUHLMANN, Robert) « Poèmes des Tang ». *Anthologie de la poésie chinoise classique*, Gallimard, 1962. <4.1.05.09>

TCH'EN Yen-hia
—(Avec TCHANG Fou-jouei; CHENG, François; LEANG P'ei-tchen; ROYÈRE, Anne-Christine; RUHLMANN, Robert) « Poèmes des Tang ». *Anthologie de la poésie chinoise classique*, Gallimard, 1962. <4.1.05.09>

TCHENG Ki-Tong
—*Contes chinois*. Calmann Lévy, 1889. <4.4.11.14>

TEBOUL-WANG, Brigitte
—*Souvenirs rêvés de Tao'an*. Gallimard: Connaissance de l'Orient, 1995. <3.7.09.01>

TOULSALY, Catherine
—*Sûtra de la Plate-forme*. You Feng, 2000. <3.3.09.04>

TRAN, Tuan Anh
—*Nan Jing, classique des difficultés*. You Feng, 2012. <3.5.03.01>

TRAPP, James

—*Tao Te King, Dao De Jing: La voie de la bonté et du pouvoir*. Guy Trédaniel, 2016. <3.2.01.61>

TRONQUOIS, Emmanuel

—« Poésie chinoise antique ». *Bulletin de la Société franco-japonaise de Paris*, n° 1, 1921. <4.1.05.03>

TSEN Tson-ming

—*Anciens poèmes chinois d'auteurs inconnus*. Ernest Leroux, 1927. <4.1.05.05>
—*Rêve d'une nuit d'hiver (Cent quatrains des Thang)*. Ernest Leroux, 1927. <4.1.05.04>

TURRETTINI, François

—*San Ze King. Les phrases de trois caractères en chinois avec les Versions Japonaise, Mandchoue et Mongole*. H. Georg/Ernest Leroux/Trübner and Co, 1876. <3.8.01.03>

VALLETTE-HÉMERY, Martine

—*Nuages et pierres*. Philippe Picquier: Picquier poche, 1998. <4.2.11.01>
—*Propos sur la racine des légumes*. Philippe Picquier, 2016. <3.9.09.01>

VÂN Hòa

—*Poèmes de la dynastie des Tang: Morceaux choisis (transcription phonétique du texte original chinois, traduction vietnamienne et traduction française)*. L'Harmattan: Poètes des cinq continents, 2015. <4.1.05.35>

VERDEILLE, Maurice

—« La Tour du Pic du Tonnerre, ou La Dame Blanche ». *Bulletin de la Société des Études Indochinoises*, 1917. <4.4.04.02>

VIAL, Antoine de

—*Tao Te King*. Orizons, 2013. <3.2.01.57>

VIANNEY, Jean Marie

—*Le Classique du Thé*. Morel, 1977. <3.6.06.01>

—*Le Classique du Thé: La manière traditionnelle de faire le thé et de le boire.* Desclez, 1981. <3.6.06.02>

VINCLAIR, Pierre
—*Shijing le Grand Recueil.* Corridor Bleu, 2019. <1.1.03.13>

VINOGRADOFF, Michel
—*Yi Jing: La Marche du destin (français/chinois/pinyin).* Dervy: Mystiques et religions, 1996. <1.1.01.21>

VURALER, Célin
—(Avec LABAYLE, Benoît) *L'Éternelle sagesse du Tao – Le Rire de Tchouang-tseu.* Synchronique, 2015. <3.2.02.12>
—(Avec LABAYLE, Benoît) *L'Éternelle sagesse du Tao – Le Rire de Tchouang-tseu.* Synchronique: Grands Classiques, 2018. <3.2.02.13>
—(Avec LABAYLE, Benoît) *Le 2ème Livre du Tao￢Le Rire de Tchouang-tseu.* Synchronique, 2014. <3.2.02.11>

WANG Dongliang
—(Avec JAVARY, Cyrille) *Yi jing en dessins [le].* You Feng, 1994. <1.1.01.18>
—(Avec TARTAIX, Raymond) *Les signes et les mutations: Une approche nouvelle du Yi King, histoire, pratique et texte.* L'Asiathèque – maison des langues du monde: Divination chinoise, 1998. <1.1.01.23>

WANG, Francis
—*L'art de la guerre.* Flammarion: Champs, 1972. <3.4.01.11>
—*L'art de la guerre.* Flammarion: Champs, 2005. <3.4.01.12>
—*L'art de la guerre.* Flammarion: Champs, 2019. <3.4.01.14>
—*L'art de la guerre.* Flammarion: Champs classiques, 2017. <3.4.01.13>

WANG Sing-pei
—*Le roi des singes et la sorcière au squelette.* Gallimard: Folio Junior, 1982. <4.4.05.10>

WANG Yishi
—(Avec ABA, Christophe) *Chroniques des Trois Royaumes, Tome I: Tsao Tsao, le rebelle.*

Bleu de Chine, 1999. <2.1.04.01>

WEBER, Vincent

—*Le grand livre du Yi-King*. Trajectoire, 1998. <1.1.01.15>

WEN Ke

—(Avec FAURE, Sophie) *Qing Jing Jing – Le livre de la Pureté du Calme*. Le Courrier du Livre, 2017. <3.2.08.01>

WIEGER, Léon

—*Les pères du système taoïste*. Independently published, 2018. <3.2.01.11> <3.2.02.08> <3.2.03.08>

—*Les pères du système taoïste: Lao-Tzeu, Lie-Tzeu, Tchoang-Tzeu*. Les Belles Lettres, 1950. <3.2.01.09> <3.2.02.07> <3.2.03.07>

—*Les pères du système taoïste: Tao-Tei-King; Tch'oung-Hu-Tchenn King; Nan-Hoa-Tchenn-King*. CdBF (independently published), 2019. <3.2.01.13> <3.2.02.10> <3.2.03.09>

—*Nan-Hoa-Tchenn-King*. CdBF (independently published), 2018. <3.2.02.09>

—*Tao Tei King: Texte bilingue Chinois-Français*. CdBF (independently published), 2019. <3.2.01.12>

—*Tao-Tê-King*. Rocher: Textes sacrés, 1990. <3.2.01.10>

—*Tch'oung-Hu-Tchenn King: Texte bilingue Chinois-Français*. CdBF (independently published), 2019. <3.2.03.10>

WU Hongmiao

—(Avec BALLOUHEY, Laurent) *Le Rêve dans le Pavillon rouge*. Bibliothèque de l'image, 2011. <4.4.08.06>

—(Avec BALLOUHEY, Laurent) *Le Rêve dans le Pavillon rouge*. Bibliothèque de l'image, 2017. <4.4.08.08>

X.A.L.

—*Poésie Tang: Nouvelle traduction rimée de quarante quatrains de l'époque Tang*. Independently published, 2018. <4.1.05.38>

XIE Baikui

—*100 poèmes des Tang en anglais et en français*. China Translation & Publishing Corporation, 2011. <4.1.05.33>

XU Xiaojun

—(Avec JIA Xiaoning) *L'art de la guerre de Sun Zi*. Military Science Publishing House: Bibliothèque des classiques chinois 大中华文库, 2009. <3.4.01.04>

XU Yuanchong

—*300 poèmes chinois classiques*. Université de Pékin, 2000. <1.1.03.07> <4.1.05.24>

—*Cent poèmes lyriques des Tang et des Song*. You Feng, 1987. <4.1.06.03>

—*Choix de poèmes et de tableaux des Song*. China Intercontinental Press: Classiques chinois, 2008. <4.1.06.06>

—*Choix de poèmes et de tableaux des Tang*. China Intercontinental Press, 2008. <4.1.05.30>

—*Choix de poèmes et de tableaux des Tang*. China Intercontinental Press, 2018. <4.1.05.32>

—*Les plus grands classiques de la poésie chinoise: Coffret prestige (Shi Jing, Tang, Song)*. Pages Ouvertes, 2015. <1.1.03.08> <4.1.05.36> <4.1.06.07>

—*Poèmes Chinois de la Dynastie des Tang*. Music and Entertainment Books, 2009. <4.1.05.31>

YAN Hansheng

—« Littérature classique: Poèmes inspirés de paysages ». *Littérature chinoise*, série 3, 1999. <4.1.05.22>

YANG Bojun

—*Mencius*. Yuelu Publishing House: Bibliothèque des classiques chinois 大中华文库, 2009. <1.2.04.05>

YUN Shi

—*Poèmes à chanter des époques Tang et Song*. Comp'Act, 1988. <4.1.06.04>

ZHAO Jiaxi

—(Avec SHI Yun; CHATAIN, Jacques) *Poèmes à chanter de l'époque Song*. Actuels: Morari, 1984. <4.1.06.02>

ZHENG, Chantal

—(Avec BAI Gang; CHENG, Anne; LE BLANC, Charles; LEVI, Jean; MARCHAND, Jean; MATHIEU, Rémi; PHAM-MICLOT, Nathalie) *Philosophes taoïstes, tome 2: Huainan zi*. Gallimard: Bibliothèque de la Pléiade, 2003. <3.2.05.03>

ZHOU Jinghong

—*Dao De Jing de Lao Zi: Énergie originelle*. You Feng, 2009. <3.2.01.36>
—*Dao De Jing de Lao Zi: Énergie originelle*. You Feng, 2013. <3.2.01.37>
—(Avec FOLGUERA, Carmen) *Zhou yi, le Yi Jing intégral*. You Feng, 2012. <1.1.01.34>

ZHU Xiaoya

—(Avec DUBREUIL, André) *Les mille caractères et leurs anecdotes: Quatre par quatre, premiers pas en chinois*. You Feng, 2013. <3.8.02.03>

ZOUAGHI, Alexandre

—*La légende du serpent blanc*. Hongfei, 2013. <4.4.16.05>

[Les traducteurs non-précisés]

—*Au bord de l'eau, Tomes 1 à 30*. Fei: Lian Huan Hua, 2012. <4.4.06.08>
—*Aux Sources du Bouddhisme Mahâyânâ: Trois Soûtras et Un Traité sur la Terre Pure*. Aquarius, 1984. <3.3.06.02> <3.3.07.03> <3.3.05.03>
—*Choix des poèmes des Tang*. China Intercontinental Press: Bibliothèque des classiques chinois 大中华文库, 2014. <4.1.05.34>
—*Confucius: Le message du Bienveillant*. Carthame: Philo-bédé, 1996. <1.2.03.25>
—*Confucius et Lao Tseu (Œuvres complètes en français)*. Adame (independently published), 2018. <1.2.01.10> <1.2.02.06> <1.2.03.24> <1.2.04.09>
—*Contes extraordinaires de Liaozhai*. Carthame: Philo-bédé, 1997. <4.4.11.21>
—*Contes fantastiques du Pavillon des Loisirs*. Éditions en Langues étrangères, 1998. <4.4.11.16>

—*Contes fantastiques du Pavillon des Loisirs, Volumes 1.* Éditions en Langues étrangères, 2004. <4.4.11.17>

—*Contes fantastiques du Pavillon des Loisirs, Volumes 2.* Éditions en Langues étrangères, 2004. <4.4.11.18>

—*Contes fantastiques du Pavillon des Loisirs, Volumes 3.* Éditions en Langues étrangères, 2004. <4.4.11.19>

—*Contes fantastiques du Pavillon des Loisirs.* Éditions en Langues étrangères: Bibliothèque des classiques chinois 大中华文库, 2015. <4.4.11.20>

—« Dix-neuf poèmes anciens ». *Anthologie de la poésie chinoise classique.* Gallimard: Poésie, 1962. <4.2.01.03>

—« Dix-neuf poèmes anciens ». *Bulletin du Centre franco-chinois d'études sinologiques,* n°10, 1941. <4.2.01.02>

—« Dix-neuf poèmes anciens ». *Bulletin du Centre franco-chinois d'études sinologiques,* n°9, 1941. <4.2.01.01>

—*Entretiens.* Foreign Language Teaching and Researching Press: Bibliothèque des classiques chinois 大中华文库, 2010. <1.2.03.21>

—*Femmes derrière un voile.* Calmann-Lévy, 1962. <4.4.34.01>

—*Histoire des Trois Royaumes – Tome I.* FB/CreateSpace Independent Publishing Platform, 2015. <4.4.07.13>

—*Huangdi Neijing; bible médicale de la Chine ancienne; le classique de la médecine interne de l'Empereur Jaune illustré.* Les Livres du Dauphin, 1998. <3.5.01.08>

—*Huangdi Neijing; bible médicale de la Chine ancienne; le classique de la médecine interne de l'Empereur Jaune illustré.* Les Livres du Dauphin, 2005. <3.5.01.09>

—*L'art de gouverner.* Presses du Châtelet: Sagesse de l'Orient, 2010. <3.1.03.03>

—*L'art de la guerre – Les Treize articles.* CreateSpace Independent Publishing Platform, 2017. <3.4.01.21>

—*L'art de la guerre: Les 36 stratagèmes.* Books on Demand, 2017. <3.4.02.03>

—*La Doctrine bouddhique de la terre pure: Introduction à trois sûtras de la terre pure.* Dervy, 1973. <3.3.05.02> <3.3.06.01> <3.3.07.02>

—*La vengeance de Cai Ruihong.* Éditions en Langues étrangères, 1995. <4.4.15.01>

—*Lao Tseu Tome 1: Le silence du sage.* Carthame: Philo-bédé, 1996. <3.2.01.71>

—*Lao Tseu Tome 2: Le retour du sage.* Carthame: Philo-bédé, 1996. <3.2.01.72>

—*Lao-Tseu: Vie et œuvre du précurseur en Chine.* Graal: Éveil des temps passés, 1989.

<3.2.01.63>

—*Lao-Tseu: Vie et œuvre du précurseur en Chine*. Graal: Les précurseurs, 2005. <3.2.01.64>

—*Le Dharma soutra*. Jouvence: Sagesse orientale illustrée, 2006. <3.3.13.03>

—*Le message de Confucius: Un philosophe exceptionnel*. Jouvence: Les clés de la spiritualité, 2006. <1.2.03.26>

—*Le message de Lao Tseu: La voie du Tao*. Jouvence: Les clés de la spiritualité, 2006. <3.2.01.73>

—*Le Rêve dans le Pavillon rouge*. Citadelles & Mazenod, 2019. <4.4.08.09>

—*Le Serpent blanc*. Éditions en Langues étrangères: Littérature classique, 1998. <4.4.16.02>

—*Le Serpent blanc*. Éditions en Langues étrangères, 1994. <4.4.16.01>

—*Le soutra du cœur: Enseignements spirituels*. BD Lys: Philo-bédé, 2001. <3.3.01.03>

—*Le sutra du dharma: L'Enseignement de Bouddha illustré*. BD Lys: Philo-bédé, 2002. <3.3.13.02>

—*Le Sutra du Diamant*. Buddha's Light Publishing, 2011. <3.3.02.09>

—*Le sutra du diamant. Vajracchedika Prajñaparamita. La perfection de sagesse qui coupe l'illusion dans le silence foudroyant*. Albin Michel, 1997. <3.3.02.07>

—*Lie Tseu: Les ailes de la joie*. Carthame: Philo-bédé, 1996. <3.2.03.15>

—« *Littérature classique: Poèmes des Tang* ». *Littérature chinoise*, série 5, 1979. <4.1.05.13>

—*Lun-Heng: Volume 1*. Hardpress Publishing, 2013. <3.1.08.02>

—*Lun-Heng: Volume 2*. Hardpress Publishing, 2013. <3.1.08.03>

—*Mémoires historiques: Vies de Chinois illustres*. Philippe Picquier, 2002. <2.1.01.11>

—*Poèmes de Li Bai*. Albédo, 1985. <4.2.05.06>

—*Sagesse du Confucianisme: La Grande Étude (Ta-hio), l'Invariabilité dans le milieu (Tchoung- young), Les Entretiens philosophiques (Lun-yu), Meng-tseu*. France Loisirs: Bibliothèque de Sagesse, 1995. <1.2.01.08> <1.2.02.05> <1.2.03.22> <1.2.04.08>

—*Sagesses chinoises: Les Entretiens de Confucius; Tao-tö king de Lao-tseu; Sur le destin et autres textes de Lie-tseu*. Gallimard: Folio, 2009. <1.2.03.23> <3.2.02.23> <3.2.01.69>

—*Stratégies de succès. L'art de la guerre*. Carthame: Philo-bédé, 1996. <3.4.01.32>

—*Tao te king*. Dervy: L'être et l'esprit, 2010. <3.2.01.66>

—*Tao te king*. Dervy: Mystiques et religions, 1996. <3.2.01.65>

—*Tao Te King*. FB/CreateSpace Independent Publishing Platform, 2015. <3.2.01.70>

—*Tao-te-king*. Marabout: Bien-être–Psy, 2019. <3.2.01.68>

—*Tao-te-king*. Marabout: Psychologie, 2016. <3.2.01.67>

—*Tchouang Tseu: Le chant de l'univers*. Carthame: Philo-bédé, 1996. <3.2.02.24>

—*Tchouang Tseu 2: La Musique de la vie*. Carthame: Philo-bédé, 1996. <3.2.02.25>

—*Trois romans érotiques de la dynastie Ming: Nuages et pluie au palais des Han; Belle de candeur; Du rouge au gynécée*. Philippe Picquier, 1998. <4.4.28.03> <4.4.29.05> <4.4.30.03>

—*Trois Soûtras et un Traité de la Terre pure. Aux Sources du Bouddhisme Mahâyânâ*. Points: Points Sagesses, 2008. <3.3.05.04> <3.3.06.03> <3.3.07.04>

—*Yi Jing, Le Livre des Transformations (œuvres complètes, tome premier)*. Adame (independently published), 2018. <1.1.01.35>

—*Yi Jing, Le Livre des Transformations (œuvres complètes, tome second)*. Adame (independently published), 2018. <1.1.01.36>

—*Yi King mot à mot [le]*. Albin Michel: Spiritualité, 1994. <1.1.01.17>

—*Yi-King [le]*. Aedis: Petit guide, 2019. <1.1.01.37>

—*Zhuangzi*. Zhonghua Book Company: Bibliothèque des classiques chinois 大中华文库, 2009. <3.2.02.03>

出版索引

Actes Sud

2004—*Femmes à l'époque des empereurs de Chine: Biographies de femmes exemplaires.*
AUGER, A. <2.3.06.01>

Actuels

[Morari]

1984—*Poèmes à chanter de l'époque Song.* SHI Yun/CHATAIN, J./ZHAO Jiaxi.
<4.1.06.02>

Adame (independently published)

2018—*Confucius et Lao Tseu (Œuvres complètes en français).* Traducteur non précisé.
<1.2.01.10> <1.2.02.06> <1.2.03.24> <1.2.04.09>

—*Yi Jing, Le Livre des Transformations (œuvres complètes, tome premier).*
Traducteur non précisé. <1.1.01.35>

—*Yi Jing, Le Livre des Transformations (œuvres complètes, tome second).* Traducteur
non précisé. <1.1.01.36>

Aedis

[Petit guide]

2019—*Yi-King [le].* Traducteur non précisé. <1.1.01.37>

Albédo

1985—*Poèmes de Li Bai*. Traducteur non précisé. <4.2.05.06>

Albin Michel

[A.M. GD FORMAT]

2012—*Yi Jing*. JAVARY, C./FAURE, P. <1.1.01.32>

[A.M. Histoire]

2016—*Fêtes et chansons anciennes de la Chine*. GRANET, M. <1.1.03.03>

[Les carnets du calligraphe]

2000—*Poésie chinoise*. CHENG, F. <4.1.05.23>

[Spiritualité]

1994—*Yi King mot à mot [le]*. Traducteur non précisé. <1.1.01.17>

2009—*Lao-tseu [le]: Suivi des Quatre Canons de l'empereur Jaune*. LEVI, J. <3.2.01.26>
    <3.2.09.02>

[Spiritualités vivantes]

1963—*Discours et sermons de Houei-neng, sixième patriarche Zen*. HOULNÉ, L.
    <3.3.09.03>

1982—*Yi King: Le Plus Ancien Traité divinatoire*. BIANU, Z. <1.1.01.01>

1984—*Tao Te King*. MA Kou. <3.2.01.46>

1987—*La montagne vide: Anthologie de la poésie chinoise (IIIe-XIe siècle)*. CARRÉ,
    P./BIANU, Z. <4.1.05.17>

1997—*Traité du vide parfait: Lie Tseu (Liezi)*. LAFITTE, J.-J. <3.2.03.11>

2005—*Aphorismes et paraboles*. SMEDT, M. de. <3.2.02.20>

2008—*Le rêve du papillon*. LAFITTE, J.-J. <3.2.02.22>

[Collection non précisée ou hors collection]

1982—*Fêtes et chansons anciennes de la Chine*. GRANET, M. <1.1.03.02>

1997—*Le sutra du diamant. Vajracchedika Prajñaparamita. La perfection de sagesse qui coupe l'illusion dans le silence foudroyant*. Traducteur non précisé. <3.3.02.07>

2010—*Li Po, l'immortel banni sur terre, buvant seul sous la lune*. CHENG Wing Fun / COLLET, H. <4.2.05.12>

2016—*Le Silence foudroyant: Le Soutra de la Maîtrise du Serpent, suivi du Soutra du Diamant*. BIANU, Z. <3.3.02.08>

   —*Les Entretiens de Confucius et ses disciples*. LEVI, J. <1.2.03.13>

2017—*Lao-tseu [le]: Suivi des Quatre Canons de l'empereur Jaune*. LEVI, J. <3.2.01.27> <3.2.09.03>

Amyot

1862—*Poésies de l'époque des Thang*. D'HERVEY DE SAINT-DENYS, L. <4.1.05.01>

André Vial

1971—(Avec Odéon) *Jeou-p'ou-t'ouan, ou la chair comme tapis de prière*. KLOSSOWSKI, P. <4.4.39.03>

Aparis

[Classique]

2013—*Le Sûtra du lotus*. GENDRON, A.S. <3.3.04.04>

Aquarius

1984—*Aux Sources du Bouddhisme Mahâyânâ: Trois Soûtras et Un Traité sur la Terre Pure*. Traducteur non précisé. <3.3.06.02> <3.3.07.03> <3.3.05.03>

Arfuyen

1984—*Li Bai, Parmi les nuages et les pins*. HOIZEY, D. <4.2.05.04>

Art H. Piazza

1925—*Contes magiques*. LALOY, L. <4.4.11.01>

Association Scientifique des Médecins Acuponcteurs

1973—*Huang di nei jing su wen*. HUSSON, A. <3.5.01.04>

Atsume Gusa

2006—(Avec Elibron Classics) *Si-Siang-Ki, ou L'Histoire du Pavillon d'Occident*. JULIEN, S. <4.5.01.01>

BD Lys

[Philo-bédé]

2001—*Le soutra du cœur: Enseignements spirituels*. Traducteur non précisé. <3.3.01.03>

2002—*Le sutra du dharma: L'Enseignement de Bouddha illustré*. Traducteur non précisé. <3.3.13.02>

2003—*Le Message de Tchouang Tseu*. IRNIGER, N. <3.2.02.26>

Benjamin Duprat

1845—*Histoire des trois royaumes, Tome I*. PAVIE, Th. <4.4.07.01>

1851—*Histoire des trois royaumes, Tome II*. PAVIE, Th. <4.4.07.02>

1864—*Thsien-Tseu-Wen, Le livre des mille mots*. JULIEN, S. <3.8.02.01>

1838—(Avec F. Didots libraires/Mme Ve Dondey Dupré/Victor Masson) *Tao-Te-King [le], ou Le livre révéré de la raison suprême et de la vertu*. PAUTHIER, G. <3.2.01.39>

Berger-Levrault

[Les Classiques de l'art militaire]

1948—*Sun Tse et les anciens Chinois Ou Tse et Se-ma Fa*. AMIOT, J.-M. <3.4.01.02> <3.4.03.03> <3.4.04.02> <3.4.05.02>

Biblio Life

2008—*Les Mémoires historiques de Se-Ma Ts'ien.* CHAVANNES, É. <2.1.01.07>

BiblioBazaar

2009—*Vajracchedikā (Prajñāpāramitā).* HARLEZ, Ch. de. <3.3.02.02>

Bibliothèque de l'image

2011—*Le Rêve dans le Pavillon rouge.* WU Hongmiao/BALLOUHEY, L. <4.4.08.06>

2017—*Le Rêve dans le Pavillon rouge.* WU Hongmiao/BALLOUHEY, L. <4.4.08.08>

Bibliothèque de la Haute Science

1896—*L'Esprit des races jaunes. Le Traité des influences errantes de Quangdzu.* POUVOURVILLE, M.A. de. <3.2.02.14>

Bleu de Chine

1999—*Chroniques des Trois Royaumes, Tome I: Tsao Tsao, le rebelle.* WANG Yishi/ABA, Ch. <2.1.04.01>

—*Kin-Kou Ki-Kouan, Douze nouvelles chinoises.* D'HERVEY DE SAINT-DENYS, L. <4.4.18.04>

BNF

1779—*Hiao King, ou Livre canonique sur la Piété Filiale.* CIBOT, P.-M. <1.3.01.01>

Date de parution non précisée—(Reproduction en fac-similé) *Koue-Yü, Discours des royaumes: Première partie.* HARLEZ, Ch. de. <2.3.02.03>

—(Reproduction en fac-similé) *Tchou-Tchou-Ki-Nien. Annales de bambou. Tablettes chronologiques du Livre écrit sur bambou.* BIOT, É. <2.3.01.02>

Books on Demand

2017—*L'art de la guerre: Les 36 stratagèmes.* Traducteur non précisé. <3.4.02.03>

Brepols

[Bibliothèque de l'École des hautes études en sciences religieuses]

2011—*Le sūtra des contemplations du Buddha Vie-Infinie: Essai d'interprétation textuelle et iconographique*. DUCOR, J./LOVEDAY, H. <3.3.07.01>

Brill

1877—(Avec Maisonneuve) *Nouvelles du Kin Kou K'i Kouan: Le vendeur d'huile qui seul possède la Reine-de-beauté, ou Splendeurs et misères des courtisanes chinoises*. SCHLEGEL, G. <4.4.18.07>

Buddha's Light Publishing

2011—*Le Sutra du Diamant*. Traducteur non précisé. <3.3.02.09>

Bulletin de l'École française d'Extrême-Orient

1902, Volume 2—« L'itinéraire du pèlerin Ki-ye dans l'Inde ». HUBER, É. <2.2.07.01>

1903, Volume 3—« Voyage de Song-yun dans l'Udyāna et le Gandhāra (518--522 p. C.) ». CHAVANNES, É. <2.2.08.01>

1907, Tome 7—« Journal d'un bourgeois de Yang-Tcheou ». AUCOURT, P. <3.7.10.01>

Bulletin de la Société des Études Indochinoises

1917—« La Tour du Pic du Tonnerre, ou La Dame Blanche ». VERDEILLE, M. <4.4.04.02>

Bulletin de la Société franco-japonaise de Paris

1921, n° 1—« Poésie chinoise antique ». TRONQUOIS, E. <4.1.05.03>

Bulletin du Centre franco-chinois d'études sinologiques

1941, n° 9—« Dix-neuf poèmes anciens ». Traducteur non précisé. <4.2.01.01>

1941, n° 10—« Dix-neuf poèmes anciens ». Traducteur non précisé. <4.2.01.02>

Bureau des Statistiques, Inspectorat général des douanes, Shanghai

1879—*Le Saint Édit: Étude de littérature chinoise*. PIRY, Th. <3.9.10.01>

Calleva

[L'Aventure des mythes]

2011—*Le Voyage vers l'ouest*. MATHUISIEULX, S. de. <4.4.05.17>

Calmann-Lévy

1889—*Contes chinois*. TCHENG Ki-Tong. <4.4.11.14>

1956—*La Cavalière noire*. BESTAUX, E. <4.4.22.01>

1962—*Femmes derrière un voile*. Traducteur non précisé. <4.4.34.01>

Carthame

[Philo-bédé]

1996—*Confucius: Le message du Bienveillant*. Traducteur non précisé. <1.2.03.25>

　　—*Lao Tseu Tome 1: Le silence du sage*. Traducteur non précisé. <3.2.01.71>

　　—*Lao Tseu Tome 2: Le retour du sage*. Traducteur non précisé. <3.2.01.72>

　　—*Lie Tseu: Les ailes de la joie*. Traducteur non précisé. <3.2.03.15>

　　—*Mencius. Les paroles d'un Sage dans une Époque trouble*. PRÉDALI, D. <1.2.04.10>

　　—*Stratégies de succès. L'art de la guerre*. Traducteur non précisé. <3.4.01.32>

　　—*Tchouang Tseu: Le chant de l'univers*. Traducteur non précisé. <3.2.02.24>

　　—*Tchouang Tseu 2: La Musique de la vie*. Traducteur non précisé. <3.2.02.25>

1997—*Contes extraordinaires de Liaozhai*. Traducteur non précisé. <4.4.11.21>

Casterman

[Casterman Poche]

2012—*L'Épopée du roi singe*. FAULIOT, P. <4.4.05.18>

CdBF (independently published)

2018—*Nan-Hoa-Tchenn-King*. WIEGER, L. <3.2.02.09>

—*Tao Te King: Le Livre de la voie et de la vertu*. JULIEN, S. <3.2.01.08>

2019—*Les pères du système taoïste: Tao-Tei-King; Tch'oung-Hu-Tchenn King; Nan-Hoa-Tchenn-King*. WIEGER, L. <3.2.01.13> <3.2.02.10> <3.2.03.09>

—*Tao Tei King: Texte bilingue Chinois-Français*. WIEGER, L. <3.2.01.12>

—*Tch'oung-Hu-Tchenn King: Texte bilingue Chinois-Français*. WIEGER, L. <3.2.03.10>

Cerf

[Patrimoines]

1987—*Xun Zi (Siun Tseu)*. KAMENAROVIČ, I.P. <3.1.01.01>

[Patrimoines – Orient]

1990—*Les Chapitres intérieurs*. PASTOR, J.-Cl. <3.2.02.18>

[Patrimoines Confucianisme]

1998—*Printemps et automnes de Lü Buwei*. KAMENAROVIČ, I.P. <3.1.06.01>

[Collection non précisée ou hors collection]

1984—*La Grande Étude*. HASSE, M. <1.2.01.07>

1993—(Avec Institut Ricci) *Les grands traités du Huainan Zi*. LARRE, Cl./ROBINET, I./ROCHAT DE LA VALLÉE, É. <3.2.05.02>

Challamel aîné

1873—*Le livre classique des trois caractères, en chinois et en français accompagné de la traduction complète du commentaire de Wang Peh-heou*. PAUTHIER, G. <3.8.01.02>

Champs Libres

1977—*Poésies de l'époque des Thang*. D'HERVEY DE SAINT-DENYS, L. <4.1.05.11>

Charpentier

1858—*Les quatre livres de philosophie morale et politique de la Chine/Confucius et Mencius*. PAUTHIER, G. <1.2.04.04>

Ch'eng Wen Publishing Co.

1975—*Tcheou-li [le], ou Rites des Tcheou: Tome deuxième*. BIOT, É. <1.1.04.02>
　　—*Tcheou-li [le], ou Rites des Tcheou: Tome Premier*. BIOT, É. <1.1.04.01>

China Intercontinental Press

[Bibliothèque des classiques chinois 大中华文库]

2014—*Choix des poèmes des Tang*. Traducteur non précisé. <4.1.05.34>

[Classiques chinois]

2008—*Choix de poèmes et de tableaux des Song*. XU Yuanchong. <4.1.06.06>

[Collection non précisée ou hors collection]

2008—*Choix de poèmes et de tableaux des Tang*. XU Yuanchong. <4.1.05.30>
　　—*Choix de poèmes et de tableaux des Tang*. XU Yuanchong. <4.1.05.32>

China Translation & Publishing Corporation

2011—*100 poèmes des Tang en anglais et en français*. XIE Baikui. <4.1.05.33>

Christian de Bartillat

2003—*Yi king*. GIRAUD, D. <1.1.01.27>

Citadelles & Mazenod

2019—*Le Rêve dans le Pavillon rouge*. Traducteur non précisé. <4.4.08.09>

Claude Ovtcharenko

2014—(Édition numérisée) *Les treize articles*. AMIOT, J.-M. <3.4.01.03>

Club des Libraires de France

1956—*Les quatre livres, I: Ta Hio, La Grande Étude*. COUVREUR, S. <1.2.01.05>

—*Les quatre livres, II: Tchoung young, L'invariable milieu*. COUVREUR, S.
<1.2.02.01>

—*Les quatre livres, III: Louen yu, Entretiens de Confucius et de ses disciples*.
COUVREUR, S. <1.2.03.02>

—*Les quatre livres, IV: Œuvres de Meng Tzeu*. COUVREUR, S. <1.2.04.01>

Club Français du Livre

1967—*Kin P'ing Mei ou la merveilleuse histoire de Hsi Men avec ses six femmes*.
PORRET, J.- P. <4.4.09.03>

Collège de France – Institut des hautes études chinoises

1978—*Le Mu tianzi zhuan (mémoire)*. MATHIEU, R. <4.4.01.01>

1987—*Le Lie-sien tchouan: Biographies légendaires des Immortels taoïstes de l'antiquité*
列仙傳. KALTENMAK, M. <3.7.01.02>

Comp'Act

1988—*Poèmes à chanter des époques Tang et Song*. YUN Shi. <4.1.06.04>

Corridor Bleu

2019—*Shijing le Grand Recueil*. VINCLAIR, P. <1.1.03.13>

CreateSpace Independent Publishing Platform

2013—*L'art de la guerre*. AMIOT, J.-M. <3.4.01.07>

2015—*Kin-Kou Ki-Kouan, Douze nouvelles chinoises*. D'HERVEY DE SAINT-DENYS, L.
<4.4.18.05>

—*Les Entretiens de Confucius*. COUVREUR, S. <1.2.03.03>

—*Meng Tzeu*. COUVREUR, S. <1.2.04.02>

—*Tao Te King: Livre de la voie et de la vertu*. JULIEN, S. <3.2.01.06>

2016—*Les entretiens de Confucius et de ses disciples*. COUVREUR, S. <1.2.03.04>

2017—*L'art de la guerre – Les Treize articles*. Traducteur non précisé. <3.4.01.21>

—*Les quatre livres: La grande étude, L'Invariable milieu, Les Entretiens de Confucius, Les Œuvres de Meng Tzeu*. COUVREUR, S. <1.2.01.06> <1.2.02.02> <1.2.03.05> <1.2.04.03>

Dangles

[Grand angle]

1999—*Yi Jing. Le sens originel du « Livre des mutations »*. JAVARY, C./McELHEARN, K. <1.1.01.24>

De Boccard

1953—*Le Lie-sien tchouan: Biographies légendaires des Immortels taoïstes de l'antiquité*. KALTENMAK, M. <3.7.01.01>

1995—*Amour et politique dans la Chine ancienne: Cent poèmes de Li Shangyin (812-858)*. HERVOUET, Y. <4.2.08.01>

Delagrave

1932—*« Li-sao »*. *Anthologie de la littérature chinoise des origines à nos jours*. HSU Sung-Nien. <4.1.01.04>

—*« Romance de Mou-lan »*. *Anthologie de la littérature chinoise des origines à nos jours*. HSU Sung-Nien. <4.1.03.02>

Delcourt

[Ex-Libris]

2008—*Le dieu singe, Tome 1*. MORVAN, J.-D. <4.4.05.14>

2009—*Le dieu singe, Tome 2*. MORVAN, J.-D. <4.4.05.15>

2010—*Au bord de l'eau, Tome 1*. MORVAN, J.-D. <4.4.06.06>

　—*Au bord de l'eau, Tome 2*. MORVAN, J.-D. <4.4.06.07>

2011—*Le dieu singe, Tome 3*. MORVAN, J.-D. <4.4.05.16>

Denoël

1959—*Yi King [le]: extrait du Livre des mutations*. HARLEZ, CH. de. <1.1.01.13>

Dervy

[L'être et l'esprit]

1998—*Le Sûtra du lotus blanc de la loi merveilleuse*. CHEDEL, A. <3.3.04.02>

2010—*Tao te king*. Traducteur non précisé. <3.2.01.66>

[Mystiques et religions]

1996—*Tao te king*. Traducteur non précisé. <3.2.01.65>

　—*Yi Jing: La Marche du destin (français/chinois/pinyin)*. VINOGRADOFF, M. <1.1.01.21>

[Collection non précisée ou hors collection]

1973—*La Doctrine bouddhique de la terre pure: Introduction à trois sûtras de la terre pure*. Traducteur non précisé. <3.3.05.02> <3.3.06.01> <3.3.07.02>

Desclée de Brouwer

[Carnets DDB]

1994—*Tao Te King: Le Livre de la Voie et de la Vertu*. LARRE, Cl. <3.2.01.19>

2010—*Le Livre de la Voie et de la Vertu*. LARRE, Cl. <3.2.01.21>

[Hors Collection 2]

2002—*Le Livre de la Voie et de la Vertu*. LARRE, Cl. <3.2.01.20>

[Sagesse orientales]

2008—*Mozi: Œuvres choisies.* LAUBIER, P. de. <3.1.02.04>

2014—*Daodejing: Canon de la Voie et de la Vertu.* CHEN, L. <3.2.01.58>

[Collection non précisée ou hors collection]

1935—*Le Rêve du millet jaune: Drame taoïste du XIIIᵉ siècle.* LALOY, L. <4.5.08.01>

2015—*Livre de la voie et de la vertu: Tao Te King.* LARRE, Cl. <3.2.01.22>

1994—(Avec Institut Ricci) *De vide en vide: La Conduite de la Vie.* LARRE, Cl./ROCHAT DE LA VALLÉE, É. <3.2.02.19>

Desclez

1981—*Le Classique du Thé: La manière traditionnelle de faire le thé et de le boire.* VIANNEY, J.M. <3.6.06.02>

Didot l'aîné

1772—*Les treize articles sur l'art militaire, Art militaire des Chinois.* AMIOT, J.-M. <3.4.01.01>

—*Ou-tse: Les six articles sur l'art militaire, Art militaire des Chinois.* AMIOT, J.-M. <3.4.04.01>

—*Se-ma: Principes sur l'art militaire, Art militaire des Chinois.* AMIOT, J.-M. <3.4.05.01>

DP Marketing

2008—*Yi King: Le livre des transformations.* PHILD, D. <1.1.01.30>

Dunod

2005—*Les neuf chapitres: Le classique mathématique de la Chine ancienne et ses commentaires.* CHEMLA, K./GUO Shuchun. <3.6.02.01>

E. Dentu

1889—*Kin-Kou Ki-Kouan, Douze nouvelles chinoises.* D'HERVEY DE SAINT-DENYS,
 L. <4.4.18.02>

1880—*Erh-Tou-Mei, ou Les pruniers merveilleux, second tome.* PIRY, Th. <4.4.24.02>

Economica

1996—*Le traité militaire de Sun Bin.* NIQUET, V. <3.4.03.01>

Elibron Classics

2006—(Avec Atsume Gusa) *Si-Siang-Ki, ou L'Histoire du Pavillon d'Occident.* JULIEN,
 S. <4.5.01.01>

Encyclopédie des Nuisances

2006—*Les Œuvres de Maître Tchouang.* LEVI, J. <3.2.02.16>

2010—*Les Œuvres de Maître Tchouang.* LEVI, J. <3.2.02.17>

2014—*Les Fables de Maître Lie.* LEVI, J. <3.2.03.14>

Entrelacs

[Sagesses éternelles]

2010—*Lao-tseu: Le guide de l'insondable.* DESPEUX, C. <3.2.01.54>

[Collection non précisée ou hors collection]

2008—*Daodejing [le]: « Classique de la voie et de son efficience ».* MATHIEU, R.
 <3.2.01.51>

2012—*Lie Tseu: L'authentique classique de la parfaite vacuité.* MATHIEU, R.
 <3.2.03.13>

Ernest Leroux

[Bibliothèque orientale elzévirienne]

1889—*Kia-Li. Livre des rites domestiques chinois.* HARLEZ, Ch. de. <3.9.07.01>

[Collection non précisée ou hors collection]

1873—(Avec H. Georg/Trübner and Co) *San-Tseu-King, Le livre de phrases de trois mots, en chinois et en français*. JULIEN, S.//D'HERVEY DE SAINT-DENYS, L. <3.8.01.01>

1876—(Avec H. Georg/Trübner and Co) *San Ze King. Les phrases de trois caractères en chinois avec les Versions Japonaise, Mandchoue et Mongole*. TURRETTINI, F. <3.8.01.03>

1878—(Avec Librairie de la Société asiatique de Paris) *Le Dhammapada*. HÙ, F. <3.3.13.01>

1882—*Tam Tu Kinh ou Le livre des phrases de trois caractères*. MICHELS, A. des. <3.8.01.04>

1885—*Kin-Kou Ki-Kouan, Douze nouvelles chinoises*. D'HERVEY DE SAINT-DENYS, L. <4.4.18.01>

1886—*Erh-Tou-Mei, ou Les pruniers merveilleux, premier tome*. PIRY, Th. <4.4.24.01>

1889—*La Siao Hio ou Morale de la jeunesse. Annales du Musée Guimet, tome quinzième*. HARLEZ, Ch. de. <3.8.03.01>

1890—*San-Li-T'u. Tableau des trois rituels: Traits de mœurs chinoises avant l'ère chrétienne*. HARLEZ, Ch. de. <3.9.06.01>

1894—*Mémoire composé à l'époque de la Grande dynastie T'ang sur les Religieux éminents qui allèrent chercher la Loi dans les pays d'occident*. CHAVANNES, É. <2.2.06.01>

1895—*Les Mémoires Historiques, Tome premier: chapitres I à IV*. CHAVANNES, É. <2.1.01.01>

1897—*Les Mémoires Historiques, Tome deuxième: chapitres V à XII, appendices*. CHAVANNES, É. <2.1.01.02>

1898—*Les Mémoires Historiques, Tome troisième: chapitres XIII à XXX, appendices*. CHAVANNES, É. <2.1.01.03>

1899—*Kong-tze Kia-yu. Les Entretiens familiers de Confucius*. HARLEZ, Ch. de.

<3.9.01.01>

1901—*Les Mémoires Historiques, Tome quatrième: chapitres XXXI à XLII.* CHAVANNES, É. <2.1.01.04>

1904—*Nan-Tchao Ye-Che. Histoire particulière du Nan-Tchao.* SAINSON, C. <2.3.07.01>

1905—*Les Mémoires Historiques, Tome cinquième: chapitres XLIII à XLVII.* CHAVANNES, É. <2.1.01.05>

1909—*Tao Te King [le].* BESSE, J. <3.2.01.42>

1927—*Anciens poèmes chinois d'auteurs inconnus.* TSEN Tson-ming. <4.1.05.05>

—*Rêve d'une nuit d'hiver (Cent quatrains des Thang).* TSEN Tson-ming. <4.1.05.04>

1929—*Fêtes et chansons anciennes de la Chine.* GRANET, M. <1.1.03.01>

1934—*Cinq cents contes et apologues extraits du Tripitaka chinois, Tome premier.* CHAVANNES, É. <3.3.18.01>

—*Cinq cents contes et apologues extraits du Tripitaka chinois, Tome second.* CHAVANNES, É. <3.3.18.02>

—*Cinq cents contes et apologues extraits du Tripitaka chinois, Tome troisième.* CHAVANNES, É. <3.3.18.03>

Études Asiatiques

1993, Volume 47, tome 3—« Florilège des Notes du Ruisseau des rêves (Mengqi Bitan) ». BILLETER, J.F. <3.6.03.01>

European languages publications

1989—*Les 4 livres de l'empereur jaune – Le canon taoïque retrouvé.* DECAUX, J. <3.2.09.01>

Extrême-Occident

1984, vol. 5, no 5—*En prenant les textes canoniques comme source (Liu Xie, Wenxin diaolong, chap. III, Zong jing).* JULLIEN, F. <4.3.01.01>

F. Didots libraires

1838—(Avec Benjamin Duprat/Mme Ve Dondey Dupré/Victor Masson) *Tao-Te-King [le], ou Le livre révéré de la raison suprême et de la vertu.* PAUTHIER, G. <3.2.01.39>

F. Larcier

1966—*Six récits au fil inconstant des jours.* RYCKMANS, P. <3.7.13.01>

Fayard

[L'Espace intérieur]

1997—*Le Sûtra du lotus.* ROBERT, J.-N. <3.3.04.01>

[Pluriel]

2015—*L'Art de la guerre.* LEVI, J. <3.4.01.18>

[Trésors du bouddhisme]

2000—*Soûtra de la Liberté inconcevable.* CARRÉ, P. <3.3.08.03>

2001—*Soûtra du Diamant et autres soûtras de la Voie médiane.* CARRÉ, P. <3.3.01.01>
    <3.3.02.05>

2004—*Soûtra des Dix Terres: Dashabhûmika.* CARRÉ, P. <3.3.11.01>

2005—*Soûtra de l'Éveil parfait et Traité de la Naissance de la foi dans le Grand Véhicule.* DESPEUX, C. <3.3.12.01>

2006—*Soûtra de l'Entrée à Lankâ.* CARRÉ, P. <3.3.14.01>

Fb&c Limited

2017—*Vajracchedikā (Prajñāpāramitā).* HARLEZ, Ch. de. <3.3.02.03>

FB/CreateSpace Independent Publishing Platform

2015—*Histoire des Trois Royaumes – Tome I.* Traducteur non précisé. <4.4.07.13>

    —*Tao Te King.* Traducteur non précisé. <3.2.01.70>

Fei

[Lian Huan Hua]

2012—*Au bord de l'eau, Tomes 1 à 30*. Traducteur non précisé. <4.4.06.08>

2013—*Les trois royaumes, Tomes 1 à 30*. HENRY, N./MO Si. <4.4.07.14>

2014—*Le voyage vers l'ouest*. HENRY, N./MO Si. <4.4.05.19>

2015—*Les trois royaumes*. HENRY, N./MO Si. <4.4.08.07>

Fernand Sorlot

1944—*Choix de poésies chinoises*. LALOY, L. <4.1.05.07>

Flammarion

[Aspects de l'Asie]

1992—*Le livre du Prince Shang*. LEVI, J. <3.1.05.01>

[Champs]

1972—*L'art de la guerre*. WANG, F. <3.4.01.11>

2005—*L'art de la guerre*. WANG, F. <3.4.01.12>

2019—*L'art de la guerre*. WANG, F. <3.4.01.14>

[Champs classiques]

2017—*L'art de la guerre*. WANG, F. <3.4.01.13>

[Divers Sciences]

2005—*Le livre du Prince Shang*. LEVI, J. <3.1.05.02>

[Garnier Flammarion/Philosophie]

1993—*Les Entretiens de Confucius et ses disciples*. LÉVY, A. <1.2.03.17>

[Littérature ETR]

2009—*Les trois royaumes, Tome 1*. NGHIÊM, T./RICAUD, L. <4.4.07.04>

—*Les trois royaumes, Tome 2.* NGHIÊM, T./RICAUD, L. <4.4.07.05>

—*Les trois royaumes, Tome 3.* LEVI, A./LEVI, J. <4.4.07.06>

[Collection non précisée ou hors collection]

1985—*Royaume en proie à la perdition. Chronique de la Chine ancienne.* PIMPANEAU, J. <4.4.13.01>

1992—*Royaume en proie à la perdition. Chronique de la Chine ancienne.* PIMPANEAU, J. <4.4.13.02>

Foreign Language Teaching and Researching Press

[Bibliothèque des classiques chinois 大中华文库]

2009—*Laozi.* LÜ Hua. <3.2.01.53>

2010—*Entretiens.* Traducteur non précisé. <1.2.03.21>

Forgotten Books

2018—*La Siao Hio ou Morale de la jeunesse: Avec Le Commentaire de Tchen-Siuen.* HARLEZ, Ch. de. <3.8.03.03>

—*Vajracchedika (Prajnàpàramità).* HARLEZ, Ch. de. <3.3.02.04>

—*Le Chou-King: Un des livres sacrés des Chinois, qui renferme les fondements de leur ancienne histoire, les principes de leur gouvernement et de leur morale.* GAUBIL, A. <1.1.02.08>

—*Les livres sacrés de l'orient (Le Chou-King ou Le Livre par excellence. Les Sse-Chou ou Les Quatre livres moraux de Confucius et de ses disciples. Les Lois de Manou, premier législateur de l'Inde. Le Koran de Mahomet).* PAUTHIER, G. <1.1.02.11>

France Loisirs

[Bibliothèque de Sagesse]

1995—*Sagesse du Confucianisme: La Grande Étude (Ta-hio), l'Invariabilité dans le milieu (Tchoung-young), Les Entretiens philosophiques (Lun-yu), Meng-tseu.* Traducteur non précisé. <1.2.01.08> <1.2.02.05> <1.2.03.22> <1.2.04.08>

Gallimard

[Bibliothèque de la Pléiade]

1978—*Au bord de l'eau (Shui-hu-zhuan) tome 1, chapitres 1 à 46.* DARS, J. <4.4.06.01>

—*Au bord de l'eau (Shui-hu-zhuan) tome 2, chapitres 47 à 92.* DARS, J. <4.4.06.02>

1981—*Le rêve dans le pavillon rouge.* LI Tche-Houa/ALÉZAÏS, J. <4.4.08.01>

1985—*Jin Ping Mei / Fleur en Fiole d'Or.* LÉVY, A. <4.4.09.07>

1991—*La Pérégrination vers l'Ouest, tome 1, livres I à X.* LÉVY, A. <4.4.05.07>

—*La Pérégrination vers l'Ouest, tome 2, livres XI à XX.* LÉVY, A. <4.4.05.08>

1996—*Spectacles curieux d'aujourd'hui et d'autrefois: Contes chinois des Ming.* LANSELLE, R. <4.4.18.06>

2003—*Le rêve dans le pavillon rouge.* LI Tche-Houa/ALÉZAÏS, J. <4.4.08.02>

—*Philosophes taoïstes, tome 2: Huainan zi.* BAI Fang/CHENG, A./LE BLANC, Ch./LEVI, J./MARCHAND, J./MATHIEU, R./PHAM-MICLOT, N./ZHENG, Ch. <3.2.05.03>

2009—*Philosophes confucianistes.* MATHIEU, R./LE BLANC, Ch. <1.2.01.09> <1.2.03.18> <1.3.01.05>

2017—*Au bord de l'eau (Shui-hu-zhuan) I, II.* DARS, J. <4.4.06.05>

[Connaissance de l'Orient]

1961—*Le vrai classique du vide parfait.* GRYNPAS, B. <3.2.03.01>

1964—*L'Odyssée de Lao ts'an.* CHENG Tcheng. <4.4.20.01>

1970—*Contes extraordinaires du Pavillon du loisir.* GUILLERMAZ, J./GUILLERMAZ, P./HERVOUET, Y./KALTENMARK, M./KALTENMARK, O./LI Tche-houa/RUHLMANN, R./THCANG Fou-jouei. <4.4.11.07>

1976—*Chronique indiscrète des Mandarins.* TCHANG Fou-jouei. <4.4.10.01>

1977—*Li Qingzhao, Œuvres poétiques complètes.* LIANG Peitchin. <4.2.10.01>

1983—*Vacances du pouvoir: Poèmes des Tang.* JACOB, P. <4.1.05.15> <4.2.05.14>

1985—*Florilège de Li Bai.* JACOB, P. <4.2.05.01>

—*Tchouang-tseu, Œuvre complète*. LIOU Kia-Hwey. <3.2.02.02>

1986—*Chronique indiscrète des Mandarins*. TCHANG Fou-jouei. <4.4.10.02>

  —*Chronique indiscrète des Mandarins I*. TCHANG Fou-jouei. <4.4.10.03>

  —*Récits d'une vie fugitive: Mémoires d'un lettré pauvre*. RECLUS, J. <3.7.13.02>

1987—*Contes extraordinaires du Pavillon du loisir*. GUILLERMAZ, J./GUILLERMAZ, P./HERVOUET, Y./KALTENMARK, M./KALTENMARK, O./LI Tche-houa/ RUHLMANN, R./THCANG Fou-jouei. <4.4.11.08>

1988—*Poètes bouddhistes des Tang*. JACOB, P. <4.1.05.18>

1989—*Les Entretiens*. RYCKMANS, P. <1.2.03.11>

1990—*L'Odyssée de Lao ts'an*. CHENG Tcheng. <4.4.20.02>

  —*Tao tö king*. LIOU Kia-hway. <3.2.01.15>

  —*Tao Yuan-ming, Œuvres complètes*. JACOB, P. <4.2.02.02>

1992—*« Le Signe de patience » et autres pièces du théâtre des Yuan*. LI Tche-houa. <4.1.07.04>

  —*À la recherche des esprits*. CHANG Fu-jui/DARROBERS, R./EPSTEIN, L./HART, S./LANSELLE, R./LEVI, J./LÉVY, A./MATHIEU, R. <4.4.02.01>

1993—*Chronique indiscrète des Mandarins*. TCHANG Fou-jouei. <4.4.10.04>

  —*Pérégrination vers l'est*. PERRONT, N. <4.4.14.01>

  —*Randonnées aux sites sublimes*. DARS, J. <2.2.10.01>

1995—*Souvenirs rêvés de Tao'an*. TEBOUL-WANG, B. <3.7.09.01>

1996—*Le vrai classique du vide parfait*. GRYNPAS, B. <3.2.03.04>

1997—*Traité des caractères*. LARA, A. A.-M. <3.9.04.01>

1998—*Recueil de la montagne du Sud*. DURAND, P.-H. <3.7.12.01>

1999—*La Voie des divins immortels: Les chapitres discutifs du Baopuzi neipian*. CHE, Ph. <3.2.06.01>

2001—*Chronique indiscrète des Mandarins II*. TCHANG Fou-jouei. <4.4.10.05>

2004—*Élégies de Chu. Chu ci. Attribuées à Qu'Yuan et autres poètes chinois de l'Antiquité (IVe siècle av. J.-C. – IIe siècle apr. J.-C.)*. MATHIEU, R. <4.1.01.01>

2007—*Li He, Poèmes*. LAMBERT, M.-Th. <4.2.07.01>

2011—*Ce dont le Maître ne parlait pas: Le merveilleux onirique*. CHANG Fu-jui/CHANG, J./DIÉNY, J.-P. <3.7.14.01>

[Connaissance de l'Orient/UNESCO]

1972—*L'Antre aux fantômes des collines de l'Ouest: Sept contes chinois anciens (XIIe-XIVe siècle)*. LÉVY, A./GOLDMAN, R. <4.4.16.06>

1987—*L'Antre aux fantômes des collines de l'Ouest: Sept contes chinois anciens (XIIe-XIVe siècle)*. LÉVY, A./GOLDMAN, R. <4.4.16.07>

1988—*L'Amour de la renarde: Marchands et lettrés de la vieille Chine. Douze contes du XVIIe siècle*. LÉVY, A. <4.4.17.01>

2006—*L'Amour de la renarde: Marchands et lettrés de la vieille Chine. Douze contes du XVIIe siècle*. LÉVY, A. <4.4.17.02>

[Folio]

1997—*Au bord de l'eau (Shui-hu-zhuan) tome 1, chapitres 1 à 46*. DARS, J. <4.4.06.03>

—*Au bord de l'eau (Shui-hu-zhuan) tome 2, chapitres 47 à 92*. DARS, J. <4.4.06.04>

2002—*Tao tö king*. LIOU Kia-hway. <3.2.01.16>

2004—*Fleur en fiole d'or: Jing Ping Mei cihua*. LÉVY, A. <4.4.09.08>

2009—*Sagesses chinoises: Les Entretiens de Confucius; Tao-tö king de Lao-tseu; Sur le destin et autres textes de Lie-tseu*. Traducteur non précisé. <1.2.03.23> <3.2.01.69> <3.2.02.23>

2015—*La femme à la veste verte: contes extraordinaires du Pavillons des loisirs*. HERVOUET, Y. <4.4.11.09>

[Folio 2]

2013—*Joie suprême et autres textes*. LIOU Kia-Hway. <3.2.02.05>

—*Traité sur le Ciel et autres textes*. MATHIEU, R. <3.1.01.03>

[Folio Bilingue]

2019—*Le Classique des Poèmes/Shijing: Poésie chinoise de l'Antiquité*. MATHIEU, R.
    <1.1.03.12>

[Folio Essais]

2011—*Le vrai classique du vide parfait*. GRYNPAS, B. <3.2.03.05>
    —*Œuvre complète de Tchouang-tseu*. LIOU Kia-Hway. <3.2.02.04>
2016—*Sur le destin et autres textes*. GRYNPAS, B. <3.2.03.06>

[Folio Junior]

1982—*Le roi des singes et la sorcière au squelette*. WANG Sing-pei. <4.4.05.10>

[Folio Sagesses]

2015—*Aller au bout de son cœur/Philosophe Gao zi*. LE BLANC, Ch. <1.2.04.07>
    —*Tao tö king*. LIOU Kia-hway. <3.2.01.18>
2016—*Les Entretiens*. RYCKMANS, P. <1.2.03.12>
2018—*Joie suprême et autres textes*. LIOU Kia-Hway. <3.2.02.06>

[GAL ECO LIRE CD]

2002—*Tao tö king*. LIOU Kia-hway. <3.2.01.17>

[Idées]

1976—*Le vrai classique du vide parfait*. GRYNPAS, B. <3.2.03.02>

[idées nrf]

1969—*Tao tö king*. LIOU Kia-hway. <3.2.01.14>

[L'Imaginaire]

2005—*Pérégrinations d'un clochard*. CHENG Tcheng. <4.4.20.03>

[L'infini]

2006—*Fictions philosophiques du Tchouang-tseu*. GRAZIANI, R. <3.2.02.21>

[Poésie]

1962—« Dix-neuf poèmes anciens », traducteur non précisé. *Anthologie de la poésie chinoise classique*. <4.2.01.03>

—« Poèmes à chanter (k'iu) des Yuan », traduit par LI Tche-houa. *Anthologie de la poésie chinoise classique*. <4.1.07.02>

—« Poèmes à chanter (ts'eu) des Song », traduit par TANG, A./LEANG P'ei-tchen/KALTENMARK, O. *Anthologie de la poésie chinoise classique*. <4.1.06.01>

—« Poèmes des Tang », traduit par TCHANG Fou-jouei/TCH'EN Yen-hia/CHENG, F./LEANG P'ei-tchen/ROYÈRE, A.-Ch./RUHLMANN, R. *Anthologie de la poésie chinoise classique*. <4.1.05.09>

[UNESCO]

1963—« *Le Signe de patience* » *et autres pièces du théâtre des Yuan*. LI Tche-houa. <4.1.07.03>

1969—*Tchouang-tseu, L'Œuvre complète*. LIOU Kia-Hway. <3.2.02.01>

[Collection non précisée ou hors collection]

1967—*Tao tö king*. ÉTIEMBLE, R. <3.2.01.44>

1989—*Le vrai classique du vide parfait*. GRYNPAS, B. <3.2.03.03>

Garnier

2011—*La Merveilleuse Histoire de Hsi Men avec ses six femmes*. PORRET, J.-P./HENRY, Ch./SETH, C./BLUM, Cl./FOURNIER, J. <4.4.09.06>

Graal

[Éveil des temps passés]

1989—*Lao-Tseu: Vie et œuvre du précurseur en Chine*. Traducteur non précisé.

<3.2.01.63>

[Les précurseurs]

2005—*Lao-Tseu: Vie et œuvre du précurseur en Chine.* Traducteur non précisé. <3.2.01.64>

Gründ
[Clin d'œil]
2005—*Yi King.* MELYAN, G./CHU Wen-kuang. <1.1.01.28>

[Les grands classiques de tous les temps]

1992—*Le Roi des singes.* DELAGE, R. <4.4.05.11>

Guy Le Prat

1953—*Kin P'ing Mei ou la merveilleuse histoire de Hsi Men avec ses six femmes.* PORRET, J.- P. <4.4.09.01>

1957—*Le Rêve dans le pavillon rouge, vol. 1.* GUERNE, A. <4.4.08.04>

   —*Le Rêve dans le pavillon rouge, vol. 2.* GUERNE, A. <4.4.08.05>

1979—*Kin P'ing Mei ou la fin de la merveilleuse histoire de Hsi Men avec ses six femmes, 2 tomes.* PORRET, J.-P. <4.4.09.04>

Guy Trédaniel
[Acupuncture]

1991—*Su Wen: Première Partie.* DURON, A. <3.5.01.01>

1992—*Prescriptions d'acupuncture valant mille onces d'or: Traité d'acupuncture de Sun Simiao du VIIe siècle.* DESPEUX, C. <3.5.04.01>

1998—*Su Wen: Seconde Partie.* DURON, A. <3.5.01.02>

   —*Su Wen: Troisième Partie.* DURON, A. <3.5.01.03>

[Collection non précisée ou hors collection]

2001—*Le petit livre du yi king*. CAUHÉPÉ, J.-D./KUANG, A.-Z. <1.1.01.26>

2012—*Yi-King [le]*. LEFRANC, Ch. <1.1.01.33>

2016—*Confucius: Les Analectes*. FORTOUL, F. <1.2.03.19>

    —*Tao Te King, Dao De Jing: La voie de la bonté et du pouvoir*. TRAPP, J. <3.2.01.61>

2017—*L'Art de la guerre*. FORTOUL, F. <3.4.01.20>

    —*Tao te ching*. BALDOCK, J. <3.2.01.62>

H. Georg

1873—(Avec Ernest Leroux /Trübner and Co) *San-Tseu-King, Le livre de phrases de trois mots, en chinois et en français*. JULIEN, S.//D'HERVEY DE SAINT-DENYS, L. <3.8.01.01>

1876—(Avec Ernest Leroux /Trübner and Co) *San Ze King. Les phrases de trois caractères en chinois avec les Versions Japonaise, Mandchoue et Mongole*. TURRETTINI, F. <3.8.01.03>

Hachette

[Hachette BnF]

2012—*Chou king: texte chinois (Éd.1897)*. COUVREUR, S. <1.1.02.04>

2013—*Tá hio [le] ou La grande étude*. PAUTHIER, G. <1.2.01.04>

[La vie quotidienne]

1990—*La vie quotidienne en Chine: À la veille de l'invasion mongole (1250—1276)*. GERNET, J. <3.7.03.01> <3.7.04.01> <3.7.05.01> <3.7.06.01>

[Collection non précisée ou hors collection]

1976—*Jeou-p'ou-t'ouan*. KLOSSOWSKI, P. <4.4.39.04>

Hardpress Publishing

2013—*Lun-Heng: Volume 1*. Traducteur non précisé. <3.1.08.02>

—*Lun-Heng: Volume 2. Traducteur non précisé*. <3.1.08.03>

Henri Laurens

1910—*Kiai-Tseu-Yuan Houa Tchouan, Les Enseignements de la Peinture du Jardin grand comme un Grain de Moutarde. Encyclopédie de la peinture chinoise. Livre I-Livre III*. PETRUCCI, R. <3.6.07.01>

—*Kiai-Tseu-Yuan Houa Tchouan, Les Enseignements de la Peinture du Jardin grand comme un Grain de Moutarde. Encyclopédie de la peinture chinoise. Livre IV-Livre VII*. PETRUCCI, R. <3.6.07.02>

—*Kiai-Tseu-Yuan Houa Tchouan, Les Enseignements de la Peinture du Jardin grand comme un Grain de Moutarde. Encyclopédie de la peinture chinoise. Livre VIII-Livre IX*. PETRUCCI, R. <3.6.07.03>

Hermann

[Savoir arts]

1996—*Les propos sur la peinture du moine Citrouille-amère*. RYCKMANS, P. <3.6.08.01>

2018—*Mozi*. GHIGLIONE, A. <3.1.02.01>

Hongfei

2013—*La légende du serpent blanc*. ZOUAGHI, A. <4.4.16.05>

Imprimerie de la Mission catholique

1896—*Cheu King*. COUVREUR, S. <1.1.03.10>

1897—*Chou King*. COUVREUR, S. <1.1.02.01> <1.1.02.02> <1.1.02.03> <1.1.02.04>

1913—*Li ki ou Mémoires sur les bienséances et les cérémonies, Tome I*. COUVREUR, S. <1.1.06.01>

—*Li ki ou Mémoires sur les bienséances et les cérémonies, Tome II.* COUVREUR, S. <1.1.06.02>

Imprimerie de Madame veuve Bouchard-Huzard

1875—*Le Chan-Haï-King, Livre des montagnes et des mers: Livre II, Montagnes de l'Ouest.* BURNOUF, É. <2.2.01.01>

Imprimerie du Crapelet

1835—*Le Livre des Récompenses et des Peines.* JULIEN, S. <3.2.07.02>

Imprimerie Impériale

1853—*Histoire de la vie de Hiouen-Thsang et de ses voyages dans l'Inde, depuis l'an 629 jusqu'en 645.* JULIEN, S. <2.2.05.01>

1858—*Mémoires sur Les Contrées occidentales.* JULIEN, S. <2.2.04.01>

Imprimerie Nationale

[La Salamandre]

1995—*Zhong Yong ou La Régulation à usage ordinaire.* JULLIEN, F. <1.2.02.04>

[Collection non précisée ou hors collection]

1838—*Teou-ngo-youen, ou le Ressentiment de Teou-ngo.* BAZIN, A. <4.5.02.01>

—*Théâtre chinois. Pièces de théâtre.* BAZIN, A. <4.1.07.01>

1851—*Tcheou-li [le], ou Rites des Tcheou: Tome Deuxième.* BIOT, É. <1.1.04.02>

—*Tcheou-li [le], ou Rites des Tcheou: Tome Premier.* BIOT, É. <1.1.04.01>

1892—*Vajracchedikā (Prajñāpāramitā).* HARLEZ, Ch. de. <3.3.02.01>

1921—*Quarante poésies de Li Tai Pé.* BELPAIRE, B. <4.2.05.02>

Imprimerie Royale

1817—*L'Invariable Milieu, ouvrage moral de Tèsu-ssê, en Chinois et en Mandchou, avec une Version littérale Latine.* ABEL-RÉMUSAT, J.-P. <1.2.02.03>

1823—*Mémoire sur la vie et les opinions de Lao-Tseu, philosophe chinois du VIe siècle avant notre ère.* ABEL-RÉMUSAT, J.-P. <3.2.01.38>

1836—*Foë Kouĕ Ki, ou Relation des royaumes bouddhiques: voyage dans la Tartarie, dans l'Afghanistan et dans l'Inde, exécuté, à la fin du IVe siècle.* ABEL-RÉMUSAT, J.-P. <2.2.03.01>

1841—*Le Pi-pa-ki, ou l'Histoire du luth.* BAZIN, A. <4.5.06.01>

1842—*Le Livre de la voie et de la vertu.* JULIEN, S. <3.2.01.01>

1853—*Li-ki, ou Mémorial des rites (Liji).* CALLERY, J.-M. <1.1.06.05>

Date de parution non précisée—*Tchou-Tchou-Ki-Nien. Tablettes chronologiques du Livre écrit sur bambou.* BIOT, É. <2.3.01.01>

Imprimeur

[Jardins et Paysages]

1997—*Yuanye: Le Traité du jardin (1634).* CHIU Che Bing. <3.6.05.01>

(Independently published)

2017—*L'Art de la guerre.* AMIOT, J.-M. <3.4.01.08>

—*Les Entretiens de Confucius.* COUVREUR, S. <1.2.03.06>

2018—*L'Art de la guerre: Les Treize Articles.* AMIOT, J.-M. <3.4.01.09>

—*Les Entretiens de Confucius.* ABEL-RÉMUSAT, J.-P. <1.2.03.07>

—*Les pères du système taoïste.* WIEGER, L. <3.2.01.11> <3.2.02.08> <3.2.03.08>

—*Poésie Tang: Nouvelle traduction rimée de quarante quatrains de l'époque Tang.* X.A.L. <4.1.05.38>

2019—*L'Art de la guerre: Les Treize Articles.* AMIOT, J.-M. <3.4.01.10>

—*Le Traité des Influences Errantes de Quangdzu.* POUVOURVILLE, M.A. de. <3.2.02.15>

Institut des hautes études chinoises, Collège de France

1983—*Étude sur la mythologie et l'ethnologie de la Chine ancienne*. MATHIEU, R.
<2.2.01.03>

Institut Liang Shen de Médecine Chinoise

2018—*Classique de la Matière Médicale du Divin – Paysan avec commentaires et
suppléments Shénnóng Běncǎo Jīng*. BIZIEN, Y./GLÄSER, A. <3.5.05.01>

Institut Ricci

[Variétés sinologiques]

1982—*Le traité VII du Houai nan tseu. Les esprits légers et subtils animateurs de
l'essence*. LARRE, Cl. <3.2.05.01>

[Collection non précisée ou hors collection]

(Avec Cerf) 1993—*Les grands traités du Huainan Zi*. LARRE, Cl./ROBINET,
I./ROCHAT DE LA VALLÉE, É. <3.2.05.02>

(Avec Desclée de Brouwer) 1994—*De vide en vide: La Conduite de la Vie*. LARRE,
Cl./ROCHAT DE LA VALLÉE, É. <3.2.02.19>

J.-B. Istas

1895—*Koue-Yü, Discours des royaumes, Annales oratoires des états chinois du Xe au Ve
siècle A.C.: Partie II*. HARLEZ, Ch. de. <2.3.02.04>

J'AI LU

[Librio Document]

2005—*Tao-te-King: Le livre de la voie et de la vertu*. JULIEN, S. <3.2.01.03>

2012—*Tao-te-King: Le livre de la voie et de la vertu*. JULIEN, S. <3.2.01.05>

[Librio Philosophie]

2012—*L'art de la guerre: De Sun Tzu à de Gaulle, vade-mecum des situations conflictuelles.* AMIOT, J.-M. <3.4.01.05>

2019—*L'art de la guerre.* AMIOT, J.-M. <3.4.01.06>

[Librio Spiritualité]
2018—*Tao-te-King: Le livre de la voie et de la vertu.* JULIEN, S. <3.2.01.07>

Jean de Bonnot

1999—*Lotus d'or ou la Merveilleuse Histoire de Hsi Men avec ses six femmes.* PORRET,
    J.-P. <4.4.09.05>

2001—*Tao-Tö-King [le].* LAUER, C. von. <3.2.01.47>

Jean Le Mauve

1988—(Avec l'Arbre) *Le Serpent blanc.* HOIZEY, D. <4.4.16.03>

Jean-Claude Gawsewitch

[Pratique]
2004—*Le Cha Jing ou Classique du thé.* CHEVALEYRE, V. <3.6.06.03>

Jean-Claude Lattès

2009—*Six récits au fil inconstant des jours.* LEYS, S. <3.7.13.03>

Jean-Jacques Pauvert

1962—*Jeou-p'ou-t'ouan, ou la chair comme tapis de prière.* KLOSSOWSKI, P. <4.4.39.01>

1968—*Jeou-p'ou-t'ouan, ou la chair comme tapis de prière.* KLOSSOWSKI, P. <4.4.39.02>

1979—*Jeou-p'ou-t'ouan, ou la chair comme tapis de prière.* KLOSSOWSKI, P. <4.4.39.05>

1981—*Jeou-p'ou-t'ouan, ou la chair comme tapis de prière.* KLOSSOWSKI, P. <4.4.39.06>

1985—*Jeou-p'ou-t'ouan, ou la chair comme tapis de prière.* KLOSSOWSKI, P. <4.4.39.07>

1989—*Jeou-p'ou-t'ouan, ou la chair comme tapis de prière.* KLOSSOWSKI, P. <4.4.39.08>

Journal asiatique

1840—« Hia-Siao-Tching, ou Petit calendrier des Hia ». BIOT, É. <3.6.01.01>

1841—1842—« Tchou-Tchou-Ki-Nien. Annales de bambou. Tablettes chronologiques du Livre écrit sur bambou ». BIOT, É. <2.3.01.02>

1880, n°117—« Le Poirier planté ». IMBAULT-HUART, C. <4.4.11.13>

1893, Sér. 9, T. 2—« Koue-Yü, Discours des royaumes: Première partie ». HARLEZ, Ch. de. <2.3.02.01>

1894, Sér. 9, T. 3—« Koue-Yü, Discours des royaumes: Première partie (suite) ». HARLEZ, Ch. de. <2.3.02.02>

1895, Tome VI—« Voyages des pèlerins bouddhistes. L'Itinéraire d'Ou-k'ong (751—790) ». CHAVANNES, É./LEVI, S. <2.2.09.01>

Jouve et Cie

1924—*Le Paon, poème d'auteur inconnu de la dynastie des Han*. TCHANG Fong. <4.1.03.03> <4.1.04.01>

Jouvence

[Les clés de la spiritualité]

2006—*Le message de Confucius: Un philosophe exceptionnel*. Traducteur non précisé. <1.2.03.26>

—*Le message de Lao Tseu: La voie du Tao*. Traducteur non précisé. <3.2.01.73>

[Sagesse orientale illustrée]
2006—*Le Dharma soutra*. Traducteur non précisé. <3.3.13.03>

Kessinger Publishing

2010—*Chou King: Texte Chinois (1897)*. COUVREUR, S. <1.1.02.03>

—*Les livres sacrés de l'orient (Le Chou-King ou Le Livre par excellence. Les Sse-Chou ou Les Quatre livres moraux de Confucius et de ses disciples. Les Lois de*

Manou, premier législateur de l'Inde. Le Koran de Mahomet). PAUTHIER, G. <1.1.02.09>

—*Tao Te King [le]: Le Livre de la Voie et de la Vertu.* JULIEN, S. <3.2.01.04>

Könemann

[Sagesse et Spiritualité]

2000—*Le Yi-king ou le paysage de l'âme.* BLOK, F. <1.1.01.25>

Kuangchi Press

1966—*Cheu King.* COUVREUR, S. <1.1.03.10>

L'Arbre

1988—(Avec Jean Le Mauve) *Le Serpent blanc.* HOIZEY, D. <4.4.16.03>

L'Harmattan

[Poètes des cinq continents]

2015—*Poèmes de la dynastie des Tang: Morceaux choisis (transcription phonétique du texte original chinois, traduction vietnamienne et traduction française).* VÂN Hòa. <4.1.05.35>

2016—*Dao Dé Jing (Tao Te King), Traités des pouvoirs de la voix véritable.* RIVAS, A./MASSAT, G. <3.2.01.60>

La Corne d'abondance

2011—*Iu-Kiao-Li, ou Les deux cousines.* ABEL-RÉMUSAT, J.-P. <4.4.26.02>

La Différence

[Orphée]

1990—*Li Sao, Jiu Ge et Tian Wen.* ROLLIN, J.-F. <4.1.01.02>

1994—*Le livre des poèmes.* HOIZEY, D. <1.1.03.11>

—*Li Bai, Sur notre terre exilé.* HOIZEY, D. <4.2.05.07>

La Nouvelle Revue Française

1909, n° 7—« Chansons des Royaumes du Livre des Vers ». LALOY, L. <1.1.03.04>

1909, n° 8—« Chansons des Royaumes du Livre des Vers ». LALOY, L. <1.1.03.05>

1909, n° 9—« Chansons des Royaumes du Livre des Vers ». LALOY, L. <1.1.03.06>

La Revue Conférence

2009—*Tao Tö King: De l'efficience de la Voie*. COUDRET, G.G./DENIS, Ph. <3.2.01.52>

La Revue de Paris

1832, Tome 37—« Romance de Mou-lan, poème d'auteur inconnu de la dynastie des Liang ». JULIEN, S. <4.1.03.01>

La Table Ronde

[Chemin de Sages]

2001—*Le soutra de l'estrade du don de la loi—Enseignement du grand Maître Hui Heng*. MOREL, F. <3.3.09.05>

[Les petits livres de la sagesse]

1995—*Yi-king: Le Livre des changements*. FRITSCH, L. H. <1.1.01.19>

La Tisserande

2009—*Ling shu: Pivot merveilleux*. MILSKY, C./ANDRÈS, G. <3.5.02.01>

Langues étrangères

[Bibliothèque des classiques chinois 大中华文库]

2015—*Contes fantastiques du Pavillon des Loisirs*. Traducteur non précisé. <4.4.11.20>

—*Mémoires historiques (œuvres choisies)*. GONG Jieshi/AN Pingqiu/et *al.* <2.1.01.09>

2016—*Guide des procédés de fabrication*. DEBARBUAT, S. <3.6.04.01>

[Classiques chinois 中国经典]

2010—*L'Art de la guerre*. TANG Jialong. <3.4.01.16>

[Littérature classique]

1998—*Le Serpent blanc*. <4.4.16.02>

[Collection non précisée ou hors collection]

1986—*Contes fantastiques du Pavillon des Loisirs*. LI Fengbai/LY-LEBRETON, D. <4.4.11.15>

1994—*Le Serpent blanc*. Traducteur non précisé. <4.4.16.01>

1995—*La vengeance de Cai Ruihong*. Traducteur non précisé. <4.4.15.01>

1998—*Contes fantastiques du Pavillon des Loisirs*. Traducteur non précisé. <4.4.11.16>

2004—*Contes fantastiques du Pavillon des Loisirs, Volumes 1*. Traducteur non précisé. <4.4.11.17>

—*Contes fantastiques du Pavillon des Loisirs, Volumes 2*. Traducteur non précisé. <4.4.11.18>

—*Contes fantastiques du Pavillon des Loisirs, Volumes 3*. Traducteur non précisé. <4.4.11.19>

Lanzmann & Seghers

1978—*Dispute sur le sel et le fer: Un prodigieux document sur l'art de gouverner. Yantie lun*. LEVI, J./BAUDRY-WEULERSSE, D./BAUDRY, P. <3.9.02.01>

1991—*Dispute sur le sel et le fer*. LEVI, J./BAUDRY-WEULERSSE, D./BAUDRY, P. <3.9.02.02>

L'Asiathèque

[Divination chinoise]

1998—*Les signes et les mutations: Une approche nouvelle du Yi King, histoire, pratique et texte*. WANG Dongliang/TARTAIX, R. <1.1.01.23>

Le Calligraphe

1985—*Contes étranges du cabinet Leao*. LALOY, L. <4.4.11.02>

Le Chat Rouge

2017—*Le Livre de Jade*. GAUTIER, J. <4.1.05.37>

Le Courrier du Livre

[Trésor des arts martiaux]

1998—*Lao Tzeu, Mes mots sont faciles à comprendre*. MAIRET, S. <3.2.01.34>

2012—*Lao Tzeu, Mes mots sont faciles à comprendre*. MAIRET, S. <3.2.01.35>

[Collection non précisée ou hors collection]

2012—*Yi King*. COHEN, L. <1.1.01.31>

2017—*Qing Jing Jing – Le livre de la Pureté du Calme*. WEN Ke/FAURE, S. <3.2.08.01>

Le grand livre du mois

1996—*Yi King: Le Plus Ancien Traité divinatoire*. BIANU, Z. <1.1.01.03>

Le Souffle d'Or

2012—*Tao et son pouvoir d'amour [le]: Une nouvelle interprétation du Tao Te King*. CASTETS, A. <3.2.01.55>

Lemarget

1930—*Les poèmes de T'ao Ts'ien*. LIANG Tsong Tai. <4.2.02.01>

Lemerre

1876—*Le Livre de Jade*. GAUTIER, J. <4.1.05.02>

Les Belles Lettres

[Architecture du verbe]

1997—*Anthologie de la poésie chinoise classique*. COYAUD, M. <4.1.05.21>

2009—*Anthologie de la poésie chinoise classique*. COYAUD, M. <4.1.05.29>

[Bibliothèque chinoise]

2010—*Dispute sur le sel et le fer*. LEVI, J. <3.9.02.03>

　　—*Les Dix-neuf poèmes anciens*. DIÉNY, J.-P. <4.2.01.05>

　　—*Maîtres mots*. L'HARIDON, B. <3.1.07.01>

2011—*Balance des discours: Destin, providence et divination*. KALINOWSKI, M.
　　<3.1.08.01>

　　—*Écrits de Maître Guan: Les Quatre Traités de l'Art de l'esprit*. GRAZIANI, R.
　　<3.1.04.01>

2012—*Écrits de Maître Wen: Livre de la pénétration du mystère*. LEVI, J. <3.2.04.01>

　　—*Nouveaux discours*. FEUILLAS, S./L'HARIDON, B. <3.9.03.02>

　　—*Une Controverse lettrée: Correspondance philosophique sur le Taiji*. DARROBERS,
　　R./DUTOURNIER, G. <3.1.10.01>

2013—*Le Sens réel de « Seigneur du Ciel »*. MEYNARD, Th. <3.1.11.01>

　　—*Mémoire sur la situation de l'empire*. DARROBERS, R. <3.9.08.02>

　　—*Mémoire sur les pays bouddhiques*. DRÈGE, J.-P. <2.2.03.02>

2014—*Mémoire sur les monastères bouddhiques de Luoyang*. LOURME, J.-M.
　　<2.3.05.01>

　　—*Traité de l'historien parfait: Chapitres intérieurs*. CHAUSSENDE, D. <2.3.04.01>

2015—*Le Pavillon de l'ouest*. LANSELLE, R. <4.5.01.05>

　　—*Poèmes de jeunesse: Œuvre poétique I*. CHAPUIS, N. <4.2.06.01>

　　—*Trois pièces du théâtre des Yuan*. FALASCHI, I. <4.1.07.06>

2016—*Manifeste à l'empereur: Adressé par les candidats au doctorat*. DARROBERS, R.
　　<3.9.11.01>

—*Notes diverses sur la capitale de l'Ouest.* PIMPANEAU, J. <2.3.03.01>

2017—*Dialogues pour dissiper la confusion.* L'HARIDON, B. <3.1.09.02>

2018—*Écrits de Maître Xun.* KAMENAROVIČ, I.P. <3.1.01.02>

—*La Guerre civile (755—759): Œuvre poétique II.* CHAPUIS, N. <4.2.06.02>

—*Les Deux arbres de la Voie: Le Livre de Lao-Tseu / Les Entretiens de* Confucius. LEVI, J. <1.2.03.14> <3.2.01.28>

[Cathasia]

1949—*Entretiens de Confucius et de ses disciples, Les Quatre Livres.* COUVREUR, S. <1.2.03.01>

[Cathasia/Les Humanités d'Extrême-Orient]

1950—*Les Annales de la Chine.* COUVREUR, S. <1.1.02.05>

[Cathasia/Les Humanités d'Extrême-Orient, série culturelle des Hautes Études de Tien-Tsin]

1950—*Li Ki, Mémoires sur les bienséances et les cérémonies, Tome I.* COUVREUR, S. <1.1.06.03>

—*Li Ki, Mémoires sur les bienséances et les cérémonies, Tome II.* COUVREUR, S. <1.1.06.04>

1951—*Tch'ouen ts'iou et tso tchouan, La chronique de la principauté de Lou, Tome I.* COUVREUR, S. <1.1.07.01>

—*Tch'ouen ts'iou et tso tchouan, La chronique de la principauté de Lou, Tome II.* COUVREUR, S. <1.1.07.02>

—*Tch'ouen ts'iou et tso tchouan, La chronique de la principauté de Lou, Tome III.* COUVREUR, S. <1.1.07.03>

—*Cérémonial.* COUVREUR, S. <1.1.05.01>

Date de parution non précisée—*Les quatre livres, I: Ta Hio, La Grande Étude.* COUVREUR, S. <1.2.01.05>

—*Les quatre livres, II: Tchoung young, L'invariable milieu.* COUVREUR, S. <1.2.02.01>

—*Les quatre livres, III: Louen yu, Entretiens de Confucius et de ses disciples.* COUVREUR, S. <1.2.03.02>

—*Les quatre livres, IV: Œuvres de Meng Tzeu.* COUVREUR, S. <1.2.04.01>

Les Deux Océans

2015—*Le sûtra du cœur.* DESPEUX, C. <3.3.01.02>

Les Indes savantes

[Asie]

2008—*Le Sûtra du lotus.* SERVAN-SCHEIBER, S. <3.3.04.03>

Les Livres du Dauphin

1998—*Huangdi Neijing; bible médicale de la Chine ancienne; le classique de la médecine interne de l'Empereur Jaune illustré.* Traducteur non précisé. <3.5.01.08>

2005—*Huangdi Neijing; bible médicale de la Chine ancienne; le classique de la médecine interne de l'Empereur Jaune illustré.* Traducteur non précisé. <3.5.01.09>

Les Productions de Paris

1962—*Kin P'ing Mei ou les six fleurs du mandarin.* PORRET, J.-P. <4.4.09.02>

Libraire Orientaliste

1926—*Le « fou » dans le Wen-siuan: étude et textes.* MARGOULIÈS, G. <4.1.02.01>

Libraire Tilliard

1770—*Le Chou-king (Shu jing).* GAUBIL, A. <1.1.02.06>

Librairie académique Didier et Co.

Date de parution non précisée—*Yu-Kiao-Li, ou Les deux cousines, tome I.* JULIEN, S. <4.4.26.03>

—Yu-Kiao-Li, ou Les deux cousines, tome II. JULIEN, S. <4.4.26.04>

Librairie de Charles Gosselin

1834—*Blanche et Bleue, ou Les deux couleuvres-fées*. JULIEN, S. <4.4.04.01>

Librairie de l'art indépendant

1894—*Tao de Lao Tseu [le]*. POUVOURVILLE, M.A. de. <3.2.01.40>

—Te de Lao Tseu [le]. POUVOURVILLE, M.A. de. <3.2.01.41>

Librairie Didier et Cie

1860—*P'ing-Chân-Ling-Yên, ou Les deux jeunes filles lettrées, volume I*. JULIEN, S. <4.4.25.01>

—P'ing-Chân-Ling-Yên, ou Les deux jeunes filles lettrées, volume II. JULIEN, S. <4.4.25.02>

Librairie Garnier Frères

1921—*Doctrine de Confucius ou Les quatre livres de philosophie morale et politique de la Chine*. PAUTHIER, G. <1.2.01.02>

Librairie Grasset

[Les Cahiers Verts]

1925—*La brise au clair de lune; « le deuxième livre de génie »*. MORANT, S. de. <4.4.23.01>

2004—*La brise au clair de lune; « le deuxième livre de génie »*. MORANT, S. de. <4.4.23.02>

Librairie L'Impensé radical

1957—*Les treize articles*. AMIOT, J.-M. <3.4.01.03>

Librairie Moutardier

1826—*Iu-Kiao-Li, ou Les deux cousines*. ABEL-RÉMUSAT, J.-P. <4.4.26.01>

Librairie Renouard

1816—*Le Livre des Récompenses et des Peines, méritées par les actions humaines suivant la sublime doctrine*. ABEL-RÉMUSAT, J.-P. <3.2.07.01>

Littérature chinoise

1965, série 3—« Les classiques: Poèmes ». Miranda. <4.1.05.10>

1979, série 5—« Littérature classique: Poèmes des Tang ». Traducteur non précisé. <4.1.05.13>

1999, série 3—« Littérature classique: Poèmes inspirés de paysages ». YAN Hansheng. <4.1.05.22>

Livres & Ebooks (numérique)

Date de parution non précisée—*Les Entretiens de Confucius*. FERRARI, M.-H. <1.2.03.20>

M.A.

1984—*Yi-King [le]*. KIELCE, A. <1.1.01.16>

Maisonneuve

1842—*Hao-Khieou-Tchouan, ou La femme accomplie*. D'ARCY, G. <4.4.23.04>

1870—*Li-sao [le]*. D'HERVEY DE SAINT-DENYS, L. <4.1.01.03>

1872—*Chi-king, ou Livre des vers*. PAUTHIER, G. <1.1.03.09>

1877—(Avec Brill) *Nouvelles du Kin Kou K'i Kouan: Le vendeur d'huile qui seul possède la Reine-de-beauté, ou Splendeurs et misères des courtisanes chinoises*. SCHLEGEL, G. <4.4.18.07>

1891—*Chan-hai-king: Antique géographie chinoise: Tome premier*. ROSNY, L. de. <2.2.01.02>

1892—*Kin-Kou Ki-Kouan, Douze nouvelles chinoises.* D'HERVEY DE SAINT-DENYS, L. <4.4.18.03>

1893—*La morale de Confucius: le livre sacré de la piété filiale.* ROSNY, L. de. <1.3.01.04>

1962—*Cinq cents contes et apologues extraits du Tripitaka chinois, Tome premier.* CHAVANNES, É. <3.3.18.01>

—*Cinq cents contes et apologues extraits du Tripitaka chinois, Tome second.* CHAVANNES, É. <3.3.18.02>

—*Cinq cents contes et apologues extraits du Tripitaka chinois, Tome troisième.* CHAVANNES, É. <3.3.18.03>

—*Tao te king. Traité sur le principe et l'art de la vie des vieux maîtres de la Chine.* LIONNET, J. <3.2.01.43>

1967—*Les Mémoires Historiques, Tome cinquième: chapitres XLIII à XLVII.* CHAVANNES, É. <2.1.01.05>

—*Les Mémoires Historiques, Tome deuxième: chapitres V à XII, appendices.* CHAVANNES, É. <2.1.01.02>

—*Les Mémoires Historiques, Tome premier: chapitres I à IV.* CHAVANNES, É. <2.1.01.01>

—*Les Mémoires Historiques, Tome quatrième: chapitres XXXI à XLII.* CHAVANNES, É. <2.1.01.04>

—*Les Mémoires Historiques, Tome troisième: chapitres XIII à XXX, appendices.* CHAVANNES, É. <2.1.01.03>

—*Les Mémoires Historiques, Tome sixième: chapitres XLVIII à L.* CHAVANNES, É. <2.1.01.06>

1981—*Tao Tö King. Le livre de la voie et de la vertu.* DUYVENDAK, J. J. L. <3.2.01.32>

1987—*Tao Tö King. Le livre de la voie et de la vertu.* DUYVENDAK, J. J. L. <3.2.01.33>

1993—*Su Wen: Les 11 premiers traités.* LARRE, Cl./ROCHAT DE LA VALLÉE, É. <3.5.01.07>

Marabout

[Bien-être–Psy]

2019—*Tao-te-king*. Traducteur non précisé. <3.2.01.68>

[Psychologie]

2016—*Tao-te-king*. Traducteur non précisé. <3.2.01.67>

Médicis

[Sagesse Orientale]

1994—*Yi king: le livre des transformations (texte complet)*. PERROT, É. <1.1.01.12>

[Collection non précisée ou hors collection]

1973—*Yi King: le livre des transformations*. PERROT, É. <1.1.01.10>

2003—*Sou Nü Jing: Le merveilleux traité de sexualité chinoise*. MUSSAT, M. <3.5.06.02>

—*Tao Te King*. PERROT, É. <3.2.01.49>

Médicis Entrelacs

1992—*Yi king: le livre des transformations* (2 parties: Le Texte – Les Matériaux). PERROT, É. <1.1.01.11>

Mémoires couronnés et autres mémoires

1990, volume 59, numéro 5—« Les quarante-deux leçons de bouddha ou le king des XLII sections (Sze-shi-erh-tchang-king) ». HARLEZ, Ch. de. <3.3.10.01>

Mercure de France

[Poésie]

1992—*Le Voleur de poèmes, Chine*. ROY, Cl. <4.1.05.19>

Military Science Publishing House

[Bibliothèque des classiques chinois 大中华文库]

2009—*L'art de la guerre de Sun Zi*. XU Xiaojun/JIA Xiaoning. <3.4.01.04>

Mille et une nuits

[La petite collection]

2000—*Tao Te King. Le livre de la voie et de la vertu.* JULIEN, S. <3.2.01.02>

2014—*Écoutez là-bas, sous les rayons de la lune…*D'HERVEY DE SAINT-DENYS, L. <4.2.05.13>

Mme Ve Dondey Dupré

1838—(Avec F. Didots libraires/Benjamin Duprat/Victor Masson) *Tao-Te-King [le], ou Le livre révéré de la raison suprême et de la vertu.* PAUTHIER, G. <3.2.01.39>

Morel

1977—*Le Classique du Thé.* VIANNEY, J.M. <3.6.06.01>

Mortagne

[Mortagne Grand]

1996—*Yi King.* CORDIGLIA, E. J. <1.1.01.20>

Motifs

2004—*Li Po: L'Exile du Ciel.* GIRAUD, D. <4.2.05.10>

Moundarren

1984—*Li Po, portrait d'un immortel banni sur terre.* CHENG Wing Fun/COLLET, H. <4.2.05.03>

1985—*Li Po, l'immortel banni sur terre.* CHENG Wing Fun/COLLET, H. <4.2.05.05>

2000—*Divers plaisirs à la villa Sui.* COLLET, H. <4.2.12.01>

2004—*L'homme, la terre, le ciel.* CHENG Wing Fun/COLLET, H. <4.2.02.04>

2005—*Divers plaisirs à la villa Sui.* COLLET, H. <4.2.12.02>

2014—*L'homme, la terre, le ciel.* CHENG Wing Fun /COLLET, H. <4.2.02.05>

Moutardier

[Youen-jin-pé-tchong, « Les cent pièces de théâtre des Youen »]

1834—*Tchao-Chi-Kou-Eul, ou L'Orphelin de la Chine*. JULIEN, S. <4.5.04.03>

[Collection non précisée ou hors collection]

1828—*Hau-Kiou-Choaan, ou L'Union bien assortie*. EIDOUS, M.-A. <4.4.23.03>

Music and Entertainment Books

2009—*Poèmes Chinois de la Dynastie des Tang*. XU Yuanchong. <4.1.05.31>

Musica Falsa

[Frictions]

2007—*L'oreiller magique*. LÉVY, A. <4.5.09.01>

[Collection non précisée ou hors collection]

1999—*Le Pavillon aux pivoines*. LÉVY, A. <4.5.03.01>

Nabu Press

2011—*Les livres sacrés de l'orient (Le Chou-King ou Le Livre par excellence. Les Sse-Chou ou Les Quatre livres moraux de Confucius et de ses disciples. Les Lois de Manou, premier législateur de l'Inde. Le Koran de Mahomet)*. PAUTHIER, G. <1.1.02.10>

2012—*La Siao Hio ou Morale de la jeunesse: Avec Le Commentaire de Tchen-Siuen*. HARLEZ, Ch. de. <3.8.03.02>

Occident

1962—*Le poète chinois Lo Pin-wang*. BELPAIRE, B. <4.2.03.01>

1963—*Han Fei-tse: Petits traités chinois peu connus*. BELPAIRE, B. <3.1.03.01>

Odéon

1971—(Avec André Vial) *Jeou-p'ou-t'ouan, ou la chair comme tapis de prière*.

KLOSSOWSKI, P. <4.4.39.03>

Omnia Veritas

2015—*Yi-King [le]*. HARLEZ, CH. de. <1.1.01.14>

Orizons

2013—*Tao Te King*. VIAL, A. de. <3.2.01.57>

P. G. Lemercier

1735—« Tchao chi cou ell, ou Le Petit Orphelin de la maison de Tchao »; PRÉMARE, J.
H. M. de. *Description de l'empire de la Chine*, tome troisième; DU HALDE, J.-B.
(éd.) <4.5.04.01>

Padmakara

[Tsadra]

2019—*Soutra de l'Entrée dans la dimension absolue – Gandavyuhasutra*. CARRÉ, P.
<3.3.03.01>

Pages Ouvertes

2015—*Les plus grands classiques de la poésie chinoise: Coffret prestige (Shi Jing, Tang,
Song)*. XU Yuanchong. <1.1.03.08> <4.1.05.36> <4.1.06.07>

Panthéon Littéraire

1852—*Les livres sacrés de l'orient (Le Chou-King ou Le Livre par excellence. Les
Sse-Chou ou Les Quatre livres moraux de Confucius et de ses disciples. Les Lois de
Manou, premier législateur de l'Inde. Le Koran de Mahomet)*. PAUTHIER, G.
<1.1.02.09> <1.1.02.10> <1.1.02.11>

Pardès

[Bibliothèque tradition chinoise]

1999—*Nei Tching Sou Wen*. LAVIER, J.-A. <3.5.01.05>

Payot

[Petite Bibliothèque Payot]

1992—*Le singe pèlerin, ou, Pèlerinage d'Occident.* DENIKER, G. <4.4.05.03>

2004—*Le singe pèlerin ou Pèlerinage d'Occident: Si-yeou-ki.* DENIKER, G. <4.4.05.04>

2018—*Le singe pèlerin ou Pèlerinage d'Occident: Si-yeou-ki.* DENIKER, G. <4.4.05.05>

[Collection non précisée ou hors collection]

1951—*Le Singe pèlerin ou le Pèlerinage d'Occident.* DENIKER, G. <4.4.05.01>

1980—*Le singe pèlerin, ou, Pèlerinage d'Occident.* DENIKER, G. <4.4.05.02>

Peinture Galerie 14

1999—*Kiai-Tseu-Yuan Houa Tchouan, Les Enseignements de la Peinture du Jardin grand comme un Grain de Moutarde. Encyclopédie de la peinture chinoise.* PETRUCCI, R. <3.6.07.04>

People's Literature Publishing House

[Bibliothèque des classiques chinois 大中华文库]

2010—*La Pérégrination Vers L'Ouest.* LÉVY, A. <4.4.05.09>

2012—*Le rêve dans le pavillon rouge.* LI Tche-Houa/ALÉZAÏS, J. <4.4.08.03>

　　—*Les Trois Royaumes.* NGHIÊM, T./RICAUD, L./LEVI, A./LEVI, J. <4.4.07.07>

2017—*Fleur en fliole d'or.* LÉVY, A. <4.4.09.09>

Peter Lang Gmbh

[Études asiatiques suisses – Monographies]

1999—*Le Sûtra d'Amida prêché par le Buddha.* DUCOR, J. <3.3.05.01>

Phébus

[Libretto]

2004—*Les saisons bleues.* CARRÉ, P. <4.2.04.02>

[Littérature étrangère]

1991—*Les saisons bleues*: *L'œuvre de Wang Wei poète et peintre*. CARRÉ, P. <4.2.04.01>

Philippe Picquier

[Le pavillon des corps curieux]

1990—*Nuages et pluie au palais des Han*. KONTLER, Ch. <4.4.28.01>

1998—*Le Moine mèche-de-lampe*. TATU, A. <4.4.27.01>

2000—*Le Sublime Discours de la fille candide: Manuel d'érotologie chinoise*. LÉVY, A. <3.5.07.01>

2003—*Le pavillon des jades*. TATU, A. <4.4.38.01>

2005—*À l'ombre des pêchers en fleurs*. HUANG San/AWADEW, B. <4.4.35.01>

[Le pavillon des corps curieux/Littérature]

2005—*Galantes chroniques de renardes enjôleuses*. TATU, A. <4.4.41.01>

[Le pavillon des corps curieux/Picquier poche]

1999—*Les écarts du Prince Hailing*. HUANG San/ROSENTHAL, O. <4.4.36.02>

—*Moines et nonnes dans l'océan des péchés*. HUANG San/BLASSE, J./ ROSENTHAL, O. <4.4.37.01>

[Littérature]

1990—*Belle de candeur*. KONTLER, Ch. <4.4.29.02>

1995—*Les écarts du Prince Hailing*. HUANG San/ROSENTHAL, O. <4.4.36.01>

1997—*Histoire hétérodoxe d'un lit brodé*. HUANG San/EPSTEIN, L. <4.4.33.01>

1999—*Du rouge au gynécée*. MAUREY, M. <4.4.30.02>

[Picquier poche]

1994—*Belle de candeur*. KONTLER, Ch. <4.4.29.03>

1997—*Aux portes de l'enfer: récits fantastiques de la Chine ancienne*. DARS, J. <4.4.03.01>

1998—*De la chair à l'extase*. CORNIOT, Ch. <4.4.39.12>

—*Du rouge au gynécée*. MAUREY, M. <4.4.30.01>

—*Nuages et pierres*. VALLETTE-HÉMERY, M. <4.2.11.01>

—*Nuages et pluie au palais des Han*. KONTLER, Ch. <4.4.28.02>

—*Vie d'une amoureuse*. HUANG San/EPSTEIN, L. <4.4.31.01> <4.4.32.01>

1999—*À mari jaloux femme fidèle*. KASER, P. <4.4.40.02>

2000—*Contes étranges du cabinet Leao*. LALOY, L. <4.4.11.03>

2001—*Histoire hétérodoxe d'un lit brodé*. HUANG San/EPSTEIN, L. <4.4.33.02>

2002—*Propos et anecdotes de la vie selon le Tao*. PIMPANEAU, J. <3.7.02.02>

2006 —*Le ciel pour couverture, la terre pour oreiller: La vie et l'œuvre de Li Po*. STOČES, F. <4.2.05.11>

2008—*La vie quotidienne en Chine: À la veille de l'invasion mongole (1250—1276)*. GERNET, J. <3.7.03.02> <3.7.04.02> <3.7.05.02> <3.7.06.02>

2014—*Belle de candeur*. BARBIER-KONTLER, Ch. <4.4.29.04>

—*Galantes chroniques de renardes enjôleuses*. TATU, A. <4.4.41.02>

—*Les carnets secrets de Li Yu: Au gré d'humeurs oisives*. DARS, J. <3.7.08.01>

2015—*À l'ombre des pêchers en fleurs*. HUANG San/AWADEW, B. <4.4.35.02>

—*Aux portes de l'enfer: récits fantastiques de la Chine ancienne*. DARS, J. <4.4.03.02>

—*Le pavillon des jades*. TATU, A. <4.4.38.02>

—*Vie d'une amoureuse*. HUANG San/EPSTEIN, L. <4.4.31.02> <4.4.32.02>

2016—*Propos et anecdotes de la vie selon le Tao*. PIMPANEAU, J. <3.7.02.03>

2017—*Sur moi-même*. PIMPANEAU, J. <3.7.07.01>

[Collection non précisée ou hors collection]

1987—*Belle de candeur – Zhulin yeshi: roman érotique chinois de la dynastie Ming*. BARBIER- KONTLER, Ch. <4.4.29.01>

1989—*Maître Cinq Saules et Maître Cinq Saules et le bonze, Biographie des regrets éternels*. PIMPANEAU, J. <4.2.02.03>

1990—*À mari jaloux femme fidèle*. KASER, P. <4.4.40.01>

1991—*De la chair à l'extase*. CORNIOT, Ch. <4.4.39.10>

1998—*Chroniques de l'étrange*. LÉVY, A. <4.4.11.10>

—*De la chair à l'extase*. CORNIOT, Ch. <4.4.39.11>

—*Trois romans érotiques de la dynastie Ming: Nuages et pluie au palais des Han; Belle de candeur; Du rouge au gynécée*. Traducteur non précisé. <4.4.28.03> <4.4.29.05> <4.4.30.03>

1999—*Le vendeur d'huile qui conquiert la reine de beauté*. RECLUS, J. <4.4.15.02> <4.4.18.08>

2002—*Mémoires historiques: Vies de Chinois illustres*. Traducteur non précisé. <2.1.01.11>

2003—*Le ciel pour couverture, la terre pour oreiller: La vie et l'œuvre de Li Po*. STOČES, F. <4.2.05.08>

2004—« L'Histoire des Han antérieurs: Biographie de Li Ling et Biographie de Su Wu ». *Anthologie de la littérature chinoise classique*. PIMPANEAU, J. <2.1.02.01>

—« Le Ressentiment de Dou E (Dou E yuan) ». *Anthologie de la littérature chinoise classique*. Jacques PIMPANEAU, J. <4.5.02.02>

—« Les bianwen ». *Anthologie de la littérature chinoise classique*. PIMPANEAU, J. <4.1.08.01>

—« Poèmes chantés de l'époque Song ». *Anthologie de la littérature chinoise classique*. PIMPANEAU, J. <4.1.06.05>

—« Poèmes de l'époque Tang ». *Anthologie de la littérature chinoise classique*. CARRÉ, P./PIMPANEAU, J./GIRAUD, D./ STOČES, F./HERVOUET, Y. <4.1.05.26>

—« Tchao chi cou ell, ou Le Petit Orphelin de la maison de Tchao »; traduit par PRÉMARE, J. H. M. de. *Anthologie de la littérature chinoise classique*. PIMPANEAU, J. <4.5.04.02>

—« Wenxin diaolong ». *Anthologie de la littérature chinoise classique*. PIMPANEAU, J. <4.3.01.02>

2005—*Chroniques de l'étrange*. LÉVY, A. <4.4.11.11>

2016—*Chroniques de l'étrange*. LÉVY, A. <4.4.11.12>

—*Propos sur la racine des légumes*. VALLETTE-HÉMERY, M. <3.9.09.01>

Pierre Palpant

[Les classiques des sciences sociales]

2005—*Koue-Yü, Discours des royaumes: Première partie*. HARLEZ, Ch. de. <2.3.02.03>

2007—*Kiai-Tseu-Yuan Houa Tchouan, Les Enseignements de la Peinture du Jardin grand comme un Grain de Moutarde. Encyclopédie de la peinture chinoise. Livre I-Livre III*. PETRUCCI, R. <3.6.07.01>

—*Kiai-Tseu-Yuan Houa Tchouan, Les Enseignements de la Peinture du Jardin grand comme un Grain de Moutarde. Encyclopédie de la peinture chinoise. Livre IV-Livre VII*. PETRUCCI, R. <3.6.07.02>

—*Kiai-Tseu-Yuan Houa Tchouan, Les Enseignements de la Peinture du Jardin grand comme un Grain de Moutarde. Encyclopédie de la peinture chinoise. Livre VIII-Livre IX*. PETRUCCI, R. <3.6.07.03>

2013—*Chou King: Les Annales de la Chine*. COUVREUR, S. <1.1.02.01>

2014—*Tchou-Tchou-Ki-Nien. Annales de bambou. Tablettes chronologiques du Livre écrit sur bambou*. BIOT, É. <2.3.01.02>

Plon

1933—*Le Livre de Jade*. GAUTIER, J. <4.1.05.06>

2007—*Les propos sur la peinture du moine Citrouille-amère*. RYCKMANS, P. <3.6.08.02>

Pocket

[Évolution]

2008—*Yi King: Texte et interprétation*. GIRAUD, D. <1.1.01.29>

Pour l'Analyse du Folklore

1998—*Théâtre chinois des Yuan.* COYAUD, M. <4.1.07.05>

Presse universitaire de France

[Source]

2009—*Trois contes étranges: Récits chinois et illustrations inédites.* LANSELLE, R. <4.4.11.23>

Presses de l'Université Laval

[Histoire et culture chinoises]

2018—*Mozi.* GHIGLIONE, A. <3.1.02.02>

Presses du Châtelet

[Sagesse de l'Orient]

2009—*Classiques de la poésie chinoise.* LAVIS, A. <4.1.05.28>

2010—*L'art de gouverner.* Traducteur non précisé. <3.1.03.03>

[Collection non précisée ou hors collection]

2008—*Préceptes de vie de Confucius.* LAVIS, A. <1.2.03.15>

Presses universitaires de France

[Quadrige]

2016—*Tao Te King.* CONCHE, M. <3.2.01.59>

[Collection non précisée ou hors collection]

1963—*Les Dix-neuf poèmes anciens.* DIÉNY, J.-P. <4.2.01.04>

Publications universitaires

1962—*L'Enseignement de Vimalakîrti.* LAMOTTE, É. <3.3.08.01>

Quimétao

[Culture et Coutumes chinoises]

2001—*Les plus beaux poèmes lyriques de la dynastie des Tang.* SHI Bo. <4.1.05.25>

Revue Le Muséon

1893, Tome XII, n° 3—*Kiu Pién, les neuf tableaux.* HARLEZ, Ch. de. <4.1.01.05>

Rey et Gravier

1819—*Lao-Seng-Eul, comédie chinoise, suivie de San-Iu-Leou, ou Les trois étages consacrés, conte moral.* BRUGUIÈRE DE SORSUM, A. <4.5.07.01>

Rivages

[Rivages poche]

1998—*Yi king.* KARCHER, S. <1.1.01.22>

2007—*Les 36 Stratagèmes: Manuel secret de l'art de la guerre.* LEVI, J. <3.4.02.02>

[Rivages Poche – Petite Bibliothèque]

2004—*L'art de la guerre, Sunzi. L'art de la guerre, Sun Bin.* TANG Jialong. <3.4.01.15>
    <3.4.03.04>

2015—*Le classique du thé.* DESPEUX, C. <3.6.06.04>

2019—*L'art de la guerre: Suivi de « L'art de la guerre » de Sun Bin.* TANG Jialong.
    <3.4.01.17> <3.4.03.05>

    —*L'art de la persuasion.* MOLLARD, M./CHEN Lichuan. <3.4.06.01>

Robert Laffont

[Miroir du monde]

1981—*Sagesse et poésie chinoise.* HU Pin Ching/LAMBERT, M.-T./SEGHERS, P.
    <4.1.05.14>

[Collection non précisée ou hors collection]

1974—*Lao Tseu et le Taoïsme suivi du Tao-Tö-King*. KALTENMAK, M. <3.2.01.45>

Rocher

[L'art de la guerre]

2003—*Les 36 Stratagèmes: Manuel secret de l'art de la guerre*. KIRCHER, F. <3.4.02.01>

[Les Grands Textes spirituels]

1994—*Yi King*. BIANU, Z. <1.1.01.02>

[Sciences Humaines]

2002—*Le Véritable Tao Te King*. STEENS, E. <3.2.01.48>

[Textes sacrés]

1990—*Tao-Tê-King*. WIEGER, L. <3.2.01.10>

[Collection non précisée ou hors collection]

2001—*Yi King-texte intégral*. BIANU, Z. <1.1.01.05>

Rouyat-Éditeurs

1979—*Ta-Hio [le], ou La grande Étude*. PAUTHIER, G. <1.2.01.03>

Sand

[Histoires et légendes noires]

1967—*Histoires et légendes de la Chine mystérieuse*. CHATELAIN, H. <4.4.11.04>

Seghers

1957—*Poésie chinoise*. GUILLERMAZ, P. <4.1.05.08>

1978—*Sou Nu King: La sexualité taoïste de la Chine ancienne*. MUSSAT, M. <3.5.06.01>

Seuil-Point①

[Art, Littérature]

1977—*L'Écriture poétique chinoise. Suivi d'une anthologie des poèmes des Tang.*
CHENG, F. <4.1.05.12>

[Beaux livres]
2009—*La Voie et sa vertu.* HOUANG, F./LEYRIS, P. <3.2.01.25>

[Classiques en images]
2009—*Le livre de la Piété filiale.* PINTO, R. <1.3.01.03>

[Points Essais]
1996—*L'Écriture poétique chinoise. Suivi d'une anthologie des poèmes des Tang.*
CHENG, F. <4.1.05.20>

[Points Sagesses]
1981—*Entretiens de Confucius.* CHENG, A. <1.2.03.08>

1995—*Le Soûtra de l'Estrade du Sixième Patriarche Houei-neng par Fa-hai.* CARRÉ, P.
<3.3.09.01>

1998—*Le livre de la Piété filiale.* PINTO, R./CIBOT, P.-M. <1.3.01.02>

1999—*Han-Fei-tse, ou Le tao du prince.* LEVI, J. <3.1.03.02>

2001—*Yi King.* BIANU, Z. <1.1.01.04>

2004—*La Voie et sa vertu: Tao-tê-king.* HOUANG, F./LEYRIS, P. <3.2.01.24>

 —*Entretiens de Confucius.* CHENG, A. <1.2.03.09>

2008—*Trois Soûtras et un Traité de la Terre pure. Aux Sources du Bouddhisme Mahâyânâ.*
Traducteur non précisé. <3.3.05.04> <3.3.06.03> <3.3.07.04>

2009—*Préceptes de vie de Confucius.* LAVIS, A. <1.2.03.16>

2011—*Manifeste de l'Éveil. Le Soûtra de l'Estrade de Houei-neng.* CARRÉ, P.

---

① Les éditions Points ont été précédées, de 1970 à 2006, par la collection Points,
département regroupant diverses éditions au format de poche publiées par les éditions
du Seuil. Le rachat des éditions du Seuil par les éditions La Martinière et la création
dans la foulée de La Martinière Groupe entraînent une réorganisation qui aboutit à la
création d'une filiale autonome, en janvier 2006, sous la direction d'Emmanuelle Vial.

<3.3.09.02>

2014—*Entretiens de Confucius*. CHENG, A. <1.2.03.10>

[Religion]

1957—*Si Yeou Ki. Le Voyage en Occident*. AVENOL, L. <4.4.05.06>

[Collection non précisée ou hors collection]

1949—*Lao-Tzeu. La Voie et sa vertu*. HOUANG, F./LEYRIS, P. <3.2.01.23>

Slatkine

[Fleuron]

1997—*Histoire du Pavillon d'Occident*. JULIEN, S. <4.5.01.02>

Société des éditions interculturelles

1987—*L'Anthologie de Trois Cents Poèmes de la dynastie des Tang*. JAEGER, G.
<4.1.05.16>

Société des Études Indochinoises

[UNESCO d'œuvres représentatives]

1963—*Les trois royaumes*. NGHIÊM, T./RICAUD, L. <4.4.07.03>

Synchronique

[Esprit contemporain]

2008—*Tao Te King: Un voyage illustré*. MITCHELL, S. <3.2.01.29>

[Grands Classiques]

2018—*L'Éternelle sagesse du Tao – Le Rire de Tchouang-tseu*. LABAYLE, B./VURALER,
C. <3.2.02.13>

[Poche]

2012—*Tao Te King*. MITCHELL, S. <3.2.01.30>

[Collection non précisée ou hors collection]

2014—*Le 2ème Livre du Tao⌐Le Rire de Tchouang-tseu*. LABAYLE, B./VURALER, C. <3.2.02.11>

2015—*L'Art de la guerre*. IVANHOE, Ph.J./CLAUSE, A. <3.4.01.19>

—*L'Éternelle sagesse du Tao – Le Rire de Tchouang-tseu*. LABAYLE, B./VURALER, C. <3.2.02.12>

2019—*Tao Te King: Un voyage illustré*. MITCHELL, S./LABAYLE, B. <3.2.01.31>

T'oung pao

1905, Volume 2: 6—« Les Pays d'occident d'après le Wei lio ». CHAVANNES, É. <2.2.02.01>

1906, Volume 2: 7—« Heou Han chou, Chapitre LXXVII: Trois généraux chinois de la dynastie des Han orientaux ». CHAVANNES, É. <2.1.03.01>

1907, Volume 2: 8—« Les pays d'Occident, d'après le Heou Han chou Chapitre CXVIII ». CHAVANNES, É. <2.1.03.02>

1920, volume XIX, n° 5—« Meou-tseu ou les doutes levés ». PELLIOT, P. <3.1.09.01>

Tchou

[Histoires et légendes noires]

1969—*Histoires et légendes de la Chine mystérieuse*. CHATELAIN, H. <4.4.11.05>

Temps

[Toki]

2006—*L'Art de la guerre. Tome 1: De l'évaluation: Première partie*. DUPONT, Th. <3.4.01.22>

2007—*L'Art de la guerre. Tome 2: De l'évaluation: Deuxième partie*. DUPONT, Th. <3.4.01.23>

—*L'Art de la guerre. Tome 3: De l'engagement de la guerre: Première partie.* DUPONT, Th. <3.4.01.24>

—*L'Art de la guerre. Tome 4: De l'engagement de la guerre: Deuxième partie.* DUPONT, Th. <3.4.01.25>

—*L'Art de la guerre. Tome 5.* DUPONT, Th. <3.4.01.26>

—*L'Art de la guerre. Tome 6: La stratégie offensive: Première partie.* DUPONT, Th. <3.4.01.27>

2008—*L'Art de la guerre. Tome 7: La stratégie offensive: Deuxième partie.* DUPONT, Th. <3.4.01.28>

—*L'Art de la guerre. Tome 8.* DUPONT, Th. <3.4.01.29>

—*L'Art de la guerre. Tome 9.* DUPONT, Th. <3.4.01.30>

—*L'Art de la guerre. Tome 10: Dénouement.* DUPONT, Th. <3.4.01.31>

—*Les 3 royaumes, Tome 1.* LESCOT, N.R. <4.4.07.15>

2009—*Les 3 royaumes, Tome 2.* LESCOT, N.R. <4.4.07.16>

—*Les 3 royaumes, Tome 3.* LESCOT, N.R. <4.4.07.17>

—*Les 3 royaumes, Tome 4.* LESCOT, N.R. <4.4.07.18>

TER

1983—*Fleur sur l'océan des péchés.* BIJON, I. <4.4.19.01>

The Oriental Translation Fund of Great Britain and Ireland

[Youen-jin-pé-tchong, « Les cent pièces de théâtre des Youen »]

1832   *Hoeï-Lan-Ki, ou L'Histoire du cercle de craie.* JULIEN, S. <4.5.05.01>

Tigre noir

1993—*L'Orphelin de Zhao.* CORNIOT, Ch. <4.5.04.04>

Trajectoire

1998—*Le grand livre du Yi-King.* WEBER, V. <1.1.01.15>

Trübner and Co

1873—(Avec H. Georg/Ernest Leroux) *San-Tseu-King, Le livre de phrases de trois mots, en chinois et en français*. JULIEN, S.//D'HERVEY DE SAINT-DENYS, L. <3.8.01.01>

1876—(Avec H. Georg/Ernest Leroux) *San Ze King. Les phrases de trois caractères en chinois avec les Versions Japonaise, Mandchoue et Mongole*. TURRETTINI, F. <3.8.01.03>

Universitaires

1974—*Anthologie chinoise des 5e et 6e siècles: le Che-Chouo-sin-yu*. BELPAIRE, B. <3.7.02.01>

Université catholique de Louvain, Institut Orientaliste

1987—*L'Enseignement de Vimalakîrti*. LAMOTTE, É. <3.3.08.02>

Université de Californie

2010—*Le « fou » dans le Wen-siuan: étude et textes*. MARGOULIÈS, G. <4.1.02.01>

Université de Pékin

2000—*300 poèmes chinois classiques*. XU Yuanchong. <1.1.03.07> <4.1.05.24>

2006—*Trois cents poèmes des Tang*. HU Pinqing. <4.1.05.27>

Victor Masson

1838—(Avec F. Didots libraires/Benjamin Duprat/Mme Ve Dondey Dupré) *Tao-Te-King [le], ou Le livre révéré de la raison suprême et de la vertu*. PAUTHIER, G. <3.2.01.39>

Wentworth Press

2016—*Le Chou-King: Un des livres sacrés des Chinois, qui renferme les fondements de leur ancienne histoire, les principes de leur gouvernement et de leur morale.*

GAUBIL, A. <1.1.02.07>

2018—*La Siao Hio ou Morale de la jeunesse: Avec Le Commentaire de Tchen-Siuen.*
    HARLEZ, Ch. de. <3.8.03.04>

You Feng

[Culture traditionnelle chinoise]

2008—*La légende du Roi Singe.* PEYRELON, R.-W. <4.4.05.12>
    —*La pérégrination vers l'ouest.* PEYRELON, R.-W. <4.4.05.13>

2009—*Confucius et son enseignement: Paroles du Bienveillant.* BOUAROUK, T.-T.
    <1.2.03.27>
    —*Laozi et son enseignement I.* PEYRELON, R. <3.2.01.74>
    —*Laozi et son enseignement II.* PEYRELON, R. <3.2.01.75>

2010—*Conversations pures des six dynasties.* PEYRELON, R.-W. <3.7.02.04>
    —*Han Feizi et son enseignement: La force du légisme.* PEYRELON, R. <3.1.03.04>
    —*L'investiture des dieux (I).* PEYRELON, R. <4.4.12.02>
    —*La grande étude – L'Invariable milieu de confucius.* PEYRELON, R. <1.2.01.11>
    <1.2.02.07>
    —*La légende du serpent blanc.* PEYRELON, R. <4.4.16.04>
    —*Les contes de l'étrange: Légendes de fantômes et de renards.* PEYRELON, R.
    <4.4.11.22>
    —*Mencius et son enseignement: Un remède au chaos.* PEYRELON, R. <1.2.04.11>

2011—*L'investiture des dieux (II).* PEYRELON, R. <4.4.12.03>
    —*Les Entretiens de Confucius.* PEYRELON, R. <1.2.03.28>
    —*Zhuangzi et son enseignement: Tome 1, La mélodie de la nature.* PEYRELON, R.
    <3.2.02.27>

2013—*Le sutra de l'estrade* 六祖坛经. PEYRELON, R. <3.3.09.06>
    —*Le sutra du cœur.* PEYRELON, R. <3.3.01.04>

2014—*Zhuangzi et son enseignement: Tome 2, La mélodie de la nature.* PEYRELON, R.

<3.2.02.28>

[Grands Classiques en bande dessinée]

2013—*Le sutra du dharma*. PEYRELON, R.-W. <3.3.13.04>

[La sagesse éternelle]

2004—*Trésor de la Connaissance: La lumière éternelle. Pensées et Dharma de Maître Hsing Yun*. PEYRELON, R. <3.9.09.02>

[Les Plaidoiries du juge Bao]

2005—*Le Juge Bao et le plaidoyer des fantômes; Les plaidoiries du Juge Bao*. PEYRELON, R.-W. <4.4.21.01>

—*Le juge Bao et l'impératrice du silence; Les plaidoiries du Juge Bao*. PEYRELON, R.-W. <4.4.21.02>

2013—*Le duel des héros; Les plaidoiries du Juge Bao*. PEYRELON, R.-W. <4.4.21.03>

[Collection non précisée ou hors collection]

1987—*Cent poèmes lyriques des Tang et des Song*. XU Yuanchong. <4.1.06.03>

1994—*Yi jing en dessins [le]*. WANG Dongliang/JAVARY, C. <1.1.01.18>

1999—*Chou King*. COUVREUR, S. <1.1.02.02>

2000—*Démons et Merveilles dans la littérature chinoise des Six Dynasties: Le fantastique et l'anecdotique dans le Soushen ji de Gan Bao*. MATHIEU, R. <4.4.02.02>

—*Kiai-Tseu-Yuan Houa Tchouan, Les Enseignements de la Peinture du Jardin grand comme un Grain de Moutarde. Encyclopédie de la peinture chinoise*. PETRUCCI, R. <3.6.07.05>

—*Sûtra de la Plate-forme*. TOULSALY, C. <3.3.09.04>

2001—*Les huit immortels traversent la mer*. GARNIER, J. <4.4.14.02>

2002—*L'investiture des dieux (Feng Shen Yen I)*. GARNIER, J. <4.4.12.01>

2003—*Poèmes de Li Bai destinés aux calligraphes.* HU-STERK, F. <4.2.05.09>

2004—*Kiai-Tseu-Yuan Houa Tchouan, Les Enseignements de la Peinture du Jardin grand comme un Grain de Moutarde. Encyclopédie de la peinture chinoise.* PETRUCCI, R. <3.6.07.06>

—*Livre de la voie et de la vertu.* STROM, H. <3.2.01.50>

2006—*L'Épopée des Trois Royaumes, Tome 1.* DURAND-SUN, Ch. <4.4.07.08>

—*Mille caractères dans la calligraphie chinoise: Analyse historique et artistique du Qianziwen.* CHAN PINONDEL, H.-L. <3.8.02.02>

2007—*L'Épopée des Trois Royaumes, Tome 2.* DURAND-SUN, Ch. <4.4.07.09>

2008—*Florilège comme dix mille sources jaillissantes.* DURAND-SUN, Ch. <4.2.09.01>

—*L'Épopée des Trois Royaumes, Tome 3.* DURAND-SUN, Ch. <4.4.07.10>

—*Mémoire sur la situation de l'empire.* DARROBERS, R. <3.9.08.01>

2009—*Dao De Jing de Lao Zi: Énergie originelle.* ZHOU Jinghong. <3.2.01.36>

—*Les mémoires historiques: La Grande Muraille de l'histoire.* PEYRELON, R.-W. <2.1.01.12>

—*Vies de chinois illustres.* PIMPANEAU, J. <2.1.01.10>

2010—*Éléments pour une lecture du Siwenlu Neipian de Wang Fuzhi (1619—1692).* PASTOR, J.-Cl. <3.7.11.01>

—*Le vrai classique de la vertu parfaite du vide harmonieux.* FANG Sheng. <3.2.03.12>

—*Propos sur la racine des légumes.* PEYRELON, R. <3.9.09.03>

2011—*Grand soutra sur l'essence des choses* 大本經. JIN Siyan. <3.3.15.01>

—*L'art de la guerre selon Sun Bin.* LUO Shenyi. <3.4.03.02>

—*L'Épopée des Trois Royaumes, Tome 4.* DURAND-SUN, Ch. <4.4.07.11>

2012—*Nan Jing, classique des difficultés.* Tuan Anh Tran. <3.5.03.01>

—*Zhou yi, le Yi Jing intégral.* ZHOU Jinghong/FOLGUERA, C. <1.1.01.34>

2013—*Dao De Jing de Lao Zi: Énergie originelle.* ZHOU Jinghong. <3.2.01.37>

—*Le Sûtra du diamant.* JIN Siyan. <3.3.02.06>

—*Les mille caractères et leurs anecdotes: Quatre par quatre, premiers pas en chinois.* DUBREUIL, A./ZHU Xiaoya. <3.8.02.03>

—*Mencius.* LÉVY, A. <1.2.04.06>

—*Soutra de l'ultime voyage ou le dernier discours du Bouddha: Mahā-Parinibbāna-Sutta.* JIN Siyan. <3.3.16.01>

—*Traité de Médecine naturelle chinoise et d'Acupuncture ou Classique de l'Empereur Jaune Huang-Di Nei-Jing.* CHEN, Y. <3.5.01.06>

2014—*L'Épopée des Trois Royaumes, Tome 5.* DURAND-SUN, Ch. <4.4.07.12>

2015—*La Chronique de la principauté de Lou.* COUVREUR, S. <1.1.07.04>

—*Les Mémoires historiques de Se-Ma Ts'ien.* CHAVANNES, É./PIMPANEAU, J./HERVOUET, Y./KALTENMARK, M./POKORA, T. <2.1.01.08>

2016—*Les principes de gouvernance de la Chine ancienne: 360 passages tirés du recueil original du Qunshu Zhiyao.* MASSOULIER, M. <3.9.05.01>

—*Les vœux et les pratiques du bodhisattva Samantabhadra d'entrer dans l'état de la délivrance inconcevable.* JIN Siyan/ LECHEMIN, R. <3.3.03.02>

2017—*Les principes de gouvernance de la Chine ancienne: 360 passages tirés du recueil original du Qunshu Zhiyao Tome II.* MASSOULIER, M. <3.9.05.02>

—*Sutra sur les mérites des vœux originels des sept bouddhas dont le maître de médecine lumière de l'aigue-marine.* JIN Siyan/ LECHEMIN, R. <3.3.17.01>

2018—*L'Histoire du Pavillon d'Occident.* JULIEN, S. <4.5.01.04>

Yuelu Publishing House

[Bibliothèque des classiques chinois 大中华文库]

2009—*Mencius.* YANG Bojun. <1.2.04.05>

—*Yi King.* PHILASTRE, P.-L.-F. <1.1.01.09>

2016—*Le Pavillon aux pivoines.* LÉVY, A. <4.5.03.02>

—*Si-siangki Ou L'Histoire Du Pavillon D'occident.* JULIEN, S. <4.5.01.03>

Zhonghua Book Company

[Bibliothèque des classiques chinois 大中华文库]

2009—*Zhuangzi*. Traducteur non précisé. <3.2.02.03>

Zulma

[Le Livre des changements]

1998—*Yi King [le]*. PHILASTRE, P.-L.-F. <1.1.01.08>

[Collection non précisée ou hors collection]

1966—*Yi King*. PHILASTRE, P.-L.-F. <1.1.01.06>

1992—*Yi King*. PHILASTRE, P.-L.-F. <1.1.01.07>

2003—*Nouveaux Principes de politique*. LEVI, J. <3.9.03.01>

10/18

[Domaine étranger]

1993—*Le Studio des loisirs*. CHATELAIN, H. <4.4.11.06>

1995—*Jeou-p'ou-t'ouan, ou la chair comme tapis de prière*. KLOSSOWSKI, P. <4.4.39.09>

(Éditeur non précisé)

1832—*Ta-Hio [le], ou La grande Étude*. PAUTHIER, G. <1.2.01.01>

1837—*Résumé des principaux traités chinois sur la culture des mûriers et l'éducation des vers à soie*. JULIEN, S. <3.6.04.02>

1981—*Lu Grande Règle (Hung-fan; Houng Fan; Hong fan)*. GRISON, P. <1.1.02.12>

2001—(Édition numérique) *Le Classique des Trois Caractères, un compendium du rudiment*. DEVERGE, M. <3.8.01.05>

2013—*Tao Te King*. FONTAINE, C.S. <3.2.01.56>

Date de parution non précisée—*Mi-tze, le philosophe de l'amour universel*. HARLEZ, Ch. de. <3.1.02.03>

书目研究

引　言

1. 书目的基本结构

以上"典籍索引""译者索引""出版索引"三部分合称"古代中文典籍法译本书目";以中国古代《四库全书》分类法为基本架构,并略做调整,将存在法文译本的古代中文典籍(下文简称"被译典籍")分为"经部""史部""子部""集部"4部。"经部"含"五经类""四书类""其他类"3类,"史部"含"正史类""地理类""别史类"3类,"子部"含"诸子类""道家类""释家类""兵家类""医药类""百科类""笔记类""蒙学类""杂家类"9类,"集部"含"总集类""别集类""文论类""小说类""戏曲类"5类。每类含若干种典籍,每种典籍相应有若干个译本;共计191种典籍,818个译本。具体"部""类""籍""本"的数量分布如表1所示:

表 1　本书中"部""类""籍""本"的数量统计

部名	类名	被译典籍数/种	译本数/个
经部	五经类	7	74
	四书类	4	57
	其他类	1	5
史部	正史类	4	16
	地理类	10	13

续表

部名	类名	被译典籍数/种	译本数/个
	别史类	7	11
子部	诸子类	11	23
	道家类	9	129
	释家类	18	53
	兵家类	6	45
	医药类	7	16
	百科类	8	18
	笔记类	14	24
	蒙学类	3	12
	杂家类	11	18
集部	总集类	8	62
	别集类	12	36
	文论类	1	2
	小说类	41	186
	戏曲类	9	18
4 部	20 类	191	818

2. 书目研究的对象

《书目》研究的对象主要为被译典籍、译本、译者、出版方、书系、出版年份等要素。"被译典籍"界定为中国上古起至清末（1911 年）出版或流传的汉文典籍，不含少数民族语文写成的典籍，也不含周边国家出版或流传的汉文典籍。"译本"界定为各国出版的法文译本，除法国外，还包括比利时、瑞士、加拿大、荷兰、越南等国，也包括中国（含台湾地区）；译本的形式除著作（含学术著作和普及性著作）外还包括期刊内的论文或翻译专栏、论文集中的论文、文选中的章节、其他著作中的译文段落、学位论文等。"译者"指参与译著翻译的主要人员，不限年代、国籍，不论法语是否为母语；责任形式包括独译、合译、选译、编译等，不含丛书主编、序跋作者、中文改编、配图插画等责任者。"出版方"指参与译本出版的出版社、出版人、书店、印刷厂、教育机构、政府机构、社团和网站等实体或个人；"书系"指单个或多个出版社策划的一系列图书的集合，书本上标有 collection / série / bibilothèque / "文库"等字样；译本的出版年份区间为 1735—2019 年，出版年为起止年份的以最晚年份为准，再版的文献视作两个（或多个）出版年份不同的文献。

3. 书目的研究目的

以上"典籍索引"可方便读者查阅某特定中文典籍的译本情况，"译者索引"供读者了解某特定译者所译典籍和译本的情况，而"出版索引"供读者掌握某特定出版方出版典籍和译本的情况。除上述工具性用途外，不同的索引分类也将为相关翻译领域的研究提供一些全新的观察视角。首先，鉴于"典籍索引"大体以《四库全书》所划分的 4 部、20 类为"上层架构"，研究者可以考察被译典籍数量、译本数量在不同部、类中的分布；其次，研究者可以找到"关键的"典籍、译者、出版方、书系等，并在此基础上针对上述关键要素及其相互关系进行个案研究；最后，研究者可根据译本条目中包含的出版年份信息，发现某些关键典籍、关键译者的年代分布，以及全部类译本或特定出版方、书系出版译本数量的年代变化趋势等。总之，考察典籍、译者、译本、出版方和书系等要素的类型、关键度、关联度、分布和趋势等是《书目》的主要研究目的。

以下将从被译典籍、译者和出版等三个主要角度对《书目》进行初步研究。

一、对被译典籍的考察

被译典籍是产出译本的本源，是译者翻译行为的直接对象，也是出版方出版行为的选择依据。对于被译典籍的观察和分析，是研究古代中文典籍法译活动（以下简称"汉籍法译"）的先导和基础。在对《书目》中所涉被译典籍仔细观察和分析之前，我们想了解：哪些典籍的译本较多？哪些典籍类型的译本较多？哪些典籍和典籍类型更受译者关注（对应的译者更多）？哪些典籍和典籍类型更受出版方关注（对应出版方更多）？据此，找到译本较多且较受译者和出版方关注的"关键典籍"，并以此为基础综合归纳出最受译者和出版方青睐的"趣向类型"，明确各类型所涵盖的典籍，进而探究出这些"关键典籍"和"趣向类型"在各个年代的分布情况及变化趋势。最后，我们会对关键度最高的 10 种古代中文典籍的法译出版情况分别进行简要梳理。

1. 被译典籍及译本在部、类中的分布

我们根据前文表 1 所列被译典籍在不同部、类中的数量分布绘制了图 1。

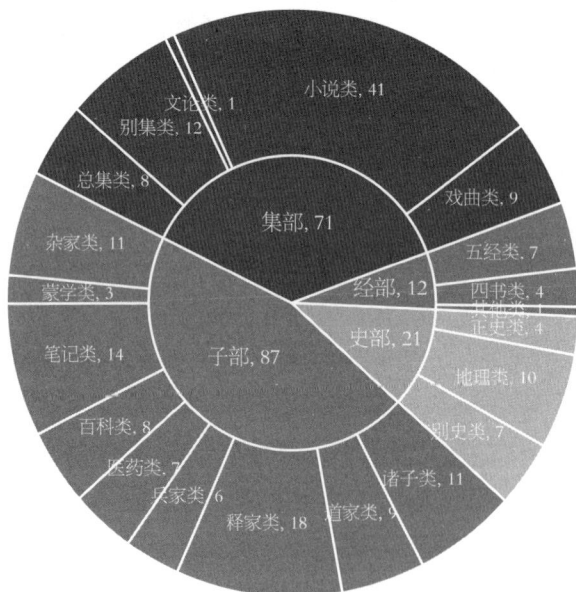

（单位：种）

图 1 被译典籍在部、类中的分布数量统计

如图 1 所示，"子部"和"集部"的被译典籍较多，总数分别为 87 种和 71 种，分别占被译典籍总数的45.55%和37.17%；而"史部"和"经部"的被译典籍较少，总数分别为 21 种和 12 种，分别占被译典籍总数的10.99%和6.28%。就类别来看，"集部"中的"小说类"含典籍数量最多，有 41 种，占典籍总数的21.47%；其次为"子部"中的"释家类"，有 18 种，占典籍总数的9.42%；此外，"子部"中的"笔记类"、"集部"的"别集类"，以及"子部"中的"杂家类""诸子类"含典籍数量也较多，分别有 14 种、12 种、11 种、11 种，分别占典籍总数的7.33%、6.28%、5.76%、5.76%。"经部"的"其他类"、"集部"的"文论类"和"子部"的"蒙学类"含典籍数量最少，分别只有 3 种、1 种、1 种，各占典籍总数的1.57%、0.52%、0.52%。值得注意的是，"子部"的 9 类中，典籍数量分布相对均衡，除了"释家类""笔记类""杂家类""诸子类"分别包含 18 种、14 种、11 种、11 种之外，"道家类""百科类""医药类""兵家类"也分别包含 9 种、8 种、7 种、6 种典籍，样本标准差为 4.47；而"集部"总共 71 种典籍中，5 类典籍数量分布相对不均衡，"小说类"独占 41 种，占比为57.75%，样本标准差达 15.51。

我们又根据前文表 1 所列典籍的译本在不同部、类中的数量分布绘制了图 2。

如图 2 所示，"史部"典籍的译本数量最少，为 40 个，仅占译本总量的4.89%；"经部"典籍的译本数量稍多，为 136 个，占译本总量的16.63%；"子部"和"集部"的译本数量依然较多，分别为 338 个和 304 个，各占译本总量的41.32%和37.16%。从译本类别来看，"集部"中的"小说类"译本数量最多，有 186 个，占译本总量的22.74%；"子部"中的"道家类"的译本数量次之，有 129 个，占译本总量的15.77%；其他译本数量较多的类别还有，"经部"中的"五经类"、"集部"中的"总集类"、"经部"中的"四书类"、"子部"中的"释家类"，分别有 74 个、62 个、57 个、53 个译本，各占译本总量的9.04%、7.58%、6.97%、6.48%；译本数量最少的类别为"集部"的"文论类"和"子部"的"其他类"，分别只有 2 个和 5 个译本,各仅占译本总量的 0.24%和 0.61%。值得注意的是,"集部"包含的 304 个译本当中,译本数量同典籍数量一样分布得很不均衡,"小说类"依然占据 61.18%的较大比重,样本标准差竟达 73.45;而在典籍数量分布相对均衡的"子部"中,"道家类"的译本数量较为突出,在部内包含的 338 个译本中占 38.17%,样本标准差达 36.97;典籍数量较少的"经部"中译本数量有了较大幅度的增长,总量占比从 6.28%跃升至 16.63%;而同样典籍数量较少的"史部"中译本的数量显得相对更少,总量占比从 10.99%下降至 4.89%。

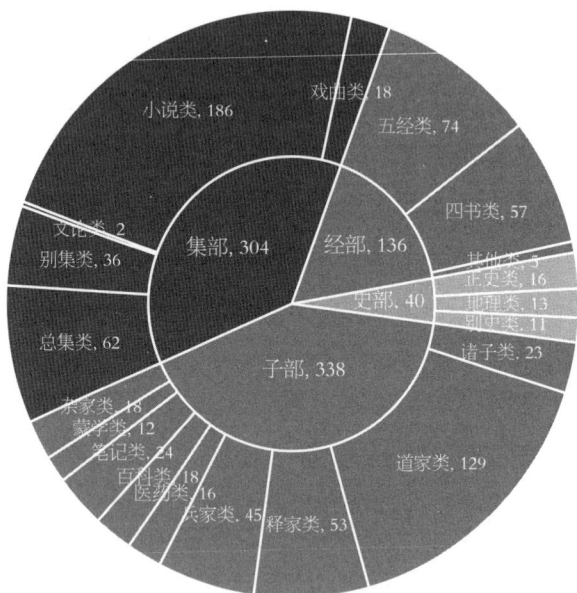

(单位·种)

图 2　译本在部、类中的分布数量统计

总之,"子部"和"集部"所含典籍数量和译本数量均较多;"子部"典籍的类别分布较均衡,译本的类别分布较不均衡,而"集部"典籍和译本的类别分布都不均衡。"经部"和"史部"所含典籍数量和译本数量均较少,但"经部"的译本数量占比相对较高,"史部"的译本数量占比非常低。"集部"中的"小说类"和"总集类"所含典籍数量和译本数量均较多,而"经部"中的"五经类""四书类"及"子部"中的"道家类"所含典籍数量均较少,但译本数量均较多。

2. 被译典籍关键度指数

以上我们通过考察"部"和"类"中典籍和译本的分布情况了解到了所含典籍和/或译本较多的"部"和"类",故从全局来看,这些"部""类"是 18 世纪 30 年代至今 280 余年来汉籍法译活动的重心所在。进而言之,古代中文典籍的法译活动以哪些具体典籍为重? 这是本《书目》研究的关键问题之一。

最简单、最直观反映被译典籍关键程度的指标是每种典籍对应的译本数量,译本数量的多寡不仅受译者的选择影响,更由出版方的选择所决定,是译者和出版方两个能动主体达成共识后的结果。按"典籍索引",对应译本数量最多的 10 种典籍分别为《老子》(75 个)、《全唐诗》(38 个)、《易经》(37 个)、《孙子兵法》(32 个)、《庄子》(28 个)、《论语》(28 个)、《聊斋志异》(23 个)、《西游记》(19 个)、《三国演义》(18 个)、《列子》(15 个)。进一步的问题出现——对于译本数相同的两种典籍,如各有 28 个译本的《庄子》和《论语》,典籍的关键度孰高孰低? 在此种情况下要引入被译典籍关键度的第二个衡量指标——译者数,它体现了某种典籍对于不同译者的吸引力,从另一个角度来看,也反映出针对某种典籍的翻译行为的实际次数 ①。以各有 28 个译本的《庄子》和《论语》为例,前者共有 14 个译者,而后者共有 12 个译者,故综合译本数和译者数两个指标来看,《庄子》的关键度略高于《论语》。根据"典籍索引",对应译者数量最多的 10 种典籍分别为《老子》(38 位)、《全唐诗》(34 位)、《易经》(27 位)、《聊斋志异》(17 位)、《庄子》(14 位)、《论语》(12 位)、《西游记》(11

---

① 一般来说,某一位特定译者对于一部典籍只会翻译一次(对原有译本的修订不在此列);即便是处在合译关系中的译者,也需要对整个典籍的进行阅读、理解和查考。故总的来看,译者数反映了真实翻译行为的次数。

位）、《孙子兵法》（10 位）、《三国演义》（9 位）、《李太白集》（9 位）。那么，在译者数量相同的情况下，如各有 9 位译者的《三国演义》和《李太白集》，如何进一步区分典籍的关键度？这就需要引入被译典籍关键度的第三个衡量指标——出版方数了，它反映某种典籍对出版方的吸引力，也间接体现了读者群体对典籍及其译本的关注度，因为出版方的出版行为在一定程度上受到读者反应的影响。以各有 9 位译者的《三国演义》和《李太白集》为例，前者共有 8 家出版方，而后者共有 11 家出版方，故综合译者数和出版方数两个指标来看，《李太白集》的关键度高于《三国演义》。按"典籍索引"，对应出版方数量最多的 10 种典籍分别为《老子》（34 家）、《易经》（30 家）、《全唐诗》（26 家）、《聊斋志异》（17 家）、《庄子》（13 家）、《论语》（16 家）、《孙子兵法》（15 家）、《尚书》（11 家）、《大学》（11 家）、《李太白集》（11 家）。

这样一来，我们有了反映被译典籍关键度的三个基础指标——译本数、译者数、出版方数。那么，在计算特定典籍关键度的时候，这三个指标的权重是否相同，还是应有所侧重？如前文所言，译本的产出是译者和出版方共同选择的结果，是翻译行为的最终结果，所以在三个指标中理应占比最高；译者和出版方分别是翻译行为和出版行为的主体，但出版行为以翻译行为为前提条件，且译者选择典籍的自由度高于出版方选择译者的自由度（无论出版方是选择译者已译出的投稿，还是选定待译典籍后再挑选译者），与典籍的关系比出版方更直接，故译者数理应在典籍关键度的衡量中占比更高。综上所述，我们赋予"译本数"50%的权重，赋予"译者数"30%的权重，赋予"出版方数"20%的权重，以此标准来计算每一个被译典籍的关键度指数。以《老子》为例，该典籍共有译本 75 个，译者 38 位，出版方 34 家，其典籍关键度指数的计算公式为：$75 \times 50\% + 38 \times 30\% + 34 \times 20\% = 55.7$。经过测算，我们统计出了一批关键度指数较高的典籍[①]，按关键度指数从高到低排列，如表 2 所示。

[①] 入选条件：（1）译本数>10；（2）译者数>5 或出版方数>5。

表 2　高关键度指数被译典籍一览

被译典籍名称	译本数/个	译者数/个	出版方数/个	关键度指数
《老子》	75	38	34	55.7
《全唐诗》	38	34	26	34.4
《易经》	37	27	30	32.6
《孙子兵法》	32	10	15	22.0
《庄子》	28	14	13	20.8
《论语》	28	12	16	20.8
《聊斋志异》	23	17	13	19.2
《西游记》	19	11	10	14.8
《三国演义》	18	9	8	13.3
《李太白集》	14	9	11	11.9
《诗经》	13	8	11	11.1
《列子》	15	6	8	10.9
《史记》	12	8	6	9.6
《孟子》	11	7	10	9.6
《大学》	11	6	11	9.5
《尚书》	12	4	11	9.4
《肉蒲团》	12	2	7	8.0

　　我们又根据表2绘制成图3来反映高关键度指数典籍的各项指标对比。

　　在图 3 中，可以直观地观察到《老子》的"译本数"远多于排在第二、第三位的《全唐诗》和《易经》，大大拉高了其"关键度指数"；《全唐诗》和《易经》的"译本数"相差无几，前者的"译者数"高于后者，而后者的"出版方数"高于前者，故前者的"关键度指数"仅略高于后者；排在第四位的《孙子兵法》的"译本数"略低于第三位的《易经》，但"译者数"和"出版方数"远低于第三位，故其"关键度指数"大降；

从排在第五位的《庄子》开始，三项指标均呈现缓慢下降的趋势，即便出现个别典籍的某一指标略微突出，也和相邻典籍处在同一量级。综上，典籍关键度指数排名前三名的《老子》《全唐诗》《易经》是典籍–译本研究的重中之重，值得进行个案考察；《孙子兵法》及排在其后的 13 部典籍虽然在研究价值上稍逊，但它们和前三部"首要典籍"一道共同构成了法译古代中文典籍的"关注场域"，下一步的考察主要在于对相关"关注点"的归纳总结，以及找到各个"关注点"的历史变化趋势。

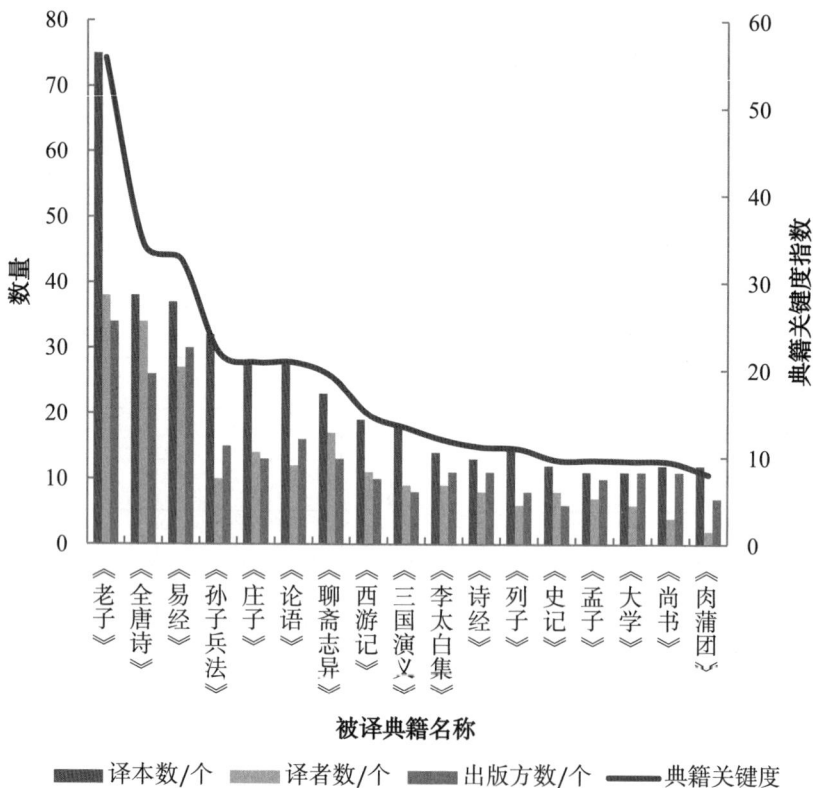

图 3　高关键度指数典籍各项指标对比

3. 汉籍法译的主要趣向及其历史变化趋势

通过观察 17 种高关键度典籍不难发现，它们之于"典籍索引"中的一些部类具有一定的集中度，如《聊斋志异》《西游记》《三国演义》《肉蒲团》都属于"集部"中的"小说类"，《老子》《庄子》《列子》都属于"子部"中的"道家类"，《易经》《诗经》《尚书》都属于"经部"中的"五经类"，《论语》《孟子》《大学》都属于"经部"中的"四书类"。那么，能否依旧按照"典籍索引"中的部、类来确定汉籍法译的"关注点"？应当看到，上述高关键度典籍中有一些没有形成部类集中，如按《书目》，《全唐诗》属于"集部"中的"总集类"，《孙子兵法》属于"子部"中的"兵家类"，《李太白集》属于"集部"中的"别集类"，《史记》属于"史部"中的"正史类"；若要以某几个类别作为"关注点"，则难以确认这些离散的关键典籍的归属。更值得注意的现象是，《全唐诗》和《李太白集》都是涉及唐诗的文集，在体裁和主题上都较为一致，却被归于"总集类"和"别集类"两个类别；而同为"五经类"的《易经》和《诗经》在体裁和主题上却差异很大。可见，寻找所谓"关注点"应基于典籍的体裁和主题，有较为一致的体裁和主题的若干典籍及其译本视作汉籍法译的一个"趣向"；并不宜按《书目》中的类别来确定，尽管后者中的某些也具备体裁和主题上的同一性，如"道家类""兵家类"等，也可作为确定"趣向"的参考要素。按照上述思路，我们对关键度高的 17 个典籍进行重新审视，发现 4 种主要趣向：第一种是《老子》《庄子》《列子》这三部道家经典和《论语》《孟子》《大学》这三部儒家经典，它们基本上呈语录体，以实现个人的"修齐治平"为宗旨；第二种是《周易》《尚书》这两部经典和《孙子兵法》，它们分篇章论理，根本目的是为生产、生活、政治、军事等社会活动提供策略支持；第三种是《诗经》和《全唐诗》《李太白集》，它们都是诗歌选集，是纯粹审美阅读的对象；第四种是《聊斋志异》《西游记》《三国演义》《肉蒲团》这四部小说和《史记》，四部明清小说涉战争、神怪、情色等通俗主题，而《史记》为纪传体通史，以基于人物的简短故事为主，和通俗小说在本质上无甚差异。以上趣向可归纳为"修身养性""决策谋略""诗歌审美""故事消遣"4 种类型，反映了译者、出版方和读者的共同选择，它们之间的关系如图 4 所示。从文本功能上看，"修身养性"和"决策谋略"均为务实型，"诗歌审美"和"故事消遣"均为务虚型；从与读者的关系上看，"修身养性"和"诗歌审美"均为内向型，"决策谋略"和"故事消遣"均为外向型。于是，以务实 / 务虚和内向 / 外向为 4 个基本项，以上 4 种趣向类型构成了一个理想化的符号学方阵（le carré sémiotique）。

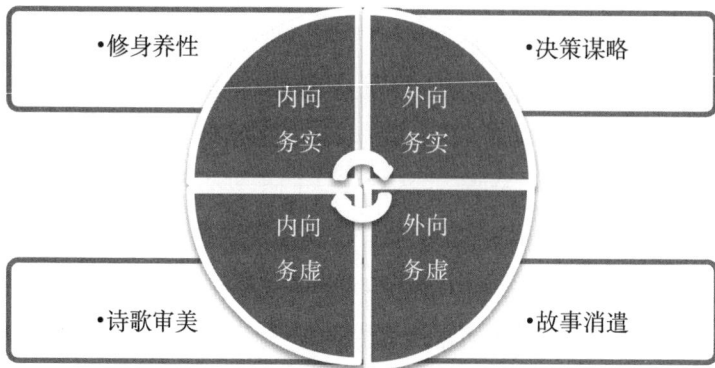

图 4　古代中文典籍法译基本趣向的符号学方阵

　　在确定了汉籍法译的 4 个基本趣向类型之后，我们可以通过统计不同趣向类型中全部典籍译本数目的年代分布，来考察自 18 世纪 30 年代汉籍法译本出现至 2019 年为止整个法语世界对法译汉籍的兴趣（"翻译兴趣"和"出版兴趣"的结合）发生了怎样的变化，有何规律。需要说明的是，上述 4 个趣向类型是根据 17 种高关键度典籍的体裁和主题归纳总结出来的，但并不意味着这 17 个典籍就是 4 个趣向类型的全部，一些与高关键度典籍具有相似体裁和主题的典籍也应被纳入到相关趣向类型当中——有别于作为"头部数据"的 17 种高关键度典籍，它们由于较低的关键度而沦为"尾部数据"，但在统计中此类"长尾效应"不能忽视。因此，我们将"四书类"和"道家类"中的典籍全部纳入"修身养性"

类，将"兵家类"中的典籍均纳入"决策谋略"类，将"总集类"和"别集类"中所有与诗歌有关的典籍均纳入"诗歌审美"类，将"小说类"中所有的明清小说均纳入"故事消遣"类。当然，某些高关键度典籍所在的部类中没有与其在体裁和主题上相似的典籍：如《史记》所在的"正史类"中，《汉书》《后汉书》《三国志》的体例与风格与作为纪传体通史的《史记》差异较大，不宜归入"故事消遣"类；而《易经》《尚书》所在的"五经类"更为异质，《周礼》《仪礼》《礼记》既非"决策谋略"类亦非"修身养性"类，作为编年史的《春秋》亦不可纳入，而《诗经》已被归入"诗歌审美"类。综上，充实后的 4 个趣向类型的具体构成如下：

（1）修身养性：四书类、道家类

（2）决策谋略：《易经》《尚书》兵家类

（3）诗歌审美：《诗经》总集类和别集类中的诗歌选集

（4）故事消遣：《史记》小说类中的明清小说

在此基础上，我们对每一个趣向类型中全部典籍对应的译本数按年代进行统计，以考察汉籍法译趣向的历史变化趋势。据《书目》，以上 4 个趣向类型所涉典籍中最早出版的译本为 1770 年出版的《尚书》译本（条目代码<1.1.02.06>），鉴于 1950 年（不含）之前译本的年份分布较为稀疏，许多年份连续无译本出现，故我们将 1950 年（不含）之前出版的译本以 50 年为单位进行统计，前四个年代的起止年份分别为 1750—1799、1800—1849、1850—1899、1900—1949；而 1950 年（含）以后的译本数量持续增长，故以 10 年为单位进行统计，后七个年代的起止年份分别为 1950—1959、1960—1969、1970—1979、1980—1989、1990—1999、2000—2009、2010—2019。按上述分类，我们共统计出相关译本 562 个，占译本总数的 68.70%，具有较强的代表性；其中"故事消遣"类 189 个，"修身养性"类 172 个，"诗歌审美"类 106 个，"决策谋略"类 95 个。可见，从整个汉籍法译的历史来看，"故事消遣"和"修身养性"是法语世界对于古代中文典籍的主要趣向，而"诗歌审美"和"决策谋略"是次主要趣向。相关译本数量的具体年代分布如图 5 所示：

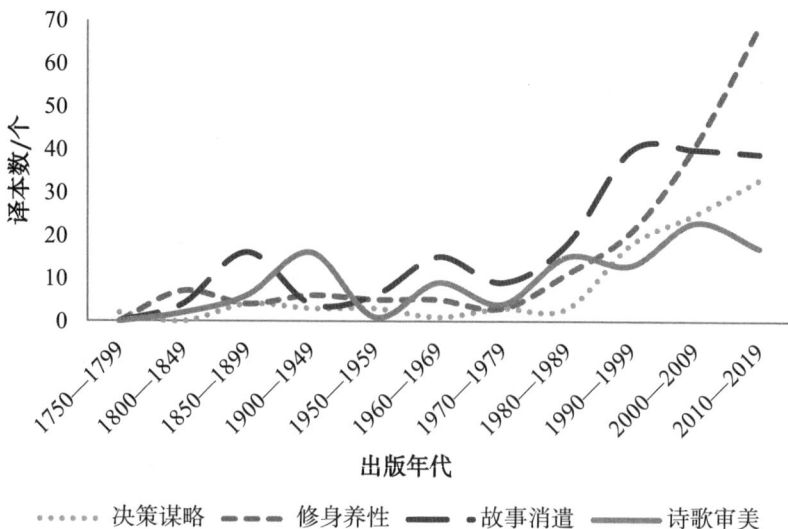

图 5　主要趣向类型典籍译本数量的年代变化趋势

观察图 5 可以发现，1990 年（不含）之前的各个年代，4 类趣向典籍的译本数都处于较低水平，多数年代中每类小于 10 个，少数年代中每类在 15 个上下；"决策谋略"和"修身养性"类的年代间波动较小，"故事消遣"和"诗歌审美"类的典籍译本数量年代间波动稍大。1990（含）—2019 年，"诗歌审美"类典籍译本数量依然波动式缓慢增长，甚至呈下降趋势；而"修身养性"类典籍译本数量则大幅度加速增长。"决策谋略"类和"故事消遣"类典籍译本数量在 1990—1999 年大幅增长，而在 21世纪到来之后，"决策谋略"类典籍译本数量增长放缓，"故事消遣"类典籍译本数量则缓慢下降，由于后者基数大于前者，后者的绝对数量在2010—2019 年依旧略多于前者。表 3 归纳了各趣向类型典籍译本分布的年代变化趋势。

表 3　不同趣向类型典籍译本数量的年代分布变化趋势

趣向类型	20 世纪 80 年代前	20 世纪 90 年代	21 世纪后
修身养性	小幅波动	大幅增长	大幅增长
决策谋略	小幅波动	大幅增长	缓慢增长
故事消遣	波动	大幅增长	缓慢下降
诗歌审美	波动	波动缓增	波动缓增

　　总之，20 世纪 80 年代前，各种趣向的法译汉籍的翻译出版活动处在低数量、波动式的发展阶段；20 世纪 90 年代到新世纪之后，各种趣向的法译汉籍的数量呈现总体大涨，但在类型上有所分化的趋势。对于近 30 年来，汉籍法译活动体现出的这种"总体大涨、类型分化"趋势的原因，我们的初步假设是由于汉学的普及化、出版的市场化和读者群的多元化等方面的影响；鉴于上述假设涉及多个领域，有待进一步的系统性研究，囿于篇幅，兹不赘述。

　　最后，我们来考察一下关键度指数最高的 3 部典籍《老子》《全唐诗》《易经》的译本数量 [1] 的年代分布及其变化趋势，以大致了解不同年代的译者、出版方和读者的趣向变化。

---

[1] 尽管上文中我们将译者数和出版方数也纳入了典籍关键度指数的计算中，但具体统计每个年代对应的译者数量和出版方数量却不太现实。因为就关注度最高的几部典籍而言，多数译者和出版方反复出现在不同年代的不同译本中，从这个角度来看，译者和出版方不应被视为"历时性要素"。所以，我们在此仅考察"译本数"这一个要素，如前文所述，"译本数"也是能反映译者和出版方的选择。此外，我们原本打算考察关键度排名前 10 位典籍译本的年代分布和趋势，但在统计排名第四位的《孙子兵法》的译本过程中就发现，译本的年代分布相当稀疏。在 2000 年（不含）前的 9 个年代内，《孙子兵法》只有 9 个译本，分别是 1772 年、1859 年、1910 年、1935 年、1948 年、1957 年、1971 年、1972 年、1996 年，某些年代的译本数量为 0，这样将影响本图的视觉呈现，故在此仅统计这 3 个关键度最高的译本。

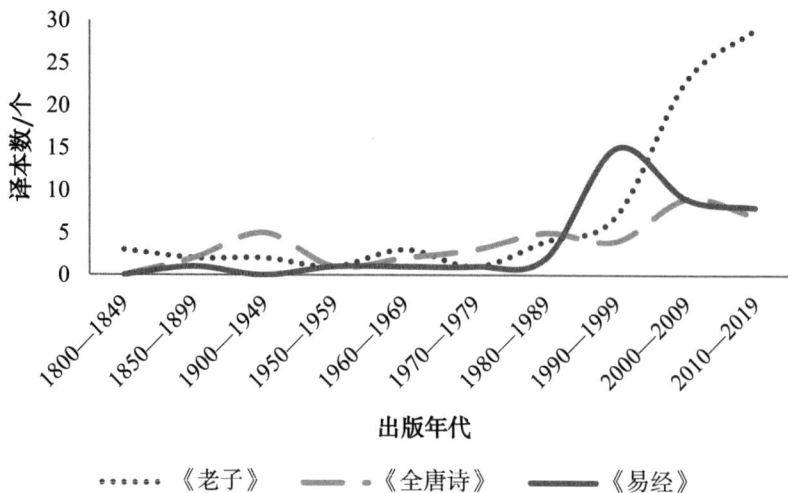

图6　高关键度典籍译本数量年代变化趋势

　　如图6所示，1990年（不含）之前，3个关键典籍的译本数均一直处在低位波动中，年代译本数均不超过5个。1990—1999年间《易经》的译本数飙升至15个，《老子》的译本数微升至7个，而《全唐诗》的译本数微降至4个；2000年（含）以后的20年间，《老子》的译本数大幅上升，《全唐诗》的译本数波动式略升，《易经》的译本数反而显著下降。简单来说，3者的译本数在20世纪80年代前低位波动，90年代以来发生分化，升降不一。结合上文对4个趋向类型典籍译本数量的年代分布变化趋势可以发现，20世纪90年代是各类各种典籍译本数量急剧分化的一个时代，那时的译者和出版方乃至于读者的趣向和选择都发生了很大的变化和分化。究竟什么时代因素造成了汉籍法译行为在当时的变化和分化，涉及的领域和变量依然很多，有待日后进一步深入研究，在此搁笔。下面我们将跳出"分类—统计—归纳"的思路，采用个案研究的视角，分别梳理一下10部关键典籍的法译和出版简史。

4. 各关键典籍的法译和出版简史

（1）《老子》（《道德经》）

据联合国教科文组织统计，《道德经》是除了《圣经》以外被译成外国文字发行量最多的文化名著 [1]。最早的《老子》法译本可追溯到 1823 年，法国汉学鼻祖雷慕沙（Jean-Pierre ABEL-RÉMUSAT）发表了《论老子的生平和思想》（*Mémoire sur la vie et les opinions de Lao-Tseu, philosophe chinois du VIᵉ siècle avant notre ère*），含《老子》第 1、25、41、42 章的译文，由王家印书馆（Imprimerie Royale）出版。最早的全译本为鲍吉耶（Guillaume PAUTHIER）的译本，有拉丁文和中文文本作为对照，1838 年由狄多兄弟书店（F. Didots libraires）等出版机构出版。但这两个早期译本没有对后世产生明显的影响。1842 年出版的儒莲（Stanislas JULIEN）译本可谓《老子》的第一个经典法译本，2000 年及以后仍被各出版方再版至少 7 次，其中包括"已阅"出版社（J'ai lu）2005 年、2010 年和 2012 年的 3 次再版。1894 年普福尔维勒（Matgioi Albert de POUVOURVILLE）的译本由"独立艺术书店"（la Librairie de l'art indépendant）出版，分《道经》（*Le Tao de Lao Tseu*）和《德经》（*Le Te de Lao Tseu*）两册。1909 年，白思（Jules BESSE）的译本由勒茹书店（Ernest Leroux）出版。耶稣会士戴遂良（Léon WIEGER）于 1913 年在河北献县翻译出版了《道家始祖：老子、列子、庄子》（*Les pères du système taoïste: Lao-Tzeu, Lie-Tzeu, Tchoang-Tzeu*）——现存最早的版本为 1950 年美文出版社（Les Belles Lettres）出版，该译本在 1990 年、2018 年、2019 年均有再版，另有一个 2019 年出版的《老子》单行译本——此后近 40 年都没有新的法译本出版，直到 1949 年，弗朗索瓦·黄（François HOUANG）和雷利斯（Pierre LEYRIS）的合译本才由瑟伊出版社（Seuil）出版，2004 年和 2009 年仍由该社再版。

20 世纪 60 年代，《老子》的法译出现了一个小高峰，有 3 个译者的

---

[1] https://zh.wikipedia.org/wiki/老子_(書)#外文翻譯與關注

译本出版：1962 年，利奥奈（Jacques LIONNET）的译本由新屋出版社（Adrien Maisonneuve）出版；1967 年，汉学家艾田蒲（René ÉTIEMBLE）的译本由伽利玛出版社出版；两年后的 1969 年，刘家槐（LIOU Kia-hway）的译本也在伽利玛出版社首次出版，由艾田蒲作序，以后多次（1990 年、2002 年、2015 年）由伽利玛出版社再版。1974 年，汉学家康德谟（Max KALTENMARK）的译本由拉封出版社（Robert Laffont）出版。1981 年，荷兰汉学家戴闻达（Jan Julius Lodewijk DUYVENDAK）的法译本由新屋出版社出版，1987 年由同社再版。1984 年，MA Kou（中文名待考）的译本由米歇尔出版社（Albin Michel）出版。进入 90 年代后，拉尔（Claude LARRE）的译本最早由德布鲁威出版社（Desclée de Brouwer）于 1994 年出版，2002 年再版时由法兰西学院（Académie française）华人院士程抱一（François CHENG）作序，2010 年和 2015 年均有再版。1998 年，麦莱（Serge MAIRET）的法译本由书籍信使出版社（Le Courrier du Livre）出版，该译本由吉布斯（Tam C. GIBBS）的英译本转译而来，内含现代中医师、画家、武术家郑曼青（CHENG Man Ch'ing）作的注解；该译本于 2012 年由同社再版。

进入 21 世纪之后，《老子》的新译本层出不穷，但有影响力的不多。2008 年，共时出版社（Synchronique）出版了米切尔（Stephen MITCHELL）的译本，2012 年同社再版；2019 年，拉拜勒（Benoît LABAYLE）加入合译，并配上了利托尔（Stephen LITTLE）的插图，由同社再版。2009 年，米歇尔出版社出版了乐唯（Jean LEVI）的《老子》译本（*Le Lao-tseu: Suivi des Quatre Canons de l'empereur Jaune*），后附《黄帝四经》的译本，该译本在 2017 年由同社再版；2018 年，美文出版社（Les Belles Lettres）将乐唯所译的《老子》和《论语》合并出版，题为《道上两棵树》（*Les Deux arbres de la Voie: Le Livre de Lao-Tseu / Les Entretiens de Confucius*）。同样在 2009 年，ZHOU Jinghong（中文名待考）的译本由巴黎友丰书店（Librairie You Feng）出版，2013 年同店再版。此外，2000 年后出版但影响力相对较小的版本还有：博诺出版社（Jean de Bonnot）2001 年出版

的冯·劳尔（Conradin von LAUER）的译本；岩石出版社（Le Rocher）2002 年出版的斯汀丝（Eulalie STEENS）的译本；美第奇出版社（Médicis）2003 年出版的佩罗（Étienne PERROT）的译本，自卫礼贤（Richard WILHELM）的德文译本转译；友丰书店 2004 年出版的斯特罗姆（Henning STROM）的译本；湖间出版社（Entrelacs）2008 年出版的马修（Rémi MATHIEU）的译本；会刊出版社（la Revue Conférence）2009 年出版的库德莱（Gilbert Georges COUDRET）和德尼（Philippe DENIS）的合译本；中国外语教学与研究出版社（Foreign Language Teaching and Researching Press）2009 年出版的吕华（LÜ Hua）的双语对照译本，收录在 "大中华文库"（« Bibliothèque des classiques chinois »）中；湖间出版社 2010 年出版的戴思博（Catherine DESPEUX）的译本；金风出版社（Le Souffle d'Or）2012 年出版的卡斯代（Alain CASTETS）的释译本；2013 年出版的丰泰尔（Claire Sachsé FONTAINE）的译本，配有巴切塔（Michel BACCHETTA）的图片，出版方不明；地平线出版社（Orizons）2013 年出版的韦亚尔（Antoine de VIAL）的译本；德布鲁威出版社 2014 年出版的劳尔·陈（Laure CHEN）的译本，由汉学家汪德迈（Léon VANDERMEERSCH）作序；法国大学出版社（Presses universitaires de France）出版的孔什（Marcel CONCHE）的译本；拉马丹出版社（L'Harmattan）出版的里瓦斯（Arthur RIVAS）和马萨（Guy MASSAT）的合译本；特雷达尼埃尔出版社（Guy Trédaniel）2016 年出版的特拉普（James TRAPP）的译本，以及该社 2017 年出版的巴尔多克（John BALDOCK）的译本。另有 8 个译者名不详的译本，兹不赘。

此外，还有一些以《老子》为基础改编的漫画作品，鉴于这些漫画的原文（中文）中大量地引用《老子》的原句，因此我们也将其（及其他典籍的漫画改编译本）算作合格的译本，希望以后的翻译研究者也能对其加以利用。《老子》的漫画改编译本主要有：卡尔塔姆出版社（Carthame）1996 年出版的《老子 1：无声的智慧》（*Lao Tseu Tome 1: Le silence du sage*）和《老子 2：智慧的回归》（*Lao Tseu Tome 2: Le retour du sage*），原作者为中国台湾著名漫画家蔡志忠（TSAI Chih-Chung），译者不详；青春出版社（Jouvence）2006 年也出版了"蔡志忠漫画"系列中的译本（*Le message de Lao Tseu: La voie du Tao*），译者仍不详；2009 年，友丰书店出版了"蔡志忠漫画"系列中的译本《老子说 1》（*Laozi et son enseignement I*）和《老子说 2》（*Laozi et son enseignement II*），译者为李蓓珂（Rébecca PEYRELON）。

总的来看，《老子》法译的起步较早，从近代到现当代都是各位汉学大家和主流译者竞相争译的对象，也是大小各出版社争相出版的对象，故在近 200 年的译本出版历史上，长盛不衰，且在近 30 年以来处于加速增长的阶段；其译本的定位和形态也更加多元化，既回应了专业读者的研究诉求，也满足了大众读者的实用需要，呈现出"百花齐放，百家争鸣"的局面，不愧为"法译汉籍第一典"。

（2）《全唐诗》（《唐诗三百首》）

首先需要澄清的是，尽管《全唐诗》出现在"四库全书"中，但纵观各个时代的唐诗法译，都找不到《全唐诗》的完整译本。因为直到今天为止，中法学界没有足够的力量、时间和精力去对洋洋 900 卷、收录 2529 位诗人 42863 首诗作的巨型诗集开展全译工作；甚至从严格意义上说，连《唐诗三百首》的全译本都极少。绝大多数法文版的唐诗读本都是编者对唐代某些著名诗人及其代表作的选译，还有一些是散布在文学作品选集、诗歌选集、文学研究专著、学术期刊中的译作，这些作品无法被冠以"全唐诗"或"唐诗三百首"的题名，但它们的确是唐诗宝库中的一部分，每一首对于唐诗法译的研究都具有参考价值。因此，我们将所有能搜集到的与法译唐诗有关的文献（与"别集类"中单列的诗人相关的译作不在此列）都收录在《全唐诗》以下；类似的还有对《全宋词》《全元曲》《敦煌变文》等几种典籍译本的收录原则，兹不赘。

有据可查的第一个唐诗的法译本是亚米奥出版社（Amyot）1862 年出版的德里文侯爵（le Marquis Léon d'HERVEY DE SAINT-DENYS）的译本，该译本于 1977 年由自由地出版社（Champs Libres）再版。1876 年，法国诗人泰奥菲尔·戈蒂埃（Théophile GAUTIER）的女儿朱迪思·戈蒂埃（Judith GAUTIER）在勒迈尔出版社（Lemerre）出版了《玉书》（*Le Livre de Jade*），书中包含对某些唐诗的释译和改写，其中一些是在德里文侯爵的译本上的改写；该书在 1933 年在普隆出版社（Plon）再版，进行了一些修订和补充，并配有 7 幅插图，又于 2017 年由红猫出版社（Le Chat Rouge）再版。从 19 世纪末到 20 世纪初，都没有新的唐诗译本问世，直到 1921 年，专注日本艺术的法国学者特隆夸（Emmanuel TRONQUOIS）在《巴黎法日协会学报》（*Bulletin de la Société franco-japonaise de Paris*）上发表《古代中国诗歌》（« Poésie chinoise antique »），包含唐诗译作。1927 年，留法中国学生曾仲鸣（TSEN Tson-ming）相继通过勒茹书店出版《冬夜之梦（唐绝句百首）》（*Rêve d'une nuit d'hiver: Cent quatrains des Thang*）和《佚名中国古诗》（*Anciens poèmes chinois d'auteurs inconnus*）两本诗选译作。1944 年，拉罗（Louis LALOY）的《中国诗选》（*Choix de poésies chinoises*）在索尔罗出版社（Fernand Sorlot）出版，包含唐诗译作。

20 世纪后半叶，法国学界对唐诗的翻译热情高涨。1957 年，吉耶尔玛兹（Patricia GUILLERMAZ）的《中国诗歌》（*Poésie chinoise*）在塞格尔出版社（Seghers）出版，其中就包含唐诗。1962 年，伽利玛出版社出版了由著名汉学家戴密微（Paul DEMIÉVILLE）编纂的《中国古代诗歌选》（*Anthologie de la poésie chinoise classique*），其中的第 225—344 页收录了多首唐诗译作，译者包括张馥蕊（TCHANG Fou-jouei）、陈艳霞（TCH'EN Yen-hia）、程纪贤（TCH'ENG Ki-hien）、LEANG P'ei-tchen（中文名待考）、罗耶尔（Anne-Christine ROYÈRE）和于如伯（Robert RUHLMANN），由吴德明（Yves HERVOUET）和桀溺（Jean-Pierre DIÉNY）审校。1965 年，米兰达（Miranda，姓氏不详）在《中国文学》杂志（*Littérature chinoise*）第 3 期上，发表了题为 "经典诗歌"（« Les classiques: Poèmes »）的译作。1977 年，瑟伊出版社出版了程抱一的著作《中国诗歌写作》（*L'Écriture poétique chinoise. Suivi d'une anthologie des poèmes des Tang*），文后附有唐代诗歌的选译，该译本 1996 年由同社再版。1979 年《中国文学》杂志

（*Littérature chinoise*）第 5 期上发表题为"古典文学：唐诗"（« Littérature classique: Poèmes des Tang »）的译文，译者名不详；20 年后的 1999 年，《中国文学》杂志又刊登了 YAN Hansheng（中文名待考）的译作"古典文学：有感于风景的诗歌"（« Littérature classique: Poèmes inspirés de paysages »），包含唐诗译作。1981 年，胡品清（HU Pin Ching）、朗贝尔（M.-T. LAMBERT）、塞格尔（Pierre SEGHERS）合译的《智慧与中国诗学》（*Sagesse et poésie chinoise*）由拉封出版社出版，包含对一些唐诗的翻译。1983 年，在艾田蒲的指导下，由雅克布（Paul JACOB）介绍、翻译并注释的译著《权力的假期：唐诗》（*Vacances du pouvoir: Poèmes des Tang*）在伽利玛出版社出版；五年后的 1988 年，同样在艾田蒲的指导下，雅克布的译作《唐代佛诗》（*Poètes bouddhistes des Tang*）也在伽利玛出版社出版。1987 年，杰格尔（Georgette JAEGER）翻译的《唐诗三百首》（*L'Anthologie de Trois Cents Poèmes de la dynastie des Tang*）由跨文化出版公司（Société des éditions interculturelles）出版。同年，卡雷（Patrick CARRÉ）和彼亚努（Zéno BIANU）合译的《空山：中国诗选（三至十一世纪）》（*La montagne vide: Anthologie de la poésie chinoise (IIIe-XIe siècle)*）在米歇尔出版社出版。1992 年，罗伊（Claude ROY）选译并编纂了《盗诗者，中国》（*Le Voleur de poèmes, Chine*），包含唐诗译作，由法兰西信使出版社（Mercure de France）出版。1997 年，夸遥（Maurice COYAUD）编纂的《中国古典诗歌选》（*Anthologie de la poésie chinoise classique*）由美文出版社出版，其中包含唐诗译作，该译本 2009 年由同社再版。

进入 21 世纪后，海外对唐诗法译的兴趣减弱，而中国译者和出版社对唐诗法译的热情却渐趋高涨。2000 年，米歇尔出版社出版了程抱一的《中国诗歌》（*Poésie chinoise*），收录的都是唐代诗作，并配有维迪尔（Fabienne VERDIER）的书法。同年，许渊冲（XU Yuanchong）选译的《中国古诗词三百首》（*300 poèmes chinois classiques*）由北京大学出版社出版，其上册用了共 204 页的篇幅收录了唐诗的译作。其后，许渊冲法译的唐诗还被配以古画出版，包括：2008 年五洲传播出版社出版的《精选唐诗与唐画（法汉对照）》（*Choix de poèmes et de tableaux des Tang*）、2009 年音乐和娱乐书局（Music and Entertainment Books）出版的相同译本、2018 年五洲传播出版社出版的《唐诗与唐画》（*Choix de poèmes et de tableaux des Tang*）。2001 年，史波（SHI Bo）译的《最美唐代抒情诗》（*Les plus beaux poèmes lyriques de la dynastie des Tang*）在基美达奥出版社（Quimétao）出版。2004 年，毕基耶出版社（Philippe Picquier）出版了班文干（Jacques PIMPANEAU）编纂的《古代中国文选》（*Anthologie de la littérature chinoise classique*），其中的唐诗部分（« Poèmes de l'époque Tang »）由卡雷、班文干、纪罗（Daniel GIRAUD）、斯多切（Ferdinand STOČES）、吴德明合译。2009 年，沙特莱印书馆（Presses du Châtelet）出版了拉维（Alexis LAVIS）所译的《中国诗歌经典》（*Classiques de la poésie chinoise*），含唐诗译作。2011 年，中国翻译出版公司出版了谢百魁（XIE Baikui）翻译的《英法双译唐诗 100 首》（*100 poèmes des Tang en anglais et en français*），这是目前仅有的英法双译的唐诗译本。2014 年，五洲传播出版社出版了《唐诗选（汉法对照）》（*Choix des poèmes des Tang*），被收入 "大中华文库"，译者不详。2015 年，拉马丹出版社出版了越南译者文华（VÂN Hòa）所译的《唐代诗歌选》（*Poèmes de la dynastie des Tang: Morceaux choisis*），这是目前唯一的法越双译的唐诗译本。同年，开卷出版社（Pages Ouvertes）将许渊冲翻译的《诗经》《唐诗》《宋词》打包成礼盒出版，题为《最伟大的中国诗歌：盛誉礼盒》（*Les plus grands classiques de la poésie chinoise: Coffret prestige*）。2018 年，某独立网络出版机构出版了题为《唐代诗歌：四十首押韵新译》（*Poésie Tang: Nouvelle traduction rimée de quarante quatrains de l'époque Tang*）的译本，署名为 X. A. L.，真实姓名不可考。

　　总的来看，各种唐诗译作有的汇编成集，有的散见于各种专著、期刊、文选中，译者中既有汉学大家也有专业译者，出版方既有法国出版社也有中国出版社，主要以欣赏和审美为导向，出版节奏较为平稳。

（3）《易经》（《周易》）

最早的《易经》法译本可上溯到 1885 年，法国殖民官员霍道生（Paul-Louis-Félix PHILASTRE）的译本由勒茹书店出版；祖玛出版社（Zulma）相继于 1966 年、1992 年、1998 年三次再版该译本，其中 1992 年的版本配有当代哲学家朱利安（François JULLIEN）的介绍；2009 年，中国岳麓书社又编辑出版了该译本的汉法对照版，收入"大中华文库"中。1897 年，比利时东方学家何赖思（Charles de HARLEZ）发表了他的《易经》法译本 ①，该译本分别于 1959 年和 2015 年由德诺埃勒出版社（Denoël）和普遍真理出版社（Omnia Veritas）出版。

20 世纪 60 年代之前都没有新的《易经》法译本问世。直到 1973 年，佩罗根据卫礼贤的德文译本进行转译，由美第奇出版社出版，该版本又于 1992 年和 1994 年由同社再版。与之类似的是，1982 年，米歇尔出版社出版了彼亚努根据瑞夫勒（Sam REIFLER）英文译本转译的法译本，每月佳作出版社（Le grand livre du mois）1996 年再版该译本；1994 年，岩石出版社出版了彼亚努根据克莱里（Thomas CLEARY）英文译本转译的法译本，配有刘一鸣（LIEOU Yi-Ming）的注解，该译本于 2001 年由同社再版，瑟伊出版社（Seuil）下属"观点"书系（Points）也于 2001 年再版该译本；此外，1995 年出版的弗里施（Laurence E. FRITSCH）的译本也是从克莱里英译本转译的，由艾德（Gérard EDDE）作序，圆桌出版社（La Table Ronde）出版。1984 年，吉尔斯（Anton KIELCE）的译本由 M. A. 出版社出版。

除了以上一些转译本外，更多的法译直译本在 1990 年后出版。1994 年，米歇尔出版社出版了《易经逐字译本》（Le Yi King mot à mot），译者不详。同年，友丰书店出版了谭晓春（TAN Xiaochun）和李殿忠（LI Dianzhong）的《画说周易》的法译本，由北京大学法语系王东亮（WANG Dongliang）教授和贾瓦莉（Cyrille JAVARY）译出；2012 年，贾瓦莉又

---

① 该译本似已散佚。

和富尔（Pierre FAURE）合作，在米歇尔出版社出版了新的合译本。1996年，莫尔塔涅出版社（Mortagne）出版了科尔狄莉娅（Elena Judica CORDIGLIA）的译本。同年，戴尔维出版社（Dervy）出版了维诺格拉多夫（Michel VINOGRADOFF）法汉对照译本《易经：命运的脚步》（*Yi Jing: La Marche du destin*）。1998 年，河岸出版社（Rivages）出版了卡尔歇（Stephen KARCHER）的译本。同年，王东亮和塔尔代（Raymond TARTAIX）合作，将山东大学刘大钧教授的《周易概论》译出，题为《符号与变化:〈易经〉的新解，历史、实践与文本》，由亚洲书社（Asiathèque）出版。1999 年，贾瓦莉和麦克艾伦（Kirk McELHEARN）合作，将美籍华人物理学家黄克孙和夫人（Kerson HUANG et Rosemary HUANG）的《易经》英译本转译为法文，在邓格拉斯出版社（Dangles）出版。2000年，科恩曼出版社（Könemann）出版了布洛克（Frits BLOK）的译本，题为《易经或灵魂的风景》（*Le Yi-king ou le paysage de l'âme*）。2001 年，考艾培（J.-D. CAUHÉPÉ）和 A.-Z. KUANG（中文名待考）的译本由特雷达尼埃尔出版社出版；2012 年，该社又出版了勒弗朗（Christine LEFRANC）的译本。2003 年，纪罗的译本在巴尔蒂亚出版社（Christian de Bartillat）出版；2008 年，口袋书社（Pocket）又再版此译本，题为《易经：文本与阐释》（*Yi King: Texte et interprétation*）。2005 年，格伦德出版社（Gründ）出版了梅利扬（Gary MELYAN）和朱文光（Wen-kuang CHU）的合译本。2008 年，费尔德（David PHILD）的译本由 DP Marketing 在线出版。2012，经中国台湾学者陈昭秀（Chao-Hsiu CHEN）评注的《易经》被科恩（Loïc COHEN）译成法文，在书籍信使出版社出版。同年，ZHOU Jinghong（中文名待考）和佛尔格拉（Carmen FOLGUERA）合译的法汉双语译本在友丰书店出版。2018 年，在线独立出版方 Adam 出版了一个上下册的《易经》法译本，译者不详；2019 年，在线书店 Aedis 也出版了一个简短的《易经》法译本。

　　总的来看，早期的霍道生和何赖思的译本在后世多次再版，日益经典化；20 世纪 70—90 年代间出现了若干转译本，反映出《易经》文化的流行与翻译力量的相对薄弱；1990 年后涌现出大量的新译本，译者大都不是汉学名家，基本上没有一个译本有较大影响力。可见，当代《易经》的法译和出版处于"轻学术、重市场"的氛围中，以面向大众的普及性读物为基本导向。

（4）《孙子兵法》（《十三篇》）

《孙子兵法》最早也是最经典的译本，是 1772 年耶稣会修士钱德明（Joseph-Marie AMIOT）的译本，由著名汉学家德经（M. DEGUIGNE）审校并发表于《中国战争艺术》。到了二战后的 1948 年，贝尔热-勒伏罗出版社（Éditions Berger-Levrault）将钱德明所译的三部中国古代兵书《孙子兵法》《吴子》和《司马法》合并出版。进入 21 世纪以后，钱德明的译本又多次再版，如"已阅"出版社 2012 年和 2019 年两次再版，2013 年、2014 年、2017 年、2018 年和 2019 年还分别有几个电子版本出版。1972 年，佛兰西斯·王（Francis WANG）从英文译本转译的《孙子兵法》在佛拉马利翁出版社（Flammarion）出版；2005 年该出版社又再版了王的版本，并由英文版译者格里菲斯（Samuel B. GRIFFITH）写了前言（préface）和导读（introduction），另含英国已故著名战略家利德尔·哈特（B. H. LIDDELL HART）作的序（avant-propos）；该版本又于 2017 年和 2019 年在该社再版。2004 年，河岸出版社出版了唐家龙（TANG Jialong）的译本，2010 年和 2019 年又再版了该译本。

2015 年，乐唯（Jean LEVI）翻译并评注的《孙子兵法》在法亚尔出版社（Fayard）出版；同年，艾文贺（Philip J. IVANHOE）与克劳斯（Aurélien CLAUSE）合译的版本于共时出版社出版，还配有卡斯蒂利奥（Giuseppe CASTIGLIONE）画的插图；2017 年，佛尔图勒（Françoise FORTOUL）的译本由特雷达尼埃尔出版社出版。值得一提的是，2009 年我国军事科学出版社出版了徐晓军（XU Xiaojun）和贾晓宁（JIA Xiaoning）合译的汉法对照版本，被收录于"大中华文库"。

漫画是《孙子兵法》另一个重要的译介形式。2007—2008 年，托奇出版社（Toki）接连出版了 10 卷本的《孙子兵法》漫画，原画由李志清

（LI Zhiqing）、黎伟民（LI Weimin）执笔，杜邦（Thomas DUPONT）翻译。"蔡志忠漫画"系列中也有《孙子兵法》（*Stratégies de succès. L'art de la guerre*），1996 年由卡尔塔姆出版社的 "哲漫" 书系（Philo-bédé）出版，译者不详。

　　总之，《孙子兵法》的法译本以两、三个经典译本为主，而非经典译本也会在一些主流出版社出现；漫画版译本的出现更推动了《孙子兵法》在法语世界的普及。

　　（5）《庄子》（《南华真经》）

　　《庄子》在法语世界的译介起步较《老子》晚，规模约为后者的三分之一。早在 1896 年，普福尔维勒选译了《庄子》（*Le Traité des Influences Errantes de Quangdzu*），这个译本在当时没有引起太多关注，仅在 2019 年有一个电子版本出现。如前文所述，耶稣会士戴遂良于 1913 年在河北献县翻译出版了《道家始祖：老子、列子、庄子》，现存最早的版本为 1950 年美文出版社出版，该译本在 1990 年、2018 年、2019 年均有再版，应视为《庄子》最经典的译本。另一个经典译本是刘家槐的全译本（*Tchouang-tseu, L'Œuvre complète*），1969 年由伽利玛出版社出版，后分别于 1985 年、2011 年、2013 年、2018 年在同社再版。

　　《庄子》的其他译本的出版较为零散，全译本、选译本和编译本都有。全译本主要是 2006 年 "危害百科" 出版社（Encyclopédie des Nuisances）出版的乐唯的译本（*Les Œuvres de Maître Tchouang*），2010 年由同社再版。选译本主要有：1990 年赛尔夫出版社（Cerf）出版的帕斯托尔（Jean-Claude PASTOR）译的《庄子·内篇》（*Les Chapitres intérieurs*）；1994 年由德布鲁威出版社和利氏学院（Institut Ricci）共同出版的拉尔（Claude LARRE）和罗婍（Élisabeth Rochat de la VALLÉE）合译的《庄子·养生主》（*De vide en vide: La Conduite de la Vie*）；2014 年，共时出版社出版的由拉拜勒（Benoît LABAYLE）和福拉莱尔（Célin VURALER）合译的《庄子妙语》（*Le 2ème Livre du Tao–Le Rire de Tchouang-tseu*），2015 年和 2018 年该译本由同社再版。改编的译本主要有：2005 年米歇尔出版社出版的斯梅特

（Marc de SMEDT）的译本，题为《无形与夸张》（*Aphorismes et paraboles*）；2006 年伽利玛出版社出版的由葛浩南（Romain GRAZIANI）编译的《庄子哲理故事》（*Fictions philosophiques du Tchouang-tseu*）；2008 年米歇尔出版社出版的拉斐特（Jean-Jacques LAFITTE）译的《梦蝶》（*Le rêve du papillon*）等。

此外，《庄子》也是漫画译本的理想素材，"蔡志忠漫画"系列多次选用，主要的法译本有：1996 年由卡尔塔姆出版社出版的《庄子》（*Tchouang Tseu: Le chant de l'univers*）和《庄子 2》（*Tchouang Tseu 2: La Musique de la vie*），译者不详；2003 年由百合漫画出版社（BD Lys）出版的《庄子的启示》（*Le Message de Tchouang Tseu*），由伊尔尼杰尔（Nelly IRNIGER）翻译；2011 年和 2014 年分别在友丰书店出版的《庄子说 1》（*Zhuangzi et son enseignement: Tome 1*）和《庄子说 2》（*Zhuangzi et son enseignement: Tome 2*），由李蓓珂翻译。

总之，《庄子》的绝大多数译本没有被经典化，而选译、编译和漫画版本反倒占了相当的比重。这种出版倾向或许更符合市场需求，也有利于译本的普及化，更与庄子自由、逍遥的精神气质相吻合。

（6）《论语》

作为儒家典籍的代表，《论语》一向是各个时期汉学家争相翻译的对象。最悠久、最经典的是 20 世纪初顾赛芬（Séraphin COUVREUR）在河间府的译本，现存于美文出版社 1949 年出版的《四书》中；1956 年，美文出版社出版了顾赛芬《论语》译本的单行本（*Les quatre livres, III: Louen yu, Entretiens de Confucius et de ses disciples*）；2015—2018 年，又有多个网络出版商出版了该版本的电子复刻本。1981 年，程艾兰（Anne CHENG）通过瑟伊出版社的"观点"书系首次出版了她的《论语》译本，2004 年和 2014 年两次再版。1989 年，比利时汉学家李克曼（Pierre RYCKMANS）的译本在伽利玛出版社首版，由艾田蒲作序，并于 2016 年再版。1993 年，雷威安（André LÉVY）在佛拉马利翁出版社出版了他的《论语》译本（*Les Entretiens de Confucius et ses disciples*）。2009 年，法国汉学家马修（Rémi MATHIEU）和加拿大汉学家白光华（Charles LE BLANC）联合选译的《儒家哲人》(*Philosophes confucianistes*)由伽利玛出版社出版，包含有《论语》的译文。2016 年，乐唯的《论语》译本（*Les Entretiens de Confucius et ses disciples*）由米歇尔出版社出版；2018 年，美文出版社将该译本与《老子》的译本合并出版，题为《道之两树：老子和论语》（*Les Deux arbres de la Voie: Le Livre de Lao-Tseu / Les Entretiens de Confucius*）。

除上述知名汉学家的译本以外，还有其他几个译本存在：2008 年，沙特莱印书馆出版了拉维的译本（*Préceptes de vie de Confucius*），2009 年由观点出版社再版；2010 年，外语教学与研究出版社出版了一个汉法对照译本，译者不详；2016 年，特雷达尼埃尔出版社出版了佛尔图勒的译本（*Confucius: Les Analectes*）；另有，费拉莉（Marie-Hélène FERRARI）的译本在线出版。

和《老子》《庄子》相似，《论语》也是"蔡志忠漫画"系列译本的主人公之一。1996 年，卡尔塔姆出版社的"哲漫"系列出版了《孔子》（*Confucius: Le message du Bienveillant*）；2006 年，青春出版社出版了相似的译本《孔子的启示》（*Le message de Confucius: Un philosophe exceptionnel*）；2009 年，友丰书店出版了由布阿鲁克（Anne Ta-Thu BOUAROUK）翻译的漫画版《孔子说》（*Confucius et son enseignement: Paroles du Bienveillant*）；2011 年，友丰书店又出版了李蓓珂翻译的漫画版《论语》（*Les Entretiens de Confucius*）。

可见，参与《论语》翻译、出版的主流学者和主流出版社较多，但除了顾赛芬的译本之外，其他几位汉学名家的译本并未成为经典，各版本间的竞争似乎较为激烈；尽管《论语》具有一定的说教色彩，但其漫画译本依然多次再版，显示出法语世界普通大众对儒家最重要典籍的兴趣。

（7）《聊斋志异》

《聊斋志异》最早的译本可追溯到 1925 年皮亚扎出版社（Éditions d'art H. Piazza）出版的拉罗的译本，该译本 1985 年于书法家出版社（Le

Calligraphe）再版，2000 年由毕基耶出版社再版。1967 年，夏特兰（Hélène CHATELAIN）将罗伊（Claude ROY）的英译本转译为法文，在桑德出版社（Sand）出版，该译本于 1969 年和 1993 年分别在"著"（Tchou）和"10/18"两家出版社出版。1970 年，在汉学家吴德明的指导下，纪亚玛（Jacques GUILLERMAZ）和夫人帕特丽西娅（Patricia GUILLERMAZ）、吴德明、康德谟和夫人奥迪勒（Odile KALTENMARK）、李治华（LI Tche-houa）、于如伯、张馥蕊共同翻译了《聊斋志异》，于伽利玛出版社出版，该译本于 1987 年在同社再版。1998 年，雷威安在毕基耶出版社出版了他的译本，并于 2002 年和 2016 年两次再版。

除了上述主流译者的全译本之外，还有一些译者的选译本，如英博尔特-胡阿特（Camille IMBAULT-HUART）1880 年发表于《亚洲学报》上的《种梨》（Le Poirier planté）译本，1989 年卡尔曼-列维出版社（Calmann-Lévy）出版的陈季同（TCHENG Ki-Tong）选编的《中国故事》（Contes chinois），2005 年伽利玛出版社出版的吴德明译的《绿衣》（La femme à la veste verte）等。

中国的外文出版社（Éditions en Langues étrangères）也积极投入对《聊斋》法译本的出版工作中，主要的版本有：1986 年出版的李风白（LI Fengbai）和夫人戴妮丝（Denise LY-LEBRETON）的合译本、1998 年出版的译本（译者未注明）、2004 年出版的四卷汉法对照译本、2015 年收入"大中华文库"的汉法对照译本。

"蔡志忠漫画"系列也包含《聊斋》：1997 年，卡尔塔姆出版社"哲漫"书系出版了一个译本，译者不详；2010 年，友丰书店又出版了李蓓珂的译本。此外，法国大学出版社于 2009 年出版了蓝碁（Rainier LANSELLE）译的《聊斋全图》（Trois contes étranges: Récits chinois et illustrations inédites），内含一些首次面世的插图。

总之，纵观《聊斋志异》的法译史，独译与合译并存，全译和选译兼顾，中国出版社同海外出版社一样积极，插图、漫画译本也成为传统译本的有益补充。

（8）《西游记》

《西游记》在法语世界的译介起步较晚。1942 年，英国著名汉学家亚瑟·韦利（Arthur WALEY）将《西游记》译成英文出版；1951 年，德尼科尔（George DENIKER）以韦理英译本为底本将《西游记》转译为法文（*Le singe pèlerin ou Pèlerinage d'Occident: Si-yeou-ki*），在拜约出版社（Payot）出版；此后，该出版社又在 1980 年、1992 年、2004 年、2018 年数次再版该译本。1957 年，瑟伊出版社出版了法国外交官艾文诺（Louis AVENOL）译的两卷本《西游记》；该译本未获得足够关注。1991 年，雷威安两卷本的《西游记》（*La Pérégrination vers l'Ouest*）在伽利玛出版社出版，被收入"七星诗社"书系（« Biliothèque de la Pléiade »）；2010 年，雷威安的译本由我国人民文学出版社引进，以汉法对照本的形式出版，收录于"大中华文库"。

插图、漫画等形式一直是《西游记》译本的重要载体。1982 年，Sing-pei WANG （中文名不可考）改编并翻译的插画版《猴王与白骨精》（*Le roi des singes et la sorcière au squelette*）在伽利玛出版社"佛理奥青年"（Folio Junior）书系中出版。1992 年，捷克汉学家傅思端（Zdenka HERMANOVÁ-NOVOTNÁ）所译的《西游记》插图本被德拉日（Régis DELAGE）转译为法文，由格伦德出版社出版。2008 年，友丰书店出版了"蔡志忠漫画"系列中的《西游记（上）》（*La légende du Roi Singe*）和《西游记（下）》（*La pérégrination vers l'ouest*）。2008—2011 年，德尔库尔出版社出版了莫尔万（Jean-David MORVAN）改编的漫画《神猴》（*Le dieu singe*）。2011 年，加勒瓦出版社（Calleva）出版了马推修（Sylvie de MATHUISIEULX）编译的插图本《西游记》（*Le Voyage vers l'ouest*）。2012 年，卡斯特曼出版社（Casterman）出版了佛里奥（Pascal FAULIOT）编的插图本《猴王史诗》。2014 年，"斐"出版社（Éditions Fei）出版了昂利（Nicolas HENRY）和 MO Si（中文名待考）合译的连环画版本，一盒共 36 本。

总之，《西游记》在法语世界的全译本和直译本不多，经典译本更少，多数译本为转译、选译和改编版本；尤其是插图、漫画、连环画等普及型译本近几十年来层出不穷，从一个侧面反映出法语世界普通民众尤其是青少年对《西游记》的喜爱。

（9）《三国演义》

《三国演义》最早的法译本可追溯到 19 世纪中期法国旅行作家帕维（Théodore PAVIE）的两卷本译本（*Histoire des trois royaumes*），相继于 1845 年和 1851 年在迪普拉出版社（Benjamin Duprat）出版。1960—1963 年，印度支那研究会（la Société des Études Indochinoises）出版了严全（Toan NGHIÊM）和里科（Louis RICAUD）合译的三卷本《三国演义》，于如伯撰写了导读；2009 年，佛拉马利翁出版社出版了一个三卷本的译本，前两卷采用的是严全和里科的译本，由乐唯作序，最后一卷由乐唯及夫人安吉莉克（Angélique LEVI）亲自译出；2012 年，中国的人民文学出版社引进了佛拉马利翁出版社的译本，扩充为六卷本汉法对照本，收录于"大中华文库"。2006—2014 年，友丰书店陆续出版了华裔翻译家 Chao-ying DURAND-SUN（中文名待考）译的五卷本《三国演义》（*L'Épopée des Trois Royaumes*）。2008—2009 年，李志清的四卷本漫画版《三国演义》由莱斯科（Nicolas Ruiz LESCOT）译出，在时间出版社（Éditions du Temps）出版。2014 年，"斐"出版社出版了昂利和 MO Si 合译的连环画版本，共 2700 页。可见，《三国演义》的法译虽然起步较早，但直到近年来才再次受到出版界重视，经典译本和普及型译本的出版都有所升温。

（10）《李太白集》

法语世界对李白诗歌的翻译较为零散。整体来看，较为完备的译本有：1985 年，伽利玛出版社出版的雅各布的《李白选集》（*Florilège de Li Bai*），含介绍和注释，在艾田蒲的指导下完成，这个版本的基础是其在 1983 年出版的诗集《权力的假期：唐诗》（*Vacances du pouvoir: Poèmes des Tang*）；2003 年，毕基耶出版社出版了斯多切编译的《李白生平及作品》（*Le ciel pour couverture, la terre pour oreiller: La vie et l'œuvre de Li Po*），2006 年又以口袋书的形式再版。

其余的版本都相对单薄，如：1921 年，法国国立印书馆（Imprimerie

Nationale）出版的贝勒派尔（Bruno BELPAIRE）选译的《李太白诗四十首》（*Quarante poésies de Li Tai Pé*）、1984 年，蒙达伦出版社（Moundarren）首版的 Wing Fun CHENG（中文名待考）与科莱（Hervé COLLET）合译诗集的《李白，在人间被禁的仙人》（*Li Po, portrait d'un immortel banni sur terre*）、1984 年，阿尔夫言出版社（Arfuyen）出版的霍尔齐（Dominique HOIZEY）选译的《李白，云松之间》（*Li Bai, Parmi les nuages et les pins*）、1994 年，霍尔齐在差异出版社（La Différence）出版的《李白，放逐在人间》（*Li Bai, Sur notre terre exilé*）、2004 年，图案出版社（Motifs）出版的纪罗（Daniel GIRAUD）的译本《天外放逐诗》（*Li Po: L'Exile du Ciel*）、2014 年，一千零一夜出版社（Mille et une nuits）出版的由德里文侯爵选译的《听，月光之下》（*Écoutez là-bas, sous les rayons de la lune...*）。此外，还有一个诗配书法的译本（*Poèmes de Li Bai destinés aux calligraphes*），由胡若诗（Florence HU-STERK）翻译，2003 年由友丰书店出版。

　　总之，除了伽利玛和毕基耶两家出版社出的译本相对经典之外，其余出版社的译本都相对零散。但应该看到，李白的诗歌数量众多，个别译者和出版社无法毕其功于一役；更多的译者和出版社都来参与翻译出版工作，才能更早、更全面地让法文读者了解李白诗作的广度与深度。

二、对译者的考察

　　译者是选择典籍的主导，是产出译本的主体，也是出版方的直接合作者和选择对象。对于译者的观察和分析，是研究汉籍法译活动的核心和关键。在对"典籍索引"中所涉译者进行观察和分析之前，我们想了解：哪些译者所译出典籍的种类较多？哪些译者的译本更多被出版方出版（对应的出版方更多）？据此，综合归纳出关键度较高的译者。在此基础上，研究关键译者和典籍（趣向类型）及关键译者和关键出版方之间的关联，统计这些关键译者所处的时代，这样便能以"背景"（时代）、"对象"（典籍）和"归宿"（出版方）三个要素划定译者在汉籍法译活动中的边界。最后，我们会对关键度最高的 10 位译者的生平活动进行简要介绍。

1. 译者关键度指数

在前一部分，我们研究了汉籍法译中被译典籍的关键度，提出了译本数量占 50%，对应译者数占 30%，对应出版方数占 20% 的被译典籍关键度指数计算原则。对于译者而言，若要考察其关键度，该如何进行量化计算？衡量译者的关键度，最先考虑到的指标是译者所译的典籍数及其译本数，那么需要考量一下这两个指标是否都与译者的关键度相关。正如我们在第一部分中讨论被译典籍关键度时分析的那样，译本数量的多寡不仅受译者的选择影响，更由出版方的选择所决定；而所译典籍数，则是译者对典籍进行主动选择的证据。因此，我们将译者所译典籍的种类数，而非其译本数，作为计算译者关键度指数的指标之一。按《书目》，译出典籍种类超过 5 个（不含）的译者有，李蓓珂（Rébecca PEYRELON，18 个）、乐唯（Jean LEVI，15 个）、儒莲（Stanislas JULIEN，14 个）、班文干（Jacques PIMPANEAU，13 个）、马修（Rémi MATHIEU，12 个）、雷威安（André LÉVY，11 个）、卡雷（Patrick CARRÉ，10 个）、顾赛芬（Séraphin COUVREUR，10 个）、何赖思（Charles de HARLEZ，10 个）、沙畹（Édouard CHAVANNES，8 个）、鲍吉耶（Guillaume PAUTHIER，7 个）、雷慕沙（Jean-Pierre ABEL-RÉMUSAT，6 个）。于是，又出现了译出典籍数量相同的译者，如卡雷、顾赛芬和何赖思，都译出了 10 种典籍；为了进一步区分，有必要引入另一个指标——出版方数[①]。经统计，出版方数大于 5 家（不含）的译者有儒莲（21 家）、鲍吉耶（13 家）、何赖思（13 家）、乐唯（12 家）、顾赛芬（9 家）、沙畹（7 家）、雷威安（7 家）；而某些译出典籍数较多的译者对应的出版方数却很少，如马修（5 家）、班文干（4 家）、李蓓珂（1 家）。综合被译典籍数和出版方数两个

---

① 包括出版社、书店、学校、社团、个人、网络出版商等发生出版行为的主体。

指标，如何确定各自的权重？鉴于被译典籍是译者的主动选择，而在其与出版方的关系中译者是被选择，或至少是译者–出版方双向选择的关系，但译者关键度主要是考察相关译者在汉籍法译过程中基于主动选择的重要程度。因此，在考察译者关键度时，我们有理由将完全反映译者主动选择的译出"典籍数"认定为主要指标，在指数计算中占 75%的权重；而将小部分反映译者主动选择（而大部分反应出版方被动关注）的对应"出版方数"认定为次要指标，在指数计算中占 25%的权重。以译者儒莲为例，他译出典籍 14 种，对应出版方 21 家，其译者关键度指数为 14×75%+21×25%=15.75。经过对《书目》的统计和计算，我们找到了 12 位关键度指数较高的译者，按关键度指数从高到低的顺序进行了排序，如表 4 所示：

表 4　高关键度指数译者一览

译者姓名	典籍数/种	出版方数/个	关键度指数
儒莲	14	21	15.75
乐唯	15	12	14.25
李蓓珂	18	1	13.75
班文干	13	4	10.75
何赖思	10	13	10.75
马修	12	5	10.25
雷威安	11	7	10.00
顾赛芬	10	9	9.75
卡雷	10	5	8.75
沙畹	8	7	7.75
鲍吉耶	6	13	7.75
雷慕沙	6	4	5.50

根据表 4，我们又绘制了图 7，从中能更直观地观察出，译者所译的典籍数与其对应的出版方数关联度较低。对于有些译者而言，所译典籍数大于对应出版方数，而对于另一些译者来说，出版方数大于典籍数；这种反差在某些译者身上非常明显，如译出 18 种典籍而只有一家出版方的李蓓珂、只译出 6 种典籍却有 13 家出版方的鲍吉耶等。所译典籍数和对应出版方数的整体背离印证了，译者对典籍的翻译是完全主动的选择行为，而出版方在对典籍译本的出版中对相对译者而言更有主动权，译者相对而言处在被动的状态。当然，无论是主动选择典籍进行翻译行为，还是相对被动地被出版方选择出版，都反映出译者的关键程度，故"典籍数"和"出版方数"都应被纳入"译者关键度指数"，只是赋予不等的权重而已。

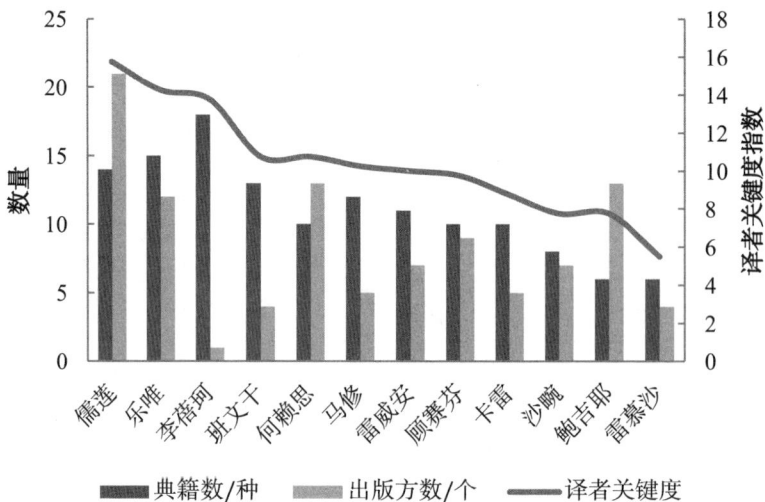

图 7　高关键度指数译者各项指标对比

接下来，我们将分别考察以上 12 个关键译者与 4 个主要趣向类型的典籍、关键出版方的关联；只有通过对被译典籍和出版方这两个要素的关联的考察，才能更好地认识关键译者的实质。

2. 关键译者与主要趣向类型典籍的关联

考察关键译者与被译典籍的关联，有助于了解上述译者的选译倾向，从一个侧面了解其翻译生涯的特点。考察这种关联的方案有两个：一是考察关键译者与 19 个关键典籍之间的关联；二是考察关键译者与 4 个主要趣向类型典籍之间的关联。由于关键典籍数量较少，其在关键译者中的分布较稀疏，而 4 个主要趣向类型的典籍数量较多，且已包含 19 个关键典籍，故我们选择考察关键译者与趣向类型典籍之间的关联。每位关键译者所译主要趣向类型典籍的数量，按"决策谋略""修身养性""故事消遣""诗歌审美" 4 个类型归纳如表 5。

表 5　每位关键译者所译典籍在各主要趣向类型中的分布数量统计

（单位：种）

关键译者	主要趣向类型			
	决策谋略	修身养性	故事消遣	诗歌审美
儒莲	0	2	2	1
乐唯	2	6	2	0
李蓓珂	0	5	6	0
班文干	0	1	2	3
何赖思	1	0	0	1
马修	0	5	1	2
雷威安	0	2	6	0
顾赛芬	1	6	0	1
卡雷	0	0	0	2
沙畹	0	0	1	0
鲍吉耶	1	3	0	0
雷慕沙	0	4	1	0

我们又根据表 5 的数据绘制了图 8（见插页第 1 页），以更直观地反映每位关键译者所译典籍数在各主要趣向类型中的分布。在图 8 中，横轴上的数字 1—12 依次代表 12 位关键译者，按关键度指数高低从左到右排序；纵轴上的数字 1—4 从下到上依次分别代表"决策谋略""修身养性""故

事消遣""诗歌审美" 4 个类型的典籍；各横向、纵向线交汇处的气泡大小代表各译者所译每个趣向典籍的数量，对应 4 个类型的气泡分别被标以蓝、绿、黄、红 4 种色调，气泡越大颜色越浅，越小颜色越深。从图中能直观地观察到：每位译者分别对应 1—3 种颜色的气泡，没有译者对应全部 4 种颜色的气泡；某些译者对应的气泡总面积较大（如 2 号译者乐唯、3 号译者李蓓珂），某些译者对应的气泡总面积较小（如 5 号译者何赖思、10 号译者沙畹）；绿色气泡数量最多，平均面积也最大，黄色气泡次之，红色再次，蓝色气泡数量最少，平均面积最小。可见，不同关键译者与主要趣向类型的典籍之间关联度差异较大，某些译者介入到主要趣向类型典籍的翻译中较深，而另一些则相反，选译的多是非主要趣向类型的典籍；但没有一位关键译者涉及全部 4 个趣向类型，说明任何关键译者在整个汉籍法译的整个历史进程中都不是全能的。就不同趣向类型而言，"修身养性"类的典籍更吸引关键译者，"故事消遣"次之，"诗歌审美"再次，"决策谋略"类的典籍对关键译者的吸引力相对较低。

3. 关键译者与关键出版方的关联

考察关键译者与关键出版方的关联，有助于了解关键出版方对关键译者的选择倾向，也是在了解译者译本的去向。因此，我们统计出 12 位关键译者译出典籍的译本分别涉及 7 家关键出版方[①]中的哪（几）家，涉及的每家出版方分别出版了多少种典籍。如表 6 所示，最上一行是关键出版方名称，按关键度高低从左到右排列：

[①] 分别关于出版方关键指数的计算和 7 家关键出版方的认定，我们将在第三部分详细介绍。这 7 家关键出版方按关键度指数从高到低排列分别是伽利玛出版社（Gallimard）、友丰书店（You Feng）、毕基耶出版社（Phillippe Picquier）、美文出版社（Les Belles Lettres）、勒茹书店（Ernest Leroux）、米歇尔出版社（Albin Michel）、瑟伊–观点出版社（Seuil-Points）。

表 6 关键译者所译典籍在各家关键出版方中的分布数量统计

（单位：种）

译者姓名	出版方名称						
	伽利玛	友丰	毕基耶	美文	勒茹	米歇尔	瑟伊-观点
儒莲	0	1	0	0	1	0	0
乐唯	2	0	0	4	0	2	1
李蓓珂	0	18	0	0	0	0	0
班文干	0	1	10	1	0	0	0
何赖思	0	0	0	0	4	0	0
马修	6	1	0	0	0	0	0
雷威安	5	1	2	0	0	0	0
顾赛芬	0	1	0	8	0	0	0
卡雷	0	0	0	0	0	1	1
沙畹	0	1	0	0	2	0	0
鲍吉耶	0	0	0	0	0	0	0
雷慕沙	0	0	0	0	0	0	0
总计	13	25	12	13	7	3	2

　　根据表 6，我们绘制了图 9（见插页第 1 页），以便更直观地反映关键译者与关键出版方的关联程度。图中横轴上的数字 1—12 依次代表 12 位关键译者，按关键度指数高低从左到右排序；纵轴上的数字 1—7 依次代表 7 家关键出版方，按关键度指数高低从下至上排序，各横向、纵向线交汇处的气泡大小代表各译者所译每个趣向典籍的数量，同一译者对应的气泡被标以同一色系的不同颜色。从图中可观察到，一些气泡的面积明显较大，如第 3 列第 2 行的粉紫色气泡、第 4 列第 3 行的深绿色气泡、第 8 列第 4 行的淡金色气泡，其次为第 2 列第 4 行的浅棕色气泡、第 5 列第 5 行的天蓝色气泡、第 6 列第 1 行的橙红色气泡、第 7 列第 1 行的天青色气泡；反映出上述几家关键出版方分别出版了不少上述关键译者的译作，关联程度较高的"关键译者—关键出版方"配对依次为：李蓓珂—友丰书店、班文干—毕基耶出版社、顾赛芬—美文出版社、乐唯—美文出版社、何赖思—勒茹书店、马修—伽利玛出版社、雷威安—

伽利玛出版社。其他颜色的 15 个气泡面积均较小，说明除了上述 7 组译者—出版方的配对以外，多数关键译者与关键出版方合作产出的译本数量均较低，双方之间的关联度也较低；此外，11 和 12 两列上无任何气泡分布，说明 7 家关键出版方中没有任何一家出版过鲍吉耶或雷慕沙这两位关键译者的译作，双方无任何关联。总的来看，关键译者和关键出版社之间的关联程度整体不高或无关，但个别译者和出版社之间有较强的关联。

图 10 直观地反映了关联度最高的出版方所出版的典籍数占译者所译全部典籍数的比例。这个比例比某出版方出版某译者的译本数更能体现译者与出版社之间的行动一致性，因为出版方在译者逝世后的再版行为（反映为译本数量的增长）不能体现译者的意愿。图 10 中占比最高的译者依次为李蓓珂、顾赛芬、班文干，比例均在 75% 以上；占比较高的还有马修、雷威安、何赖思，比例均在 40% 以上；占比最低的为乐唯，比例仅为 26.7%。可见，一些译者将大部分乃至全部译作通过某一特定出版方出版，体现了其对该出版方的信赖，也体现了出版方对该译者的垂青。

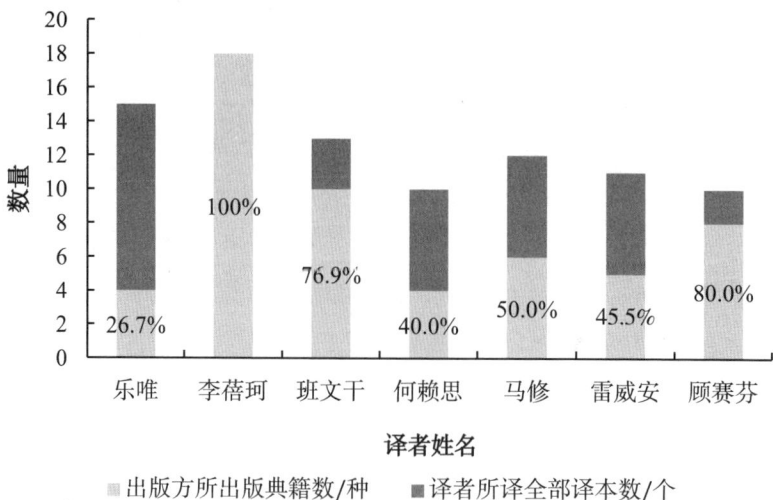

图 10　关联程度最高的出版方所出版的典籍数占译者所译全部译本数的比例

4. 关键译者的时代分布

在考察过关键译者与被译典籍及关键出版社的关联程度以后，我们再回头来观察一下各关键译者所处的时代，借此探讨其翻译活动强度的历史趋势。

我们建立了年份坐标轴（纵轴），将 12 位关键译者的生卒年份（健在的译者以 2019 年为翻译活动截止年份）分别标出，形成如图 11 所示的瀑布图。

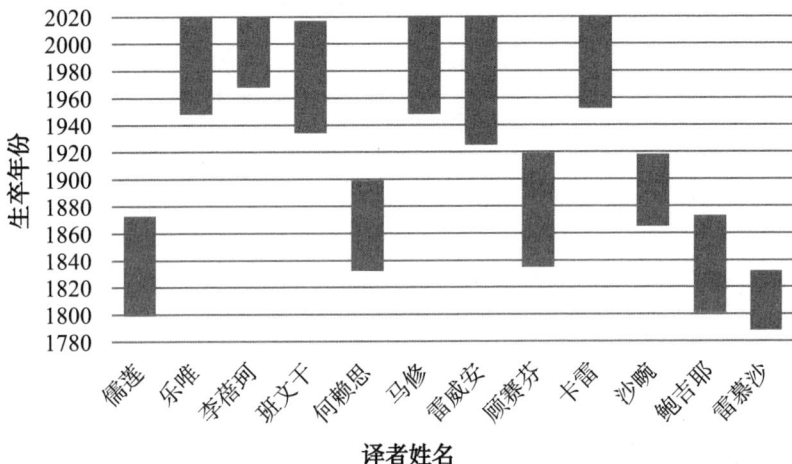

图 11 关键译者所处年代分布

观察图 11，最直观的感觉是有 6 个竖条分布在图的上半部，还有 6 个竖条分布在图的下半部。上半部 6 个竖条代表的是尚健在或近年刚去世的 6 位关键译者，分别是乐唯、李蓓珂、班文干、雷威安、马修、卡雷；下半部 6 个竖条代表的是早已逝去的 6 位关键译者，分别是儒莲、何赖思、顾赛芬、沙畹、鲍吉耶、雷慕沙。上方 6 个竖条的平均值在 1980 左右，且偏差较小；下方的 6 个竖条则参差不齐：第 5、第 8、第 10 个竖条围绕在 1880 年上下分布，第 1 个和第 11 个竖条中线都在 1835 年附近，第 12 个竖条的中线还要再靠下方，在 1810 年附近。可见，12 位关键译者的按年代可划分为：

（1）先驱译者 1 位：雷慕沙

（2）早期译者 2 位：儒莲、鲍吉耶

（3）中期译者 3 位：何赖思、顾赛芬、沙畹

（4）当代译者 6 位：乐唯、李蓓珂、班文干、马修、雷威安、卡雷

图中另一个值得注意的现象是，在 1920 年左右完全空白，没有任何一个竖条覆盖；这代表了中期译者和当代译者间的断层，即 1920 年左右一直到 20 世纪 50—60 年代都没有关键译者的翻译活动 [1]。因此，假如在这个历史阶段也能出现若干关键译者（不妨称其为"现代译者"），20 世纪中前期汉籍的法译本或许还能更丰富多彩一些。不过，就整体而言，法文译者的年代分布还算较均衡，基本形成了合理的梯队；不同时代优秀译者的不断涌现也是法国汉学长期走在世界前列的原因之一。下面我们将逐一介绍 12 位关键译者，尤其是介绍他们对中国古代典籍的翻译情况。

5. 各关键译者的生平及翻译汉籍简史

（1）雷慕沙（Jean-Pierre ABEL-RÉMUSAT，1788—1832）

在海外汉学史上，雷慕沙可谓法国乃至欧洲汉学的鼻祖。1814 年，法兰西公学（Collège de France）首开"汉语及满语–鞑靼语语言文学讲座"（la chaire de langue et littérature chinoises et tartares-mandchoues），由雷慕沙任教授。1815 年，雷慕沙入选碑铭美文学院（Académie des Inscriptions et Belles-Lettres）院士；1822 年，参与创立法国亚洲学会（Société asiatique）；1824 年，成为皇家图书馆（Bibliothèque royale）主管东方手稿的馆长。

雷慕沙早期的学术活动侧重于对汉语及中国边疆语言、文化、历史的研究，如 1920 年出版的《鞑靼诸语言研究》（*Recherche sur les langues*

---

[1] 鉴于翻译工作的复杂性及对译者知识和经验的要求，一般来说，专业译者系统性且有价值的翻译活动只涵盖其人生的后半段时间，即应从中年时期开始算起。基于此，尽管雷威安和班文干等人出生于 20 世纪 20—30 年代，在 1960 年之前他们还没有到进行系统性且有价值的汉籍法译活动的年龄。

tartares, ou mémoires sur différens points de la grammaire et de la littérature des mandchous, des mongols, des ouigours et des tibétains）和 1822 年出版的《汉语语法基础》（*Éléments de la grammaire chinoise, ou Principes généraux du "kou-wen" et du "kouan-hoa"*）等。但早在 1816 年，雷慕沙已出版了一部道家典籍译作《太上感应篇》（*Le Livre des Récompenses et des Peines, méritées par les actions humaines suivant la sublime doctrine*），但未引起太大反响。1817 年，他翻译出版了儒家"四书"之一的《中庸》（*L'Invariable Milieu*），该版本刊载有汉文本、满文本、拉丁文译本和法文译本，并附有一些注释。1826 年，他又将一部才子佳人小说《玉娇梨》（*Iu-Kiao-Li, ou Les deux cousines*）译为法文在巴黎出版，该译本副题为"两表姐妹"，更易于法国读者理解；鲁迅先生在《中国小说史略》中曾提到这个译本。1823 年，雷慕沙发表《论老子的生平和思想》（*Mémoire sur la vie et les opinions de Lao-Tseu, philosophe chinois du VIᵉ siècle avant notre ère*），将其与古希腊诸思想家进行比较，其中包含对《老子》原文的选译。1832 年，雷慕沙因霍乱去世。1836 年（一说 1834 年），其翻译遗作《佛国记》（*Foĕ Kouĕ Ki, ou Relation des royaumes bouddhiques*）出版，由卡拉普洛特（Klaproth）和朗德莱斯（Landresse）校订并增补。

总之，雷慕沙是法国最早的职业汉学家，其翻译的典籍涉及儒、道、佛家及通俗小说等；但由于英年早逝，所译典籍在数量上和范围上都较为有限，不得不说是汉学史上的一大遗憾。

（2）儒莲（Stanislas JULIEN，1799—1873）

1832 年雷慕沙去世后，其弟子儒莲接替了法兰西公学的"汉语及满语–鞑靼语讲座"的教职，后者还担任了公学的行政主任一职。翌年，儒莲也入选碑铭美文学院院士。儒莲曾在雷慕沙门下学习汉语和满语，他也像其老师一样，在汉语研究方面颇有建树，在 1869—1870 年（一说 1866 年）出版了《中文新句法》（*Syntaxe nouvelle de la langue chinoise*）。

而儒莲翻译的中国古代典籍比他老师的还要丰富多样。19 世纪 30 年代，儒莲翻译了一些元代杂剧和唐代传奇，主要有 1832 年出版的《灰阑记》(*Hoeï-Lan-Ki, ou L'Histoire du cercle de craie*)、1834 年出版的《赵氏孤儿》(*Tchao-Chi-Kou-Eul, ou L'Orphelin de la Chine*)、1834 年出版的《白蛇精记》(*Blanche et Bleue, ou Les deux couleuvres-fées*);而从他生命的最后岁月直到去世之后数年（1872—1880 年，一说 1873—1878 年）又陆续出版了《西厢记》(*Si-Siang-Ki, ou L'Histoire du Pavillon d'Occident*) 的全译本。和他的老师相似，儒莲的另一个主攻方向是道家典籍：1835 年出版了《太上感应篇》(*Le Livre des Récompenses et des Peines*) 重译本；1842 年又出版了《道德经》(*Le Livre de la voie et de la vertu*) 的法汉对照译本，该译本后被多家出版机构多次再版。此外，儒莲还翻译了两部重要的佛教游记《大唐西域记》(*Mémoires sur Les Contrées occidentales*)（1857—1858 年出版）和《大慈恩寺三藏法师传》(*Histoire de la vie de Hiouen-Thsang et de ses voyages dans l'Inde*)（1853 年出版），以及两部蒙学类经典《三字经》(*San-Tseu-King, Le livre de phrases de trois mots*)（1873 年出版）和《千字文》(*Thsien-Tseu-Wen, Le livre des mille mots*)（1864 年出版）。正如雷慕沙翻译了《玉娇梨》，儒莲也于 1864 年出版了他重译的《玉娇梨》(*Yu-Kiao-Li, ou Les deux cousines*)，并在 1860 年出版了另一部与之齐名的才子佳人小说《平山冷燕》(*P'ing-Chân-Ling-Yên, ou Les deux jeunes filles lettrées*)。儒莲还于 1837 年出版了《蚕桑辑要》(*Résumé des principaux traités chinois sur la culture des mûriers et l'éducation des vers à soie*)，内含《天工开物·乃服》的译文，算是法国汉学史上第一次对中国古代科技典籍的翻译探索。

　　总之，儒莲在对中国古代典籍的翻译上较多受到雷慕沙影响，二者相同的兴趣点包括才子佳人小说、道家经典、佛教游记等；但儒莲在对传奇、杂剧、蒙学、科技等类型典籍的翻译上也有自己独特的探索，相对雷慕沙的译典而言多样性更强。鉴于儒莲在汉学研究和汉籍法译上的成就，自 1875 年起，碑铭美文学院便设立了以其姓名命名的"儒莲奖"（le Prix Stanislas Julien），以表彰全球杰出的汉学研究者。

（3）鲍吉耶（Guillaume PAUTHIER，1801—1873）

鲍吉耶出生于 19 世纪初，是一位东方学家兼诗人，对中国、印度、希腊文学均有一定造诣，但在法国汉学史上并未得到足够重视。他对中国古代典籍的翻译主要是儒家经典，如：1832 年首版的《大学》（*Le Ta-Hio, ou La grande Étude*）、1858 年版的《四书》全译本（*Les quatre livres de philosophie morale et politique de la Chine/Confucius et Mencius*）、1872 年版的《诗经》（*Chi-king, ou Livre des vers*）、1873 年版的汉法对照本《三字经》（*Le livre classique des trois caractères*）等，其中单行本《大学》和《四书》全译本后世曾多次再版；除儒家经典外，他还于 1838 年翻译出版了《道德经》（*Le Tao-Te-King, ou le livre révéré de la raison suprême et de la vertu*），算是较早的《道德经》法译本，比雷慕沙的译本晚 15 年，但比儒莲的译本早 4 年出版，可惜未能引起强烈反响。总之，鲍吉耶的译作兴趣和同时期的儒莲、毕欧（Édouard BIOT，1803—1850）等汉学大师相似，都是以儒、道经典为主，但由于种种原因，没有为海内外学界所关注。

（4）何赖思（Charles de HARLEZ，1832—1899）

何赖思出生于比利时列日的一个贵族家庭，早年为教士，1871 年进入鲁汶大学（Université de Louvain）教授东方语言，对汉、满、藏、梵等语言都有研究，尤其对各宗教抱有浓厚兴趣。1881 年，何赖思翻译出版了《易经》（*Le Livre des mutations*）（现存最早版本为 1959 年版），1889 年又出版了带有注释的版本（*Le Yih-king, texte primitif rétabli, traduit et commenté*）[1]；此外，他翻译的其他儒家典籍还有：1890 年出版的《三礼图》（*San-Li-T'u. Tableau des trois rituels: Traits de mœurs chinoises avant l'ère chrétienne*），1889 年出版的《仪礼》（*I-li, Le plus ancien rituel de la Chine: son contenu et extraits*）[2]、《家礼》（*Kia-Li, Livre des rites domestiques chinois*）、《小学》（*La Siao Hio, ou Morale de la jeunesse: Avec le commentaire de Tchen-Siuen*），1899 年出版的《孔子家语》（*Kong-tze Kia-yu.*

---

① 此版本似已不存，故未列入书目。
② 此版本似已不存，故未列入书目。

Les Entretiens familiers de Confucius)。何赖思的另一个兴趣是佛教，1892 年翻译出版了《金刚经》(*Vajracchedikā*)，在其逝世后的 1900 年，他选译的《四十二章经》在《比利时皇家学院论文汇编》(*Mémoires couronnés et autres mémoire*, publies par L'Académie royale des sciences, des lettres et des beaux-arts de Belgique) 中发表。此外，1893 年和 1894 年，他翻译的《国语》(*Koue-Yü, Discours des royaumes*) 第一部分于《亚洲学报》(*Journal asiatique*) 上分两次发表；同样在 1893 年，他翻译的《九篇》(《 Kiu Pién, les neuf tableaux 》) 发表于《缪塞翁杂志》(*Revue Le Muséon*)，后者是他于 1882 年亲自创立的东方学研究刊物。

与同时代且家庭出身相似的德里文侯爵(le Marquis Léon d'HERVEY DE SAINT-DENYS，1822—1892) 相比，何赖思没有像后者那样对中国古典诗歌等文学文本产生多大兴趣，而是专注于对儒家礼教著作和佛经的翻译，这或许与其神学背景不无关联。

（5）顾赛芬（Séraphin COUVREUR，1835—1919）

顾赛芬早年加入耶稣会，1870 年来华后先在北京学习汉语，后在直隶河间府教会做传教士，在传教的同时他翻译了很多古代中文典籍。作为传教士，顾赛芬非常执着于对汉语的研究及汉语工具书的编纂，主要作品有：1877 年出版的《汉文拉丁文字典》(*Dictionarium linguae Sinicae latinum*)、1886 年出版的《北方官话：法–英–汉会话指南》(*Langue mandarine du Nord. Guide de la conversation français-anglais-chinois*)、1890 年出版的《汉法词典》(*Dictionnaire chinois-français*)、1908 年出版的《法汉官话常用表达法词典》(*Dictionnaire français-chinois contenant les expressions les plus usités de la langue mandarine*)、1930 年出版的《古汉语词典》(*Dictionnaire classique de la langue chinoise*) 等。

顾赛芬的翻译兴趣几乎完全集中于儒家经典，包括 1895 年首版的《四书》(*Les quatre livres*)、1896 年首版的《诗经》(*Cheu King*)、1897 年首版的《书经》(*Chou King: Texte Chinois*)、1899 年首版的《礼记》(*Li ki ou Mémoires sur les bienséances et les cérémonies*)、1914 年首版的《春秋左

传》(*Tch'ouen ts'iou et tso tchouan, la chronique de la principauté de Lou*)（现存最早的为 1951 年版）、1916 年首版的《仪礼》(*Cérémonial*)。以上译作涵盖了除《易经》和《周礼》之外的所有"四书五经"，后世均有再版。因其译文非常忠实于原作，所以成为每种典籍的经典译本。

和雷慕沙、儒莲等博学型职业汉学家不同，作为传教士汉学家的典型代表，顾赛芬长期在中国生活，积累了丰富的中国历史文化知识，掌握了翔实的第一手资料，因此其学问更趋经世致用，译作更加专注忠实，对后世影响颇大。

（6）沙畹（Édouard CHAVANNES，1865—1918）

沙畹是 19 世纪末 20 世纪初法国汉学界巨擘，对 20 世纪法国汉学产生了非常大的影响。沙畹早年研习康德哲学，后在考狄（Henri CORDIER，1849—1925）的建议下转攻中国历史，又在法兰西公学听德里文侯爵的古汉语课 ①。1892 年，德里文侯爵去世，沙畹接替其留下的"汉语及满语–鞑靼语语言文学讲座"。1903 年，沙畹协助考狄主办著名汉学刊物《通报》（*T'oung pao*）。20 世纪初，他还多次协助斯坦因（Marc Aurel STEIN，1862—1943），参与了考释、整理、研究历次中亚考察所得汉文写本、简牍的工作，成为法国敦煌学研究的先驱。

在中国古代典籍翻译方面，沙畹最重要的贡献是翻译了司马迁的《史记》。译文共五卷，由导言、注释和极为详尽的附录组成，考证严谨而全面，并在注释中对涉及古代中国的几乎所有问题都提出了广泛而尖锐的批判。这部译作在北京只出版了其中一卷《封禅书》(« Essai de monographie d'un culte chinois »)，1893 年法国亚洲学会资助出版了三分之一。直至 1967 年，新屋出版社再版了整个五卷本，又于 1969 年出版了第六卷补遗。直至 2015 年，巴黎友丰书店在潘立辉（Kim Hun，1951—　）先生的指导下将沙畹译五卷本《史记》与康德谟（Max KALTENMARK，1910—2002）补译的《荆燕世家第二十一》和《齐悼惠王第二十二》以

---

① 1874 年，德里文侯爵接替儒莲，担任"汉语及满语—鞑靼语语言文学讲座"教授。

及班文干（Jacques PIMPANEAU，1934— ）续译完的《列传》部分合璧
出版，成为有史以来最完整的《史记》法文版全译本。

除了史学和考古学，沙畹对碑铭学、地图学和佛教研究也相当有兴趣。
因此，除《史记》外，沙畹还翻译了其他一些史、地、佛教典籍，如：1905
年发表于《通报》上的《水经注》（« Les Pays d'occident d'après le Wei lio »）
选译、1907 年发表于《通报》上的《后汉书》（« Les pays d'Occident, d'après
le Heou Han chou Chapitre CXVIII »）选译、1895 年发表于《亚洲学报》上
的《悟空行纪》（« Voyages des pèlerins bouddhistes—L'Itinéraire d'Ou-k'ong
(751—790) »）、1903 年发表于《法国远东学会学报》（Bulletin de l'École
française d'Extrême-Orient）上的《宋云行纪》（« Voyage de Song-yun dans
l'Udyāna et le Gandhāra (518—522 p. C.) »）、1910—1911 年间翻译出版的三
卷《大藏经》（Cinq cents contes et apologues extraits du Tripitaka chinois）选
译本等。受到 20 世纪初中亚考古在西方兴起的影响，沙畹的史学–考古
学背景及其他实证性研究使其侧重于对史、地、佛教类典籍的翻译，这
与早期一些汉学大家侧重儒、道经典和文学作品的翻译形成了鲜明对比。
沙畹严谨而偏向实证的治学、译典风格也对谢阁兰（Victor SEGALEN，
1878—1919）、伯希和（Paul PELLIOT，1878—1945）、马伯乐（Henri
MASPERO，1883—1945）、葛兰言（Marcel GRANET，1884—1940）等
20 世纪上半叶的知名汉学家产生了影响，堪称承上启下的汉学大师。

（7）雷威安（André LÉVY，1925—2017）

雷威安 1925 年出生于天津的一个法国钟表–首饰商家庭，自幼饱读
中国文学。1958 年于越南河内担任法国远东学会（EFEO）临时主任，翌
年移居日本京都，1966 年又移居香港，期间一直以远东学会研究员的身
份从事学术活动。1969 年起至去世，雷威安一直任教于波尔多大学
（Université de Bordeaux），仅在 1981—1984 年期间因指导巴黎七大
（Université de Paris VII）的一个研究团队而暂停。

雷威安毕生致力于对中国古代文学，尤其是文言与白话小说的翻译
与研究，著译颇丰。他翻译了《金瓶梅》（Jin Ping Mei / Fleur en Fiole d'Or，

1985 年首版）、《西游记》（*La Pérégrination vers l'Ouest*，1991 年首版）、《聊斋志异》（*Chroniques de l'étrange*，1998 年首版）这三部古典文学名著的全译本，此三个译本后世多次再版，堪称经典。另外，他从凌濛初的《初刻拍案惊奇》《二刻拍案惊奇》中选译了一些小故事，编为《狐之恋》（*L'Amour de la renarde*），1988 年首版；和戈尔德曼（René GOLDMAN，生卒年不详）合作选译了《西山一窟鬼》（*L'Antre aux fantômes des collines de l'Ouest: Sept contes chinois anciens*）等《警世通言》中的短篇小说。当然，雷威安在其他领域也有所涉猎，如 1993 年翻译出版的《论语》（*Les Entretiens de Confucius et ses disciples*）、2013 年出版的《孟子》（*Mencius*）、1999 年首版的《牡丹亭》（*Le Pavillon aux pivoines*）、2007 年出版的《邯郸记》（*L'oreiller magique*）等。他甚至译出了道家"房中术"的代表作《素女妙论》（*Le Sublime Discours de la fille candide*）（2000 年出版），还与乐唯（Jean LEVI，1948—）、马修（Rémi MATHIEU，1948—）等多人合译干宝的《搜神记》（*À la recherche des esprits*），实属罕见。总之，雷威安对中国古代典籍的翻译以明清小说为中心，以儒家经典和元代杂剧为两翼，以志怪、房中等边缘题材为点缀，体现出当代汉学家开阔的视野。

（8）班文干（Jacques PIMPANEAU，1934—）

班文干 1958 年毕业于法国国立东方语言学院（Institut national des langues et civilisations orientales）中文系，同年获中国政府奖学金前往北京大学留学，同时也在外文出版社工作。1960 年后回到巴黎国立东方语言学院长期任教，其中 1968—1971 年间赴香港中文大学访学。

作为早年在北大留学过的中文系学生和教授，班文干对中国文学作品的译介不遗余力：1985 年首版的《东周列国志》（*Royaume en proie à la perdition*）（1992 年再版），1989 年出版《五柳先生传》（*Maître Cinq Saules et Maître Cinq Saules et le bonze*），2002 年首版《世说新语》（*Propos et anecdotes de la vie selon le Tao*），2016 年出版《西京杂记》（*Notes diverses sur la capitale de l'Ouest*），2017 年出版《东坡志林》（*Sur moi-même*）。当然，集大成者当属班文干于 2004 年编著出版的《中国古典文学作品选》

（ *Anthologie de la littérature chinoise classique* ），其中他亲自翻译的文献有：《汉书·李陵传》和《汉书·苏武传》（« L'Histoire des Han antérieurs: Biographie de Li Ling et Biographie de Su Wu » ）、《文心雕龙》（« Wenxin diaolong » ）、《唐诗》（« Poèmes de l'époque Tang » ）、《宋词》（« Poèmes chantés de l'époque Song » ）、《敦煌变文》（« Les Bianwen » ）、《赵氏孤儿》（« Tchao chi cou ell, ou Le Petit Orphelin de la maison de Tchao » ）等。此外，他还补译了沙畹《史记》中未译完的《列传》部分，2015 年由友丰书店出版。总之，班文干的古代中文典籍译作以文学为主，遍及各朝代和文类，是当代法国译介中国古代文学的中坚力量。

（9）乐唯（Jean LEVI，1948— ）

乐唯的详细履历鲜见于网络。据法国高等社科研究院中国现当代研究中心（CECMC，EHESS）网站，他曾指导一个隶属于国家科研中心（CNRS）的研究团队，但已退休。乐唯出版的专著和译著都聚焦于中国古代思想史，其中 1985 年出版的专著《伟大的皇帝和惟命是从者》（ *Le Grand Empereur et ses automates* ）获"龚古尔历史小说奖"（ le prix Goncourt du roman historique ）。

道家典籍是乐唯翻译的重中之重，包括：2003 年出版的与马修（ Rémi MATHIEU，1948— ）等人合译的《淮南子》（ *Philosophes taoïstes, tome 2: Huainan zi* ）、2006 年首版的《庄子》（ *Les Œuvres de Maître Tchouang* ）、2012 年版的《文子》（ *Écrits de Maître Wen: Livre de la pénétration du mystère* ）、2014 年版的《列子》（ *Les Fables de Maître Lie* ）、2009 年版的《老子和皇帝四书》（ *Le Lao-tseu: Suivi des Quatre Canons de l'empereur Jaune* ）、2018 年版的《道之两树：老子和论语》（ *Les Deux arbres de la Voie: Le Livre de Lao-Tseu / Les Entretiens de Confucius* ）等。对于其他诸子和思想家，乐唯亦有广泛涉猎，如：1978 年首版的《盐铁论》（ *Dispute sur le sel et le fer: Un prodigieux document sur l'art de gouverner* ）、1992 年首版的《商君书》（ *Le livre du Prince Shang* ）、1999 年版的《韩非子》（ *Han-Fei-tse, ou Le tao du prince* ）、2003 年版的《新语》（ *Nouveaux Principes de politique* ）、

2007 年版的《三十六计》（*Les 36 Stratagèmes: Manuel secret de l'art de la guerre*）、2015 年版的《孙子兵法》（*L'Art de la guerre*）、2016 年版的《论语》（*Les Entretiens de Confucius et ses disciples*）。此外，乐唯也没有回避文学作品，尤其是他和妻子安吉莉克（Angélique LEVI，生年不详）合译的三卷本《三国演义》（*Les trois royaumes*）于 2009 年首版，他还和雷威安、马修等多人合译了《搜神记》（*À la recherche des esprits*）。总之，乐唯对中国古代典籍的翻译以诸子百家著作为主，尤重道家经典，但也有涉及小说等文学作品，是一位特色鲜明又较为全面的主力译者。

（10）马修（Rémi MATHIEU，1948— ）

同乐唯的经历相似，马修曾领导国家科研中心下属的东亚文明研究中心（CRCAO），并在巴黎七大任教。马修与中国许多高校均有联系，曾多次来华讲学，荣获第十一届"中华图书特殊贡献奖"。

马修对中国古代神话、诗歌、历史、哲学等领域都有涉猎，其主要译作有：1978 年版的《穆天子传》（*Le Mu tianzi zhuan*）、2000 年版的《搜神记》（*Démons et Merveilles dans la littérature chinoise des Six Dynasties: Le fantastique et l'anecdotique dans le Soushen ji de Gan Bao*）、2003 年版的与乐唯等人合译的《淮南子》、2004 年版的《楚辞》（*Élégies de Chu. Chu ci. Attribuées à Qu'Yuan et autres poètes chinois de l'Antiquité (IVe siècle av. J.-C.–IIe siècle apr. J.-C.)*）、2008 年出版的《道德经》（*Le Daodejing: « Classique de la voie et de son efficience »*）、2012 年版的《列子》（*Lie Tseu: L'authentique classique de la parfaite vacuité*）、2013 年版的《荀子》（*Traité sur le Ciel et autres textes*）、2019 年版的《诗经》（*Le Classique des Poèmes/Shijing: Poésie chinoise de l'Antiquité*）等。马修与乐唯同年出生，经历相似，二者在道家等领域都抱有浓厚兴趣；但马修译典的兴趣较的乐唯还要广泛一些，乐唯更侧重对中国古代思想的译介，而马修则在思想性典籍和文学性典籍之间找到了完美的平衡。

（11）卡雷（Patrick CARRÉ，1952— ）

卡雷是法国著名的汉学家、藏学家，在法亚尔出版社指导编辑"佛教宝库书系"（« Trésors du Bouddhisme »）；其译著也以佛经为主，包括1995 年版的《六祖坛经》（*Le Soûtra de l'Estrade du Sixième Patriarche Houei-neng par Fa-hai*）、2000 年版的《维摩诘经》（*Soûtra de la Liberté inconcevable*）、2001 年版的《金刚经》（*Soûtra du Diamant et autres soûtras de la Voie médiane*）、2004 年版的《十地经》（*Soûtra des Dix Terres: Dashabhûmika*）、2006 年版的《楞伽经》（*Soûtra de l'Entrée à Lankâ*）、2019 年版的《华严经》（*Soutra de l'Entrée dans la dimension absolue*）等；除《六祖坛经》和《华严经》外均为"佛教宝库书系"所收录。此外，卡雷也翻译了一些佛家诗歌，如 1987 年版的《空山诗选》（*La montagne vide: Anthologie de la poésie chinoise (IIIᵉ-XIᵉ siècle)*）和 1991 年首版的"诗佛"王维的《蓝田集》（*Les saisons bleues*）。总之，卡雷不仅组织佛教典籍的翻译工作，也亲自翻译了一批佛经，还将译笔延伸至佛家诗歌领域，是法国汉学界难得的佛教翻译家。

（12）李蓓珂（Rébecca PEYRELON (-WANG)，1968—   ）

李蓓珂早年在巴黎国立东方语言学院学习中文，后赴北京中央戏剧学院进修，2006—2011 年任教于外交学院外语系，2011—2016 年在巴黎友丰书店担任编辑、出版助理和专职文学翻译，2016 年还参加了中国文化部、中国社会科学院主办的"青年汉学家研修计划"。

李蓓珂翻译了多本畅销华语世界的"蔡志忠漫画"，由友丰书店出版，主要包括：2008 年版的《西游记》（*La légende du Roi Singe*），2009 年版的《老子说》（*Laozi et son enseignement*）、《史记》（*Les mémoires historiques: La Grande Muraille de l'histoire*），2010 年版的《世说新语》（*Conversations pures des six dynasties*）、《韩非子说》（*Han Feizi et son enseignement: La force du légisme*）、《封神榜》（*L'investiture des dieux*）、《大学　中庸》（*La grande étude – L'Invariable milieu de confucius*）、《聊斋志异》（*Les contes de l'étrange: Légendes de fantômes et de renards*）、《孟子说》（*Mencius et son enseignement: Un remède au chaos*）、《菜根谭》（*Propos sur la racine des légumes*），2011 年版的《论语》（*Les Entretiens de Confucius*）、《庄子说 1》

（*Zhuangzi et son enseignement: Tome 1*），2013 年版的《六祖坛经》（*Le sutra de l'estrade*）、《心经》（*Le sutra du cœur*）、《法句经》（*Le sutra du dharma*），2014 年版的《庄子说 2》（*Zhuangzi et son enseignement: Tome 2*）等。"蔡志忠漫画"全部取材于中国古代哲学、历史、文学经典，保留了原著的思想精髓乃至一些原文，以形象生动的中国漫画形式向海内外传播中国传统文化。此外，李蓓珂也翻译了"包公断案"系列故事（« Les Plaidoiries du juge Bao »），还有《道家故事》（*Le Taoïsme*）及一些国画、中餐、瑜伽等方面的教程。可见，李蓓珂虽不算汉学家型译者，但通过对一些古代典籍改编作品的翻译，以通俗易懂的方式促进了中国典籍和文化在法语世界的普及，在古代中文典籍的法译领域发挥了独特的作用。

三、对出版的考察

出版方是译者的合作者，负责引导、协助甚至指挥译者对典籍的翻译，也是产出译本的最终执行者；书系由一家或多家出版方策划，汇聚一定数量的典籍及其译本，是带有出版方标记的译本集合。对于出版方和书系的观察和分析，是研究汉籍法译活动的归宿。在对"典籍索引"中所涉出版方和书系进行观察和分析之前，我们想了解：哪些出版方、书系包含典籍的种类较多？哪些出版方、书系出版的译本较多？哪些出版社合作的译者较多？据此，我们综合归纳出了关键度较高的出版方和译者。在此基础上，我们进一步研究关键出版方、关键书系和主要趣向类型典籍之间的关联，统计出关键书系出版译本的起止年代。通过总结关键出版方、关键译者出版译本的历史变化趋势，最终掌握汉籍法译全局视角下译本出版的历史变化趋势。最后，我们会对关键度最高的 7 家出版方和 10 个书系进行简要介绍。

1. 出版方关键度指数

正如被译典籍的关键度指数的计算那样，衡量译者的关键度，也需要考虑出版方出版的"典籍数""译本数",以及与其有关联的"译者数"这三项指标。对于出版方而言,典籍和译者属于"前端因素",即出版过程之前就存在并明确的因素,是出版活动的"输入";而译本属于"后端因素",即出版过程完成之后才显现的因素,是出版活动的"输出"。因此,权衡二者的重要性,"前端因素"的权重整体应略高于"后端因素";故在出版方关键度指标的计算中,"典籍数"和"译者数"合计应占 60%,"译本数"应占 40%。而对于出版方来说,典籍和译者在翻译活动前期都是需要选择的对象,二者的权重应相等;故"典籍数"和"译者数"各自应占出版方关键度指标的 30%。以伽利玛出版社为例,该社出版的典籍有 38 种,合作的译者有 41 位,出版译本有 76 个,其出版方关键度指数为 $38 \times 30\% + 41 \times 30\% + 76 \times 40\% = 54.1$。经过对"典籍索引"的统计和计算,我们找到了 7 家关键度指数较高的出版方,按关键度指数从高到低的顺序进行排列,如表 7 所示。

表 7　高关键度指数出版方一览

出版方名称	典籍数/种	译者数/个	译本数/个	关键度指数
伽利玛	38	41	76	54.1
友丰	43	35	65	49.4
毕基耶	37	20	46	35.5
美文	29	19	36	28.8
勒茹	15	12	24	17.7
米歇尔	11	13	18	14.4
瑟伊-观点	11	11	17	11.7

根据表 7,我们又绘制了高关键度指数出版方各项指标对比图。从图 12 能更直观地观察出,所有代表"译本数"都高于(甚至远高于)"典籍数",说明 7 家出版方出版都对各自相关译者的译作有不同程度的再版。除了米歇尔出版社以外,其余"典籍数"均高于或等于"译者数",说明

大部分关键出版社倾向于出版独译而不倾向合译，更偏爱译出过一种以上典籍的译者。此外，"译本数"的下降趋势与"关键度指数"曲线基本一致，说明出版方出版译本的数量与其关键度成正比，尽管"译本数"只占"出版方关键度指数"40%的权重；这也从侧面说明了出版方的选择和意志是译本产出的决定性因素。

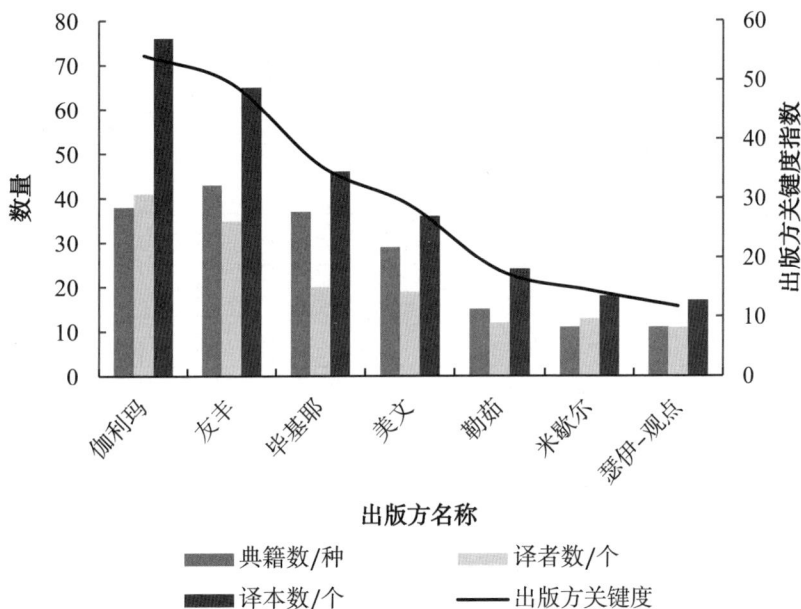

图 12　高关键度指数出版方各项指标对比

2. 书系关键度指数

衡量书系关键度的方式应与衡量出版方关键度的方式有所区别。由于书系是出版方单独或共同策划的产物，不是独立的出版主体，不具备和出版方一样对译者的选择、引导、协助、指挥能力，所以它与译者没有直接的关联，"译者数"不应出现在"书系关键度指数"的计算中。"典籍数"和"译本数"这两个指标都反映出书系本身的包容性和多样性；译本的多寡直接由出版方的出版意愿驱动，而典籍的盈虚的则也受到译者意志的制约；故在书系关键度指标的计算中"典籍数"的权重应略低于"译本数"，前者占 40%，后者占 60%。拿伽利玛出版社的"认识东方"书系（Connaissance de l'Orient）来说，它包含典籍 26 种，译本 35 个，其书系关键度指数为 26×40%+35×60%=31.4。经过对《书目》的统计和计算，我们找到了 10 个关键度指数较高的书系，按关键度指数从高到低的顺序进行排列，如表 8 所示。

表 8　高关键度指数书系一览

书系名称	所属出版方	典籍数/种	译本数/个	关键度指数
认识东方	伽利玛	26	35	31.4
口袋毕基耶	毕基耶	23	23	23.0
中国书库	美文	22	22	22.0
中华传统文化	友丰	14	18	16.4
大中华文库	（多家中国出版社）	16	16	16.0
哲漫	卡塔尔姆-鸢尾漫画	9	12	10.8
智慧观点	瑟伊	9	11	10.2
七星文库	伽利玛	7	11	9.4
托奇	时间	2	14	9.2
卡达西亚	美文	7	10	8.8

根据表 8，我们绘制了高关键度指数书系各项指标对比图。就图 13 来看，10 个书系中有 7 个出自关键出版方，另有 3 个书系不是出自关键出版方。其中，"大中华文库"（« Bibliothèque des classiques chinois »）是在重大出版工程框架下，由多家中国出版社共同推出的中华文化典籍外译书系；"哲漫"（« Philo-bédé »）和"托奇"（« Toki »）则属于漫画书系，前者侧重生活哲理，后者侧重故事情节；相对法国出版的大量学术—文化类译著，这 3 个书系处于较边缘的地位。排在第二、三位的"口袋毕

基耶"（« Picquier poche »）和"中国书库"（« Bibliothèque chinoise »），以及排在第五位的"大中华文库"的典籍数和译本数完全一致，可见这 3 个书系中的译本均未再版；"托奇"的出版译本数远多于出版典籍数，原因在于它的每种漫画都要分若干册单独刊行，按《书目》的原则分别算作不同译本，事实上译本均未再版；而其他 6 个书系的出版译本数略多于出版典籍数，说明其一部分译本有少量再版。

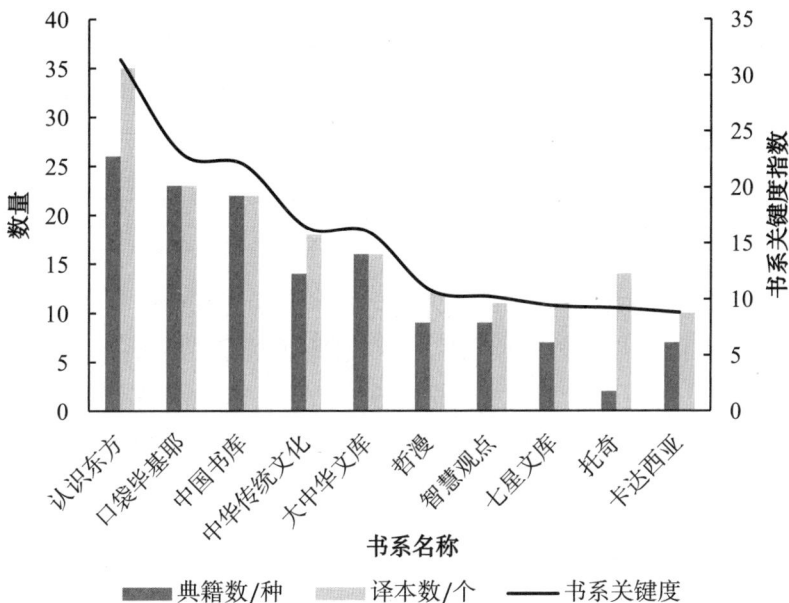

图 13　书系关键度指标对比

3. 关键出版方、关键书系与主要趣向类型典籍间的关联

正如在第二部分我们考察关键译者与主要趣向类型典籍之间的关联一样，我们也要考察关键出版方、关键书系与主要趣向类型典籍之间的关联，以了解关键出版方的出版倾向和关键书系的包容度。每家关键出版方出版主要趣向类型典籍的数量，按"决策谋略""修身养性""故事消遣""诗歌审美"4 个类型归纳如表 9 所示。

表 9　关键出版方出版的典籍在各主要趣向类型中的分布数量统计

（单位：种）

关键出版方名称	主要趣向类型			
	决策谋略	修身养性	故事消遣	诗歌审美
伽利玛	0	20	23	10
友丰	4	13	14	3
毕基耶	0	0	39	2
美文	1	7	0	5
勒茹	0	1	7	3
米歇尔	3	6	0	5
瑟伊–观点	1	7	1	2

　　我们根据表 9 的数据绘制成了图 14（见插页第 2 页），以更直观地反映每家关键出版方出版的典籍数在各主要趣向类型中的分布。图中横轴上的数字 1—7 依次代表 7 家关键出版方，按关键度指数高低从左到右排序；纵轴上的数字 1—4 从下到上依次分别代表"决策谋略""修身养性""故事消遣""诗歌审美" 4 个类型的典籍；各横向、纵向线交汇处的气泡大小代表各译者所译每个趣向典籍的数量，对应 4 个类型的气泡分别被标以蓝、绿、黄、红 4 种色调，越大的气泡颜色越浅。从图中能直观地观察到：友丰书店和瑟伊–观点出版社均有 4 中颜色的气泡分布，其他出版方均有 2 到 3 种气泡分布；伽利玛出版社对应的气泡总面积最大，而勒茹书店对应的气泡总面积最小；红色气泡的分布较平均，黄色气泡的大小差异非常大，蓝色气泡分布的密度较低，面积也较小。可见，有 2 家出版方均出版了 4 种趣向类型的典籍，其他各家出版方仅涉及 2 到 3 种趣向类型的典籍；伽利玛出版社出版的主要趣向类型典籍数量最多，勒茹书店出版的主要趣向类型典籍数最少。就不同趣向类型而言，"诗歌审美"类的典籍各出版方均有涉及，且分布较为均衡；毕基耶出版社和伽利玛出版社非常专注于"故事消遣"类典籍的出版；"决策谋略"类典

籍未受到关键出版社的足够关注。

同样，每家关键书系包含主要趣向类型典籍的数量，按"决策谋略""修身养性""故事消遣""诗歌审美"4 个类型归纳如表 10 所示。

表 10　关键书系包含的典籍在各主要趣向类型中的分布数量统计

（单位：种）

关键书系名称	主要趣向类型			
	决策谋略	修身养性	故事消遣	诗歌审美
认识东方	0	5	15	7
口袋毕基耶	0	0	17	0
中国书库	0	2	0	3
中华传统文化	0	8	6	0
大中华文库	2	4	6	1
哲漫	1	8	1	0
智慧观点	1	5	0	0
七星文库	0	2	9	0
托奇	10	0	4	0
卡达西亚	0	4	0	0

我们又根据表 10 的数据绘制了图 15（见插页第 2 页），以更直观地反映每个书系包含的典籍数在各主要趣向类型中的分布。图中横轴上的数字 1—10 依次代表 10 个关键书系，按关键度指数高低从左到右排序；纵轴上的数字 1—4 从下到上依次分别代表"决策谋略""修身养性""故事消遣""诗歌审美"4 个类型的典籍；各横向、纵向线交汇处的气泡大小代表各译者所译每个趣向典籍的数量，对应 4 个类型的气泡分别被标以蓝、绿、黄、红 4 种色调，气泡越大颜色越浅。从图中能直观地观察到：大部分书系均有 2—3 种颜色的气泡分布，只有 5 号"大中华文库"书系有全部 4 种颜色的气泡分布，而 2 号"口袋毕基耶"书系只有黄色气泡出

现，10 号"卡达西亚"书系（《Cathasia》）只有绿色气泡出现；1 号"认识东方"书系对应的气泡总面积最大，3 号"中国书库"对应的气泡总面积最小，2 号"口袋毕基耶"书系的黄色气泡单体面积最大；黄色和绿色气泡分布的密度较高，蓝色与红色气泡分布的密度较低。可见，不同书系的对不同趣向类型典籍的包容度差异很大，"口袋毕基耶"专注于"故事消遣"型典籍，"卡达西亚"仅涉"修身养性"型典籍，"大中华文库"则包含各种主要趣向类型的典籍，"认识东方"涵盖的主要趣向类型典籍数量最多，"中国书库" 涵盖的主要趣向类型典籍数量最少。就不同趣向类型而言，"故事消遣"和"修身养性"类典籍受各关键书系关注较多，而"诗歌审美"和"决策谋略"类典籍受各关键书系关注较少。

4. 译本出版的历史变化趋势

在找到关键出版方和关键书系，并分析了其与主要趣向类型典籍的关联之后，需要对译本的出版进行一番历时性考察，以了解译本出版的历史变化趋势，这对今后中国古代典籍的翻译和出版工作具有指导意义。我们先按出版方和书系分别统计译本的年代分布及趋势，再统计《书目》中全部译本的年代分布及趋势。

（1）关键出版方出版译本的历史变化趋势

我们在第一部分考察了汉籍法译趣向的历史变化趋势，对于历史年代的计算从 1750 年起至 2019 年止，根据"前宽后紧"的原则划出 14 个年代单位。而在 7 个关键出版方中，勒茹、米歇尔、瑟伊—观点 3 家出版方出版的译本总数均低于 25 个，若分布在 14 个年代单位里，则每个单位均值小于 2。出版了 36 个译本的美文出版社，除 1 个译本在 1997 年出版外，其余译本全部于 2009—2018 年出版。因此，为了避免出现过于稀疏的"尾部数据"和过于密集的"头部数据"，我们将上述 4 家译本数量过少或分布极不均衡的出版方排除出译本年代分布的统计中，只选择关键度排名前 3 位的出版方进行译本分布年代的统计。即便如此，数据的分布依然很不理想。关键度排名第一的伽利玛出版社最早的汉籍法译本于 1961 年出版，最晚的一个译本于 2019 年出版，延续了 58 年，且年代均分布均衡；但关键度排名第二和第三位的友丰书店和毕基耶出版社最早的译本均出现在 20 世纪 80 年代后期，友丰书店出版的译本主要集中在 2005—2014 年。我们分别以 1960 年和 2019 年作为初始和终止年份，以 5 年为单位，将这 60 年平均分为 12 个历史年代，分别统计上述 3 家出版社出版的译本在其中的分布，并利用统计数据绘制成了图 16。

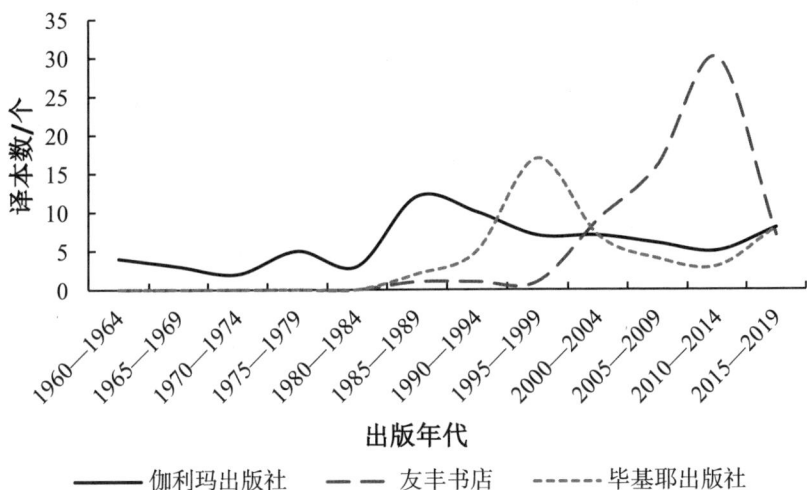

图 16　3 家关键出版方出版译本数历史变化趋势

从图 16 中可以直观地发现，代表伽利玛出版社的曲线一直处于零轴之上，但起伏相对平缓，相对高峰出现在 1995—1999 年段；代表友丰书店的曲线和代表毕基耶出版社的曲线在 1985—1989 年段才脱离零轴，代表毕基耶出版社的曲线在 1995—1999 年段达到顶峰，而代表友丰书店的曲线则在 2010—2014 年段才达到顶峰，但起伏远较前者陡峭。综上，友丰书店和毕基耶出版社对汉籍法译本的出版工作均晚于伽利玛出版社，其出版的译本于短期内爆发式增长，此后回落明显，持续性不够；伽利玛出版社是唯一长期平稳有序地出版汉籍法译本的出版社。

（2）关键书系出版译本的历史变化趋势

书系的历史特征与出版方稍有不同。在 7 个关键出版方中，除了勒茹书店的出版业务于 1939 年正式并入法国大学出版社（Presses universitaires de France）之外，其余 6 家出版社／书店至今仍在经营。但书系是出版方策划的产物，具有较强的时代性；在 10 个关键书系中，没有一个包含最新（2019 年出版的）汉籍法译本。于是，在考察关键书系出版译本的历史变化趋势之前，我们先统计出关键书系出版译本的起止年限，如图 17 所示：

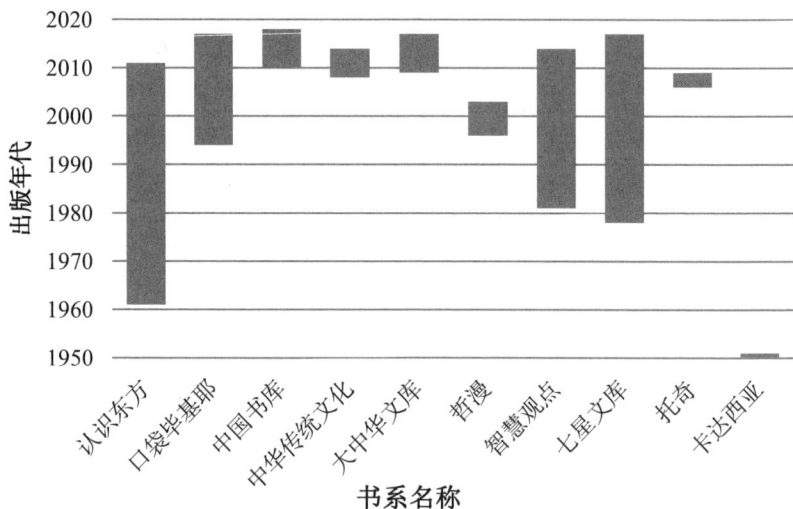

图 17　法译汉籍书系译本起止年限分布

通过对比图 17 中 10 个关键书系译本的出版年代所对应的色柱可发现："认识东方"书系的译本出版时间跨度最久，覆盖了约 60 年；此外出版时间跨度较久的还有"智慧观点"（« Points Sagesses »）书系和"七星文库"（« Bibliothèque de la Pléiade »）书系，均覆盖 40 年以上；"口袋毕基耶"书系的覆盖时间长度中等，覆盖 20 年以上；其余书系覆盖时间都很短，均在 10 年以下，最短的"卡达西亚"书系在图上难寻其色柱。

可见，12 个关键书系中有 8 个都是延续年代较短的"短暂书系"，只有 4 个属于延续年代较长的"长久书系"。

对于关键书系出版译本的历史变化趋势的考察，一要考虑书系延续年代，二要考虑译本总数；尽管"智慧观点"书系和"七星文库"书系延续年代较长，但其译本总数分别仅为 11 个和 10 个，分布在 40 年中密度十分稀疏。因此，权衡利弊后，我们决定主要考虑译本总数排名前五位的书系；其中"中国书库""中国传统文化"书系和"大中华文库"属于"短暂书系"，译本分布集中于少数年段，故难以凭失衡的译本分布数量来绘制曲线图。我们依旧选择气泡图（图 18，见插页第 3 页）来反映关键书系出版译本的历史变化趋势，其优点在于能更加直观地观察、对比每个年段译本数。

图 18 中横轴上的 6 个数字依次代表从 1990 年到 2019 年的 6 个年段，纵轴上的 5 个数字依次代表 5 个关键书系，按关键度指数高低从下到上排列；各横向、纵向线交汇处的气泡大小代表各年段中每个书系出版译本的数量，对应 5 个书系的气泡分别被标以红、绿、蓝、黄、青 5 种色调，气泡越大颜色越浅。从图中能直观地观察到：红色和绿色气泡的分布范围较广，红色气泡呈逐步缩小趋势，绿色气泡在 2 号和 6 号两个年段稍大；蓝色、绿色和青色气泡仅集中于右上角的 4—6 号年代，但面积很大。可见，"认识东方"和"口袋毕基耶"这两个"长久书系"包含的汉籍法译本数量的年代差异相对较小；但前者逐年式微，后者在经历了衰退之后又有所复苏。"中国书库""中国传统文化"书系和"大中华文库"这三个"短暂书系"中的译本均集中于近 15 年间，呈爆发式涌现；但"中国传统文化"书系近 5 年内已无新译本出版，其他两个书系的延续性有待观察。

（3）全局视角下译本出版的历史变化趋势

最后，我们需要站在全局视角考察汉籍法译的年代分布和变化趋势。正如上文提到的那样，目前有据可查的首个汉籍法译本出版于 1735 年，《书目》收录译本出版的截止时间为 2019 年 11 月。在这 285 年的时间跨度内，全部译本的年代分布极不均衡：整个 19 世纪共有 64 个汉籍法译本出版，年均出版译本 0.64 个；20 世纪前 70 年（1900—1969）共有 91 个译本出版，年均译本 1.30 个；而近 50 年来（1970—2019）共有 639 个译本出版，年均译本 12.78 个。因此，出于可比性的考虑，也为了曲线图的视觉效果，我们将 1969 年以前的译本数量分布和 1970 年以后的译本数量分布分开来考察。由于 1969 年之前译本的年均数量较少，我们以 10 年为年代单位统计译本数量；而 1970 年后译本的年均数量较多，我们逐年统计译本数量。图 19 的曲线反映了 1969 年之前法译汉籍译本数量的出版年代分布及变化趋势：

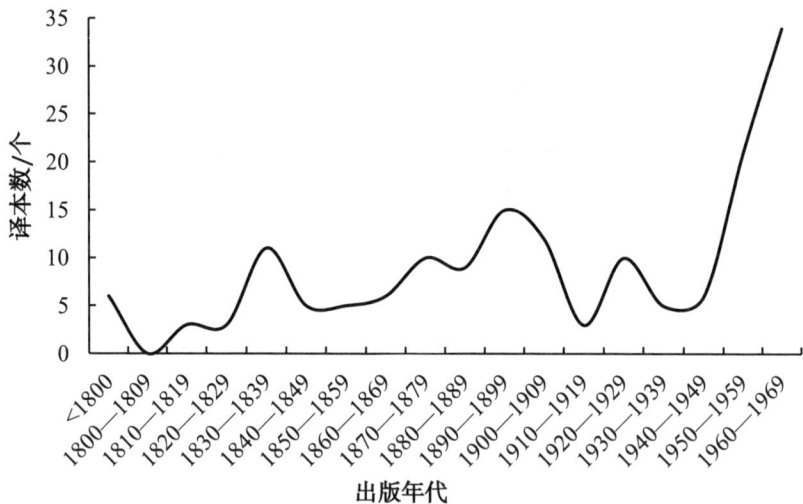

图 19　1969 年以前法译汉籍译本数按出版年代变化趋势

　　图 19 中 1949 年前的曲线变化幅度不大，一个小高峰出现在 19 世纪最后 10 年；1910—1919 年、1930—1949 年出现两个小低谷；1950 年以后曲线大幅攀升。这种变化趋势或许有其历史原因。19 世纪最后 10 年恰好是法国历史上"美好时代"（La Belle Époque, 1871—1914）的巅峰，文化艺术的繁荣前所未有，学界与大众对包括中国在内的异国典籍的向往也是情理之中。1910—1919 年经历了"一战"（1914—1918），1930—1949

年相继经历了"大萧条"（1929—1933）和"二战"（1939—1945），一系列的战争和危机必定对翻译、学术及出版事业造成影响，法译汉籍也不例外。而20世纪50和60年代译本数量的激增，想必也与战后西欧经济、文化的复兴、社会思潮的多元化有关以及对新中国的美好幻想有关。总之，1969年之前译本出版的历史趋势受时代背景影响，经济、文化、思想繁荣的年代出版译本数量较多，战乱、危机出现的年代出版译本数量较少。

图20的曲线反映了1970年以后法译汉籍译本数量的出版年份分布及变化趋势。

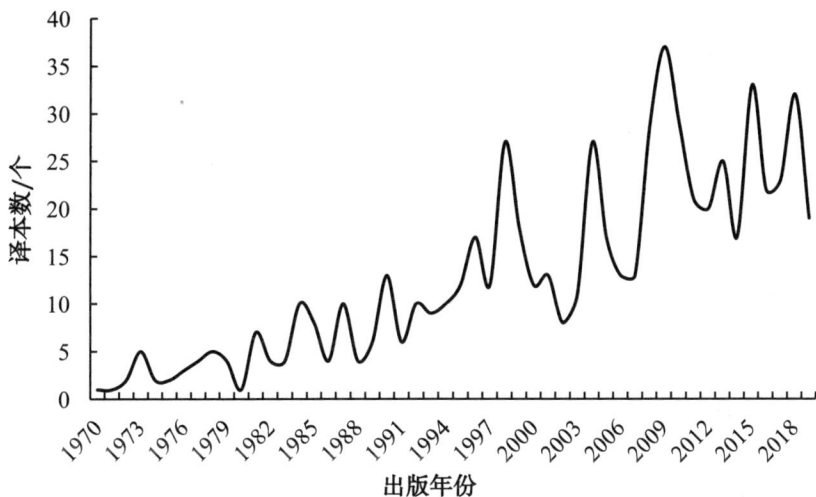

图20　1970年以来法译汉籍译本数按出版年份变化趋势

图20中的曲线每隔若干年（约1～4年不等）会升至阶段性高峰或跌至阶段性低谷，年际波动从小到大，但整体呈逐步攀升趋势。1970年以来，一方面法语国家和地区整体没有出现大的战争和危机，经济、文化、思想向着繁荣多元的势头发展，对外部世界和外来文明的渴望与日俱增；另一方面中国也处于经济、文化、思想的大繁荣、大变革时代，

中国古代典籍及其所蕴含的哲学、历史、文学、文化价值在国内也不断被重新发掘。在输出方和输入方俱荣的背景下，法国汉学界及译者队伍与一、两百年前相比也有了长足发展，加上出版技术的革新，译本数量的长期增长便具备了坚实的基础。当然，也需要看到，法国等法语国家和地区读者对法译汉籍的阅读兴趣与日俱增，促使大部分出版方以市场为主要导向开展出版业务，但图书市场的需求和其他商品市场一样会发生周期性波动，在短短数年内经历高峰和低谷，正如民间所谓"大小年"。图书出版的市场化趋势近年来越发明显，恐怕也是 35 年以来译本数量年际波动幅度较大的主要原因。

综上所述，法译汉籍译本的数量在"二战"前窄幅波动，受时代背景影响出现阶段性峰谷，战后的 50、60 年代一度出现快速增长；70 年代至今呈脉冲式稳步增长趋势，但近年来年际波幅较大。下面我们将逐一简介 7 家关键出版方和 10 个关键书系，尤其是它们对中国古代典籍的出版情况。

5. 各关键出版方及关键书系简介

（1）伽利玛出版社（Gallimard）

伽利玛出版社的前身"新法兰西杂志出版社"（Éditions de la Nouvelle Revue française）于 1911 年由加斯东·伽利玛（Gaston GALLIMARD，1881—1975）创立，1919 年后改称"伽利玛书店"（Librairie Gallimard），1961 年后改称"伽利玛出版社"（Éditions Gallimard）。主要出版文学艺术、人文学等方面的图书和期刊，书目品种达 2 万余种，囊括 20 世纪伟大作家们的作品；现已成为法国第三代出版集团，在全球亦享有非常高的声望。

伽利玛出版社的"认识东方"书系（« Connaissance de l'Orient »）在1961—2011 年出版了大量儒道经典、诗歌选集和古典小说共计 30 多个译本，是该出版社译介中国古代典籍的主要窗口。其中儒道经典主要有：1961 年首版的《列子》（*Le vrai classique du vide parfait*，1996 年再版）、

1985 年版的《庄子》(*Tchouang-tseu, Œuvre complète*)、1989 年版的《论语》(*Les Entretiens*)、1990 年版的《道德经》(*Tao tö king*)、1999 年版的《抱朴子》(*La Voie des divins immortels: Les chapitres discutifs du Baopuzi neipian*);诗歌文集主要有:1977 年版的《李清照诗全集》(*Li Qingzhao, Œuvres poétiques complètes*)、1983 年版的《唐诗:权力的假期》(*Vacances du pouvoir: Poèmes des Tang*)、1985 年版的《李白诗集》(*Florilège de Li Bai*)、1988 年版的《唐代佛诗》(*Poètes bouddhistes des Tang*)、1990 年版的《陶渊明全集》(*Tao Yuan-ming, Œuvres complètes*)、1995 年版的《陶庵梦忆》(*Souvenirs rêvés de Tao'an*)、1998 年版的《南山集》(*Recueil de la montagne du Sud*)、2004 年版的《楚辞》(*Élégies de Chu. Chu ci*)、2007 年版的《李贺诗集》(*Li He, Poèmes*);古典小说主要有:1964 年首版的《老残游记》(*L'Odyssée de Lao ts'an*,1990 年再版)、1970 年版的《聊斋志异》(*Contes extraordinaires du Pavillon du loisir*,1987 年再版)、1972 年首版的《西山一窟鬼》(*L'Antre aux fantômes des collines de l'Ouest*,1987 年再版)、1976 年首版的《儒林外史》(*Chronique indiscrète des Mandarins*,1986 年、1993 年再版)、1988 年首版的《狐之恋》(*L'Amour de la renarde*,2006 年再版)、1992 年版的《搜神记》(*À la recherche des esprits*)、1993 年版的《东游记》(*Pérégrination vers l'est*)。"七星诗社"书系(« Biliothèque de la Pléiade »)1931 年创立,出版了大量经典和当代著名作家的代表作,如加缪(Albert CAMUS)、兰波(Arthur RIMBAUD)、蒙田(Michel de MONTAIGNE)、莫里亚克(François MAURIAC)、格拉克(Julien GRACQ)、西蒙(Claude SIMON)、杜拉斯(Marguerite DURAS)、纪德(André GIDE)等,以装帧精美著称。1978 年以来,该书系将目光投向中国古代典籍,出版了多个有分量的古典名著译本,主要有:1978 年首版的两卷本《水浒传》(*Au bord de l'eau (Shui-hu-zhuan)*,2017 年再版)、1981 年首版的《红楼梦》(*Le rêve dans le pavillon rouge*,2003 年再版)、1985 年版的《金瓶梅》(*Jin Ping Mei / Fleur en Fiole d'Or*)、1991 年版的两卷本《西游记》(*La Pérégrination vers l'Ouest*)等。

"佛理奥"书系（包括《 Folio 》《 Folio 2 》《 Folio Bilingue 》《 Folio Essais 》《 Folio Junior 》《 Folio Sagesses 》等）是伽利玛主要的口袋书系，其中也出现不少古代中文典籍的法译本，其中大部分是"认识东方"书系或"七星诗社"书系中精装、正装典籍译本对应的口袋书版本；只在此书系中出版的译本主要有：1982 年版的《三打白骨精》（*Le roi des singes et la sorcière au squelette* ）、2015 年版的《孟子·告子》（*Aller au bout de son cœur/Philosophe Gao zi* ）、2019 版的《诗经》（*Le Classique des Poèmes/Shijing* ）等。

在以上几个主力书系之外，伽利玛出版社还在其他书系中还零散地出版了一些古代中文典籍的法译本，基本都与上述典籍重合。值得一提的是，伽利玛出版社 1962 年出版了《中国古代诗歌选》（*Anthologie de la poésie chinoise classique* ），收录了多位译者翻译的古体诗、唐诗、宋词、元曲等，至今仍有再版。

总之，作为法国一流的出版社，伽利玛出版社利用定位不同的多个书系，长期、大量、全面地出版古代中文典籍的法译本，在促进中国古代典籍和文化在法国的译介与传播方面具有不可替代的作用。

（2）友丰书店（You Feng）

友丰书店位于巴黎王子街 45 号，由原籍广东潮州后旅居柬埔寨的华人潘立辉先生于 1989 年正式注册成立，是欧洲第一家以出版和发行中国题材图书为主的华人出版机构，对外也称"友丰出版社"。友丰书店用法文出版了大量专业辞典、大学教材、学术著作、生活图书等。2003 年，吉美博物馆（Musée Guimet）与友丰书店合作，推出《孔子生平：一位伟大智者的传奇人生》（*Confucius: La vie bien étrange d'un grand sage* ）；2012 年，法国教育部国家教材中心（Centre National de Documentation Pedagogique）与友丰书店合作出版汉语教材《字义王国》《*L'Empire du sens, à la decouverte de l'écriture chinoise* ）；法国汉语教育总督学白乐桑（Joël BELLASSEN，1950— ）四次与友丰书店合作出版法国汉语教材；友丰书店还于 2004—2005 年首次出版金庸先生代表作《射雕英雄传》法译本，第一册出版后，时任法国总统的希拉克（Jacques CHIRAC, 1932—2019）来函嘉奖。

　　就古代中文典籍的法译本出版来说，友丰书店最为突出的贡献是出版了《史记》的全译本（含沙畹的五卷本译作及班文干、康德谟等人的补译），以及"蔡志忠漫画"系列法译本的出版，前文"各关键译者的生平及翻译汉籍简史"中已有介绍，兹不赘。除先前介绍过的《史记》和漫画类译著外，友丰书店出版的古代典籍主要可分为儒家、道家、佛经、诗歌、小说、论著等类别。儒家典籍主要有：1994 年版的插图本《画说易经》（*Le Yi jing en dessins*）、1999 年版的《书经》（*Chou King*）、2012 年版的全译本《易经》（*Zhou yi, le Yi Jing intégral*）、2013 年版的《千字文》（*Les mille caractères et leurs anecdotes*）和《孟子》（*Mencius*）、2015 年版的《春秋左传》（*La Chronique de la principauté de Lou*）等。道家典籍主要有：2004 年版的《老子》（*Livre de la voie et de la vertu*）、2009 年首版的《老子》（*Dao De Jing de Lao Zi: Énergie originelle*，2013 年再版）、2010 年版的《列子》（*Le vrai classique de la vertu parfaite du vide harmonieux*）、2012 年版的《黄帝八十一难经》（*Nan Jing, classique des difficultés*）、2013 年版的《黄帝内经》（*Traité de Médecine naturelle chinoise et d'Acupuncture ou Classique de l'Empereur Jaune Huang-Di Nei-Jing*）。佛经主要有：2000 年版的《六祖坛经》（*Sûtra de la Plate-forme*）、2011 年版的《大本经》（*Grand soutra sur l'essence des choses*）、2013 年版的《金刚经》（*Le Sûtra du diamant*）和《游行经》（*Soutra de l'ultime voyage ou le dernier discours du Bouddha*）、2016 年版的《华严经》之《普贤行愿品》（*Les vœux et les pratiques du bodhisattva Samantabhadra d'entrer dans l'état de la délivrance inconcevable*）、2017 年版的《药师经》（*Sutra sur les mérites des vœux originels des sept bouddhas dont le maître de médecine lumière de l'aigue-marine*）。古代诗歌主要有：1987 年版的《唐宋诗词选一百首》（*Cent poèmes lyriques des Tang et des Song*）、2003 年版的《李白诗和书法》（*Poèmes de Li Bai destinés aux calligraphes*）、2008 年版的《苏

轼文选》(*Florilège comme dix mille sources jaillissantes*)。古典小说主要有：2000 年版的《搜神记》(*Démons et merveilles dans la littérature chinoise des six Dynasties*)、2001 年版的《东游记》(*Les huit immortels traversent la mer*)、2002 年版的《封神演义》(*L'investiture des dieux*)、2006—2015 年版的五卷本《三国演义》(*L'Épopée des Trois Royaumes*)。论著类典籍主要有：2000 年首版的《芥子园画传》(*Kiai-Tseu-Yuan Houa Tchouan, Les Enseignements de la Peinture du Jardin grand comme un Grain de Moutarde*, 2004 年再版)、2008 年版的《戊申封事》(*Mémoire sur la situation de l'empire*)、2010 年版的《思问录内篇》(*Éléments pour une lecture du Siwenlu Neipian de Wang Fuzhi (1619—1692)*)和《菜根谭》(*Propos sur la racine des légumes*)、2016 年和 2017 年版的两卷本《群书治要》(*Les principes de gouvernance de la Chine ancienne*)。

总之，作为历史不算悠久的私营出版机构，友丰书店出版的古代中文典籍法译本主要集中于近 20 年，但类型丰富，译者众多，兼具学术性、实用性和趣味性，在法国高校、汉学界和华人社区都具有相当的影响力，是法国出版界一道独特的风景。

（3）毕基耶出版社（Philippe Picquier）

毕基耶出版社创立于 1986 年，以其创始人菲利普·毕基耶（Philippe PICQUIER）先生的名字命名，是一家专注于远东文化相关书籍出版的机构。毕基耶出版的古代中文典籍以小说类、笔记类文学作品居多，兼顾其他各类典籍。

在毕基耶出版社主力的口袋书系列"口袋毕基耶"中，有 1998 年版的《袁宏道集》(*Nuages et pierres*)、2000 版的《聊斋志异》(*Contes étranges du cabinet Leao*)、2002 年首版的《世说新语》(*Propos et anecdotes de la vie selon le Tao*, 2016 年再版)、2014 年版的《闲情偶寄》(*Les carnets secrets de Li Yu*)、2017 年版的《东坡志林》(*Sur moi-même*)等译作；还包括法国当代汉学家谢和耐（Jacques GERNET，1921—2018）的著作《元朝初期的日常生活》(*La vie quotidienne en Chine: À la veille de l'invasion mongole (1250—1276)*），其中包含对《东京梦华录》《武林旧事》《癸辛杂识》《棠阴比事》等笔记体作品中各章节的选译。

值得一提的是，毕基耶出版社专门开辟了一个"情趣阁楼"（« Le pavillon des corps curieux »）书系，出版了许多明清艳情小说，主要有 1990 年版的《昭阳趣史》（*Nuages et pluie au palais des Han*）、1998 年版的《灯草和尚》（*Le Moine mèche-de-lampe*）、1999 年版的《海陵佚史》（*Les écarts du Prince Hailing*）和《僧尼孽海》（*Moines et nonnes dans l'océan des péchés*）、2003 年版的《玉楼春》（*Le pavillon des jades*）、2005 年版的《桃花影》《*À l'ombre des pêchers en fleurs*）和《妖狐艳史》《*Galantes chroniques de renardes enjôleuses*），此外在"文学"（« Littéature »）书系和"口袋毕基耶"之下还出版了一些类似书籍，如：1990 年版的《株林野史》（*Belle de candeur*）、1997 年版的《绣榻野史》《*Histoire hétérodexe d'un lit brodé*）、1998 年版的《肉蒲团》（*De la chair à l'extase*）和《痴婆子传 / 如意君传》（*Vie d'une amoureuse*）、1999 年版的《玉闺红》（*Du rouge au gynécée*）和《凰求凤》（*À mari jaloux femme fidèle*）。

此外，毕基耶出版社于 2004 年出版了班文干编纂的《中国古典文学作品选》（*Anthologie de la littérature chinoise classique*），前文已有介绍，不再赘述。总之，毕基耶出版社在中国古代文学作品的译介方面做了大量工作，出版的明清艳情文学也体现了出版人对中国古代文学的执着与痴迷。法国读者有幸能读到香艳的中国古典小说译本，恐怕要拜毕基耶出版社所赐……从这一点上看，毕基耶作为法国人创办的远东文化出版机构，反映出法国大众对于中国古代文学，尤其是休闲文学、市井文学的真实向往，其兴起与成功多半来源于此。

（4）美文出版社（Les Belles Lettres）

美文出版社创立于 1919 年，是一家专注于文学和人文科学的出版社，起初仅出版古代作者作品，而今已涵盖古希腊文、拉丁文、中文、梵文等多文字、多学科的文本。

美文出版社对中国古代典籍的出版始于 1950 年前后，在"卡达西亚"

（《 Cathasia 》）书系中出版了几部儒家经典，如：1949 年版的《论语·四书》（ *Entretiens de Confucius et de ses disciples, Les Quatre Livres* ）、1950 年版的《尚书》（ *Les Annales de la Chine* ）和两卷本《礼记》（ *Li Ki, Mémoires sur les bienséances et les cérémonies* ）、1951 年出版的三卷本《春秋左传》（ *Tch'ouen ts'iou et tso tchouan, La chronique de la principauté de Lou* ）和《仪礼》（ *Cérémonial* ），还有四卷本的《四书》（ *Les quatre livres* ），未标注出版年。

近些年来，美文出版社开辟了新的书系"中国文库"（《 Bibliothèque chinoise »），在著名汉学家程艾兰（Anne CHENG，1955— ）、马克（Marc KALINOWSKI，1946— ）和费飏（Stéphane FEUILLAS，1963— ）的领导下专门出版古代中文典籍法译本，累计出版典籍 20 多种，主要有：2010 年版的《盐铁论》（ *Dispute sur le sel et le fer* ）、《古诗十九首》（ *Les Dix-neuf poèmes anciens* ）、《法言》（ *Maîtres mots* ），2011 年版的《论衡》（ *Balance des discours: Destin, providence et divination* ）、《管子心术篇》（ *Écrits de Maître Guan: Les Quatre Traités de l'Art de l'esprit* ），2012 年版的《文子》（ *Écrits de Maître Wen: Livre de la pénétration du mystère* ）、《新语》（ *Nouveaux discours* ）、《朱陆太极之辩》（ *Une Controverse lettrée: Correspondance philosophique sur le Taiji* ），2013 年版的《天主实义》（ *Le Sens réel de « Seigneur du Ciel »* ）、《戊申封事》（ *Mémoire sur la situation de l'empire* ）、《佛国记》（ *Mémoire sur les pays bouddhiques* ），2014 年版的《洛阳伽蓝记》（ *Mémoire sur les monastères bouddhiques de Luoyang* ）、《史通·内篇》（ *Traité de l'historien parfait: Chapitres intérieurs* ），2015 年版的《西厢记》（ *Le Pavillon de l'ouest* ）、《杜甫诗全集 一》（ *Poèmes de jeunesse: Œuvre poétique I* ）、《元杂剧三种》（ *Trois pièces du théâtre des Yuan* ），2016 年版的《公车上书》（ *Manifeste à l'empereur: Adressé par les candidats au doctorat* ）、《西京杂记》（ *Notes diverses sur la capitale de l'Ouest* ），2017 年版的《理惑论》（ *Dialogues pour dissiper la confusion* ），2018 年版的《荀子》（ *Écrits de Maître Xun* ）、《杜甫诗全集 二》（ *La Guerre civile (755—759):*

Œuvre poétique II）、《道之两树：老子 / 论语》（*Les Deux arbres de la Voie: Le Livre de Lao-Tseu / Les Entretiens de Confucius*）。可见，"中国文库"涵盖儒道经典、诸子百家、政论经济、哲学宗教、史论游记、诗歌戏剧等各题材，每年平均出版 2～3 本，延续近 10 年，堪称汉籍法译丛书之典范。

此外，美文出版社于 1997 年首次出版了夸遥（Maurice COYAUD，1934—2015）编纂的《中国古典诗歌选》（*Anthologie de la poésie chinoise classique*，2009 年再版），可与伽利玛出版的戴密微（Paul DEMIÉVILLE，1894—1979）编纂的同名选集相媲美。总之，美文出版社在 70 年前就开始出版儒家经典的法译本；2010 年以后重启了中国古代典籍法译本的出版，平稳有序，选题多样，成果丰富，堪称当代汉籍法译出版中的精品力作。

（5）勒茹书店（Ernest Leroux）

路易-恩内斯特·勒茹（Louis-Ernest LEROUX）出生于 1845 年，是巴黎的书商和出版商。1871 年创立"恩内斯特·勒茹书店"（Librairie Ernest Leroux），专注于销售来自远东的古籍，尤其是日本版画。后来，该书店逐渐开始编辑出版涉及东方文化和考古学领域的书籍，也接受哲学、宗教史、人类学、人种学等学科的书籍。

在勒茹先生在世的 30 多年中，书店出版的最重要的汉籍法译本是分别于 1895 年、1897 年、1898 年、1901 年和 1905 年出版的沙畹译《史记》（*Les Mémoires Historiques*）一至五卷；此外，还出版了 10 多种古代中文典籍的法译本，包含儒、道、佛、历史、小说等门类，主要有：1889 年版的《家礼》（*Kia-Li. Livre des rites domestiques chinois*）、1873 年首版的《三字经》（*San-Tseu-King, Le livre de phrases de trois mots, en chinois et en français*，1876 年再版）、1878 年版的《法句经》（*Le Dhammapada*）、1885 年版的《今古奇观》（*Kin-Kou Ki-Kouan, Douze nouvelles chinoises*）、1886 年版的《二度梅》（*Erh-Tou-Mei, ou Les pruniers merveilleux*）、1889 年版的《小学》（*La Siao Hio ou Morale de la jeunesse*）、1890 年版的《三礼图》（*San-Li-T'u. Tableau des trois rituels*）、1894 年版的《大唐西域求法高僧传》（*Mémoire composé à l'époque de la Grande dynastie T'ang sur les*

Religieux éminents qui allèrent chercher la Loi dans les pays d'occident)、
1899 年版的《孔子家语》(*Kong-tze Kia-yu. Les Entretiens familiers de
Confucius*)、1904 年版的《南诏野史》(*Nan-Tchao Ye-Che. Histoire
particulière du Nan-Tchao*)、1909 年版的《道德经》(*Le Tao Te King*)。

1917 年，勒茹先生去世。20 世纪 20—30 年代，勒茹书店的出版业
务逐渐由法国大学出版社接管，其间出版了《佚名中国古诗》(*Anciens
poèmes chinois d'auteurs inconnus*)和《寒夜之梦》(*Rêve d'une nuit d'hiver:
Cent quatrains des Thang*) 两本法译诗选，均为 1927 年出版；1929 年，
汉学家葛兰言（Marcel GRANET，1884—1940）的专著《古代中国的节
庆与歌谣》(*Fêtes et chansons anciennes de la Chine*) 于勒茹书店首版，其
中选译了《诗经》中的许多诗篇；1934 年，沙畹选译的三卷本《大藏经》
(*Cinq cents contes et apologues extraits du Tripitaka chinois*) 也于勒茹书
店首版。1939 年，勒茹书店的出版业务并入法国大学出版社，正式退出
了历史舞台。不可否认，勒茹书店对于 19 世纪末到二战前汉籍法译本的
出版起到了重要的推动作用。

（6）米歇尔出版社（Albin Michel）

著名出版人阿尔班·米歇尔（Albin MICHEL）先生 1873 年出生，
1902 年创立米歇尔出版社，该出版社今天已是全法国十大出版社之一。

米歇尔出版社出版的法译古代中文典籍最早可追溯到 20 世纪 60 年
代。其"活跃精神"书系 40 多年以来出版了多部儒、道、佛家经典的法
译本，主要有：1963 年版的《六祖坛经》(*Discours et sermons de Houei-neng,
sixième patriarche Zen*)、1982 年版的《易经》(*Yi King: Le Plus Ancien Traité
divinatoire*)、1984 年版的《道德经》(*Tao Te King*)、1987 年版的《空山
诗选》1997 年版的《列子》(*Traité du vide parfait: Lie Tseu (Liezi)*)、2005
年版的《庄子》(*Aphorismes et paraboles*)、2008 年版的《庄子》(*Le rêve
du papillon*)。在此书系之外，米歇尔出版社出版的其他汉籍法译本也几
乎都是三教经典和古典诗歌，主要有：1982 年版的《古代中国的节庆与
歌谣》(2006 年再版)、1994 年版的《易经》(*Le Yi King mot à mot*)、1997

年首版的《金刚经》（ *Le sutra du diamant. Vajracchedika Prajñaparamita* ，2016 年再版 ）、2000 年版的《中国诗歌》2009 年首版的《老子和黄帝四经》（ *Le Lao-tseu: Suivi des Quatre Canons de l'empereur Jaune* ，2017 年再版 ）、2010 年版的《李白诗选》《 *Li Po, l'immortel banni sur terre, buvant seul sous la lune* ）、2012 年版的《易经》（ *Yi Jing* ）。总之，作为法国主流出版社，米歇尔出版社对古代中文典籍法译本的出版起步较早，至今依旧活跃，对佛道典籍和古典诗歌的出版取得了瞩目成绩；期待该出版社出版更多类型的法译汉籍。

（7）瑟伊出版社（Seuil）

瑟伊出版社创立于 1935 年，二战以来专注于出版文学作品和学术著作，如今已跻身法国出版业前列。"观点"（ «Points» ）书系曾是瑟伊出版社主要的口袋书系，于 1970 年创立；自 20 世纪 80 年代起，瑟伊出版社在"观点"书系之下出版了一批古代中文典籍法译本，以儒、道、佛家经典为主，包括：1981 年首版的《论语》（ *Entretiens de Confucius* ，2004 年、2014 年两次再版 ）、1995 年首版的《六祖坛经》（ *Le Soûtra de l'Estrade du Sixième Patriarche Houei-neng par Fa-hai* ，2011 年再版 ）、1996 年版的《中国诗歌写作及唐诗选》（ *L'Écriture poétique chinoise. Suivi d'une anthologie des poèmes des Tang* ）、1998 年版的《孝经》（ *Le livre de la Piété filiale* ）、1999 年版的《韩非子》（ *Han-Fei-tse, ou Le tao du prince* ）、2001 年版的《易经》（ *Yi King* ）、2004 年版的《道德经》（ *La Voie et sa vertu: Tao-tê-king* ）、2008 年版的《净土宗三经一论》（ *Trois Soûtras et un Traité de la Terre pure. Aux Sources du Bouddhisme Mahâyânâ* ）、2009 年版的《论语》（ *Préceptes de vie de Confucius* ，新译本）。2006 年起，随着瑟伊出版社被海员出版集团（ Le groupe La Martinière ）收购，后者将"观点"书系从瑟伊出版社分离，成立了独立的观点出版社（ Éditions Points ），但相关出版物在形式和风格上一如既往，因此我们将分立后观点出版社出版的译本和瑟伊出版社出版的译本归为一栏。

而在"观点"书系之外，瑟伊出版社仅出版过寥寥几个译本，如《道德经》《孝经》等，但日后又被收入"观点"书系再版；唯一独立于"观点"书系之外的是 1957 年出版的《西游记》(*Si Yeou Ki. Le Voyage en Occident*)，被收入"宗教"(« Religion »)书系。总之，瑟伊出版社以口袋书作为译介古代中文典籍的主要出版形式，利用在法国家喻户晓的"观点"书系向法国公众译介古代中文典籍，尤其是三教经典，起到了良好效果。

结　论

经过对被译典籍、译者和出版方等方面的考察，我们得出如下初步结论：

第一，"典籍索引"分 4 部，20 类，包括典籍 191 种，对应译本 818 个。其中，"子部"和"集部"所含典籍数量和译本数量均较多；"子部"典籍的类别分布较均衡，但译本的类别分布较不均衡，而"集部"典籍和译本的类别分布都不均衡；"经部"和"史部"所含典籍数量和译本数量均较少，但"经部"的译本数量占比相对较高，"史部"的译本数量占比非常低；"集部"中的"小说类"和"总集类"所含典籍数量和译本数量均较多，而"经部"中的"五经类""四书类"及"子部"中的"道家类"所含典籍数量均较少，但译本数量均较多。

第二，在"典籍索引"中，关键典籍有《老子》《全唐诗》《易经》《孙子兵法》《庄子》《论语》《聊斋志异》《西游记》《三国演义》《李太白集》10 种，关键译者有儒莲、乐唯、李蓓珂、班文干、何赖思、马修、雷威安、顾赛芬、卡雷、沙畹、鲍吉耶、雷慕沙 12 位，关键出版方有伽利玛、友丰、毕基耶、美文、勒茹、米歇尔、瑟伊–观点等 7 家出版机构，关键书系有"认识东方""口袋毕基耶""中国书库""中国传统文化""大中华文库""哲漫""智慧观点""七星文库""托奇""卡达西亚"10 个，被译典籍的主要趣向类型有"决策谋略""修身养性""故事消遣""诗歌审美"4 类。

第三，就典籍的主要趣向类型来说，"决策谋略"类包含《易经》《孙子兵法》等典籍，与其关联度较高的书系有"托奇"，没有与其关联度较高的关键译者或关键出版方；"修身养性"类包含《老子》《庄子》《论语》等典籍，与其关联度较高的关键译者有马修、李蓓珂、顾赛芬、雷慕沙，关键出版方有伽利玛出版社，关键书系有"中国传统文化"和"哲漫"；"故事消遣"类包含《聊斋志异》《西游记》《三国演义》等典籍，与其关联度较高的关键译者有李蓓珂和雷威安，关键出版方有毕基耶出版社和伽利玛出版社，关键书系有"认识东方"和"口袋毕基耶"；"诗歌审美"类包含《全唐诗》《李太白集》等典籍，与其关联度较高的关键译者有班文干，关键书系有"认识东方"，没有与其关联度较高的关键出版方。"关键译者—关键出版方"相互关联度较高的有"李蓓珂—友丰书店""班文干—毕基耶出版社""顾赛芬—美文出版社"，"乐唯—美文出版社""何赖思—勒茹书店""雷威安—伽利玛出版社""马修—伽利玛出版社"。有归属关系的关键出版方和关键书系有"伽利玛出版社—认识东方""伽利玛出版社—七星文库""友丰书店—中国传统文化""毕基耶出版社—口袋毕基耶""美文出版社—中国书系""美文出版社—卡达西亚""瑟伊出版社—智慧观点"。

第四，在关键译者中，雷慕沙为"先驱译者"，儒莲和鲍吉耶为"早期译者"，何赖思、顾赛芬、沙畹为"中期译者"，乐唯、李蓓珂、班文干、雷威安、马修、卡雷为当代译者；在关键书系中，"认识东方""智慧观点""七星文库""口袋毕基耶"为"长久书系"，"中国书库""中国传统文化""大中华文库""哲漫""托奇""卡达西亚"为"短暂书系"。20世纪80年代前，各种趣向的法译汉籍的翻译出版活动处在低数量、波动式的发展阶段；20世纪90年代到新世纪之后，各种趣向的法译汉籍的数量呈现总体大涨，但在类型上有所分化的趋势。于关键度最高的3个译本《老子》《全唐诗》《易经》而言，20世纪80年代前其译本数量均处于低位波动中，90年代以来译本数量发生分化，升降不一。于关键度最高的3家出版方而言，友丰书店和毕基耶出版社对汉籍法译本的出版工作均晚于伽利玛出版社，其出版的译本于短期内爆发式增长，此后回落明显，持续性不够；伽利玛出版社是唯一长期平稳有序地出版汉籍法译本的出版社。于关键度最高的 5 个书系而言，"认识东方"和"口袋毕基耶"的译本数量的年代差异相对较小，但前者逐年式微，后者在经历了衰退之后又有所复苏；"中国书库""中国传统文化"和"大中华文库"中的译本均集中于近 15 年间，呈爆发式涌现，但"中国传统文化"书系近 5 年内已无新译本出版，其他两个书系的延续性有待观察。就全局来看，法译汉籍译本的数量在二战前窄幅波动，受时代背景影响出现阶段性峰谷，战后的 50、60 年代一度出现快速增长；70 年代至今呈脉冲式稳步增长趋势，但近年来年际波幅较大。

后 记

庚子鼠年伊始，正是本书草成的关键阶段，也是"新冠肺炎"疫情从暴发到扩散，从我国抗疫到全球合作的紧张时期。

在中国疫情严重之时，日本汉语水平考试事务所捐赠给湖北一批防疫物资，外包装的标签上写着八个字："山川异域，风月同天"。公元7世纪，日本天武天皇的孙子长屋王爱好文艺，擅长诗词，对佛法亦有研究。他非常羡慕唐朝发达的文化和灿烂的佛教，于是制作了千领袈裟，派人送给唐朝的僧人们，"山川异域，风月同天"等诗句就绣在这些袈裟上。后来，鉴真大师看到了袈裟及其上的题字，遂萌生东渡弘法之念。

当国内疫情趋于稳定时，欧洲却开始陷入严重局面，中国首先援助疫情最危急的意大利。在某一批援意物资的包装上，也用中文和意大利文写着："冲破黑暗夜，再见满天星"（E quindi uscimmo a riveder le stelle）。语出文艺复兴时期意大利著名诗人但丁的杰作《神曲》，表达了早日战胜瘟疫、重回昔日繁荣的美好祝愿。随后的日子里，类似的题词在援外抗疫物资的包装上屡见不鲜。

抗击瘟疫本是医学和各种现代科学、技术、管理发挥作用的领域；但现代文明要想发挥更大的作用，必须建立在"共情"（empathie）的基础上，否则将陷入以邻为壑的境地，最终自身难保。那些包装上的题词，无论何种文字，出处在哪，都是世界各民族"共情"的直接表达。而各民族的古典文献，不正是这些"共情"之辞的源头吗？哪怕没有瘟疫等重大灾变，在太平岁月里，不同种族、不同文化背景的人们在彼此交流之时，也常会从异国经典中引用某些话语或文字，作为拉近距离，增进共识的润滑剂。

站在这个角度上看，但愿我们这本《古代中文典籍法译本书目及研究》能成为法文读者手上的钥匙，以开启中国古代典籍这座宝库，领略其传递的思想、精神、气质，进而与中华民族和中华文明产生"共情"；同样，也期待懂法文的中国人能了解和体会到，法语世界一直在介绍、翻译、研究和欣赏中国古代典籍及其所负载的历史、哲学、文学、文化、科技等内涵——在相互交流的关系中，"你知道"很重要，"我知道你知道"同样重要。彼此了解对方，彼此也了解对方了解自己，"共情"的根基才能稳固，真正的"人类命运共同体"就是这样慢慢建立起来的……

孙 越

2020 年 3 月

中華譯學館·中华翻译研究文库

许　钧◎总主编

第一辑

第二辑

第三辑

图书在版编目(CIP)数据

古代中文典籍法译本书目及研究/孙越编著.—杭州:
浙江大学出版社,2020.10
(中华翻译研究文库/许钧主编)
ISBN 978-7-308-20596-2

Ⅰ.①古… Ⅱ.①孙… Ⅲ.①古籍—目录学—法语—
翻译—研究—中国 Ⅳ.①H325.9

中国版本图书馆 CIP 数据核字(2020)第 174936 号

美言题 舘學譯華中

古代中文典籍法译本书目及研究
Bibliographie des versions françaises des œuvres anciennes chinoises et ses études
孙 越 编著

出 品 人	褚超孚	
总 编 辑	袁亚春	
丛书策划	张 琛 包灵灵	
责任编辑	包灵灵	
责任校对	陆雅娟	
封面设计	程 晨	
出版发行	浙江大学出版社	
	(杭州天目山路 148 号 邮政编码 310007)	
	(网址:http://www.zjupress.com)	
排 版	浙江时代出版服务有限公司	
印 刷	杭州高腾印务有限公司	
开 本	710 mm×1000 mm 1/16	
印 张	19.25	
插 页	2	
字 数	365 千	
版 印 次	2020 年 10 月第 1 版 2020 年 10 月第 1 次印刷	
书 号	ISBN 978-7-308-20596-2	
定 价	68.00 元	

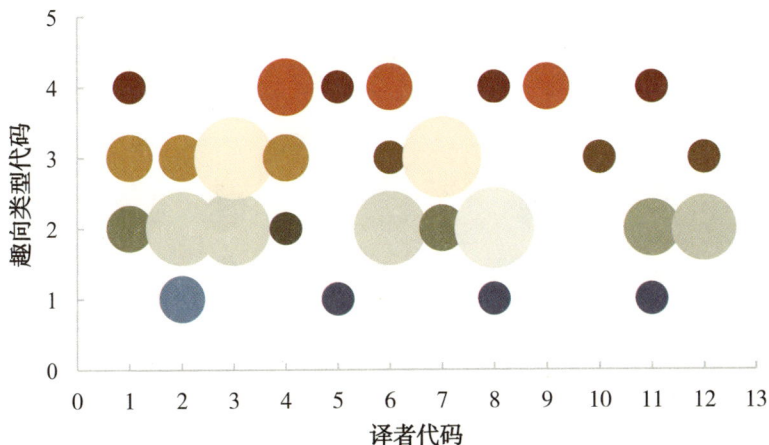

注：译者代码：1. 儒莲，2. 乐唯，3. 李蓓珂，4. 班文干，5. 何赖思，6. 马修，7. 雷威安，8. 顾赛芬，9. 卡雷，10. 沙畹，11. 鲍吉耶，12. 雷慕沙；
趣向类型代码：1. 决策谋略（蓝色），2. 修身养性（绿色），3. 故事消遣（黄色），4. 诗歌审美（红色）

图 8　关键译者和主要趣向类型典籍的关联程度

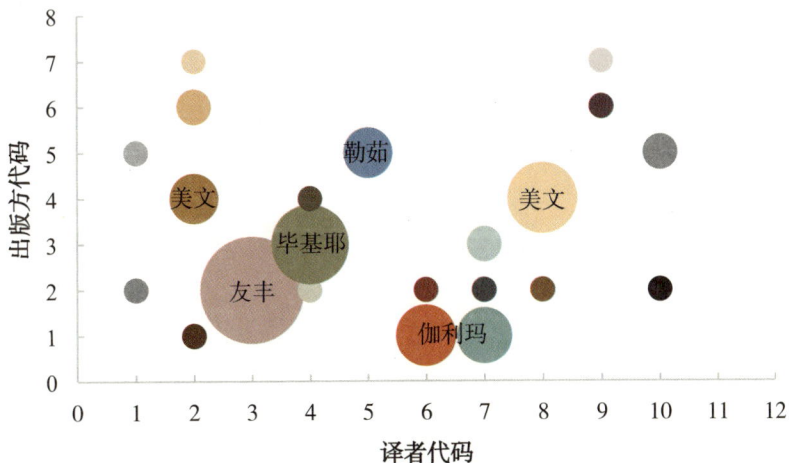

注：译者代码：1. 儒莲，2. 乐唯，3. 李蓓珂，4. 班文干，5. 何赖思，6. 马修，7. 雷威安，8. 顾赛芬，9. 卡雷，10. 沙畹，11. 鲍吉耶，12. 雷慕沙；
出版方代码：1. 伽利玛，2. 友丰，3. 毕基耶，4. 美文，5. 勒茹，6. 米歇尔，7. 瑟伊-观点

图 9　关键译者与关键出版方的关联程度

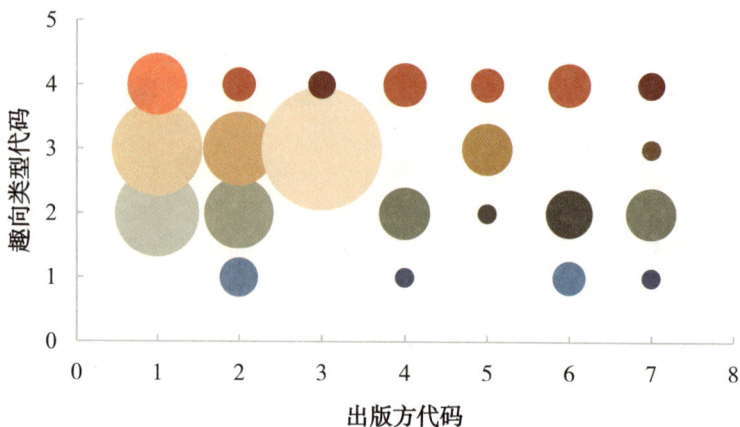

出版方代码：1. 伽利玛，2. 友丰，3. 毕基耶，4. 美文，5. 勒茹，6. 美文，7. 瑟伊-观点；

趣向类型代码：1. 决策谋略（蓝色），2. 修身养性（绿色），3. 故事消遣（黄色），4. 诗歌审美（红色）

图 14　关键译者和主要趣向类型典籍的关联程度示意

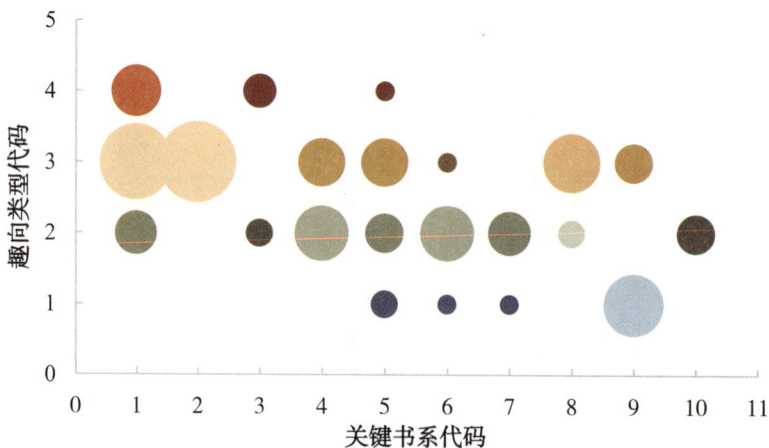

书系代码：1. 认识东方，2. 口袋毕基耶，3. 中国书库，4. 中华传统文化，5. 大中华文库，6. 哲漫，7. 智慧观点，8. 七星文库，，9. 托奇，10. 卡达西亚

趣向类型代码：1. 决策谋略（蓝色调），2. 修身养性（绿色调），3. 故事消遣（黄色调），4. 诗歌审美（红色调）

图 15　关键书系和主要趣向类型典籍的关联程度示意图

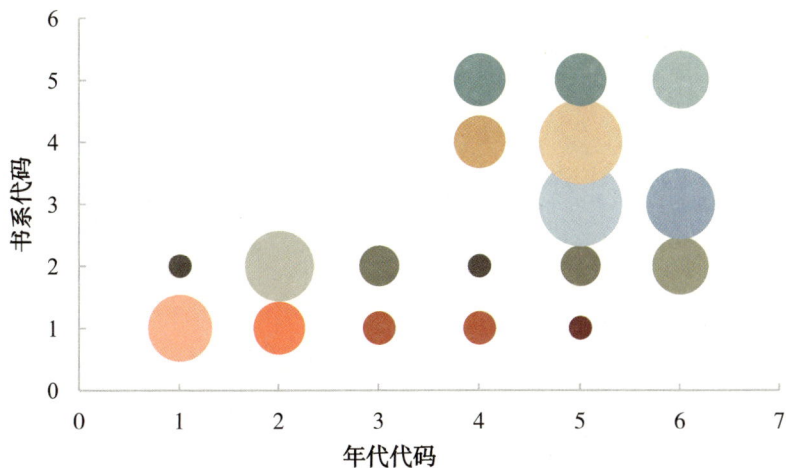

年代代码：1. 1990—1994 年，2. 1995—1999 年，3. 2000—2004 年，4. 2005—2009 年，5. 2010—2014 年，6. 2015—2019 年；

书系代码：1. 认识东方，2. 口袋毕基耶，3. 中国书库，4. 中华传统文化，5. 大中华文库

图 18　近 30 年来 5 个关键书系出版译本数对比